Exercícios de PNL Para Leigos

Folha de Cola

Se você estiver se sentindo desanimado e para baixo, buscando um estímulo ou alternativa a um estilo de vida agitado, a Programação Neurolinguística tem um monte de dicas e truques práticos que podem ajudá-lo a mudar ou melhorar o modo como vê e vive sua vida.

Criando Objetivos Bem Formulados para Sua Vida

Você pode se direcionar rumo ao que quer alcançar analisando como é sua vida atualmente, e então começar a decidir para onde ir e o que deseja realizar — a chave para chegar lá é pesar todos os aspectos que englobam seus objetivos de vida antes de se decidir. Siga os seguintes passos e comece a trilhar a rota para atingir seus sonhos:

1. **Estabeleça seu objetivo em termos positivos.**
   - O que desejo?

2. **Comece e mantenha seu objetivo por sua própria iniciativa.**
   - Estou fazendo isso para mim mesmo ou para outra pessoa?
   - Meu objetivo depende unicamente de mim?

3. **Assegure-se de que seu objetivo está contextualizado de forma apropriada.**
   - Onde, quando, como e com quem quero isto?

4. **Descreva a comprovação que surgirá no processo.**
   - O que farei para alcançar meu objetivo?
   - Como saberei que o estou atingindo?
   - O que verei, ouvirei e sentirei quando o alcançar?

5. **Identifique os recursos necessários.**
   - Que recursos possuo agora?
   - Que recursos preciso adquirir?
   - Tenho provas de que já atingi meu objetivo antes?
   - O que acontecerá se agir como se já houver atingido este objetivo?

6. **Verifique se seu objetivo é ecológico.**
   - Qual é o verdadeiro propósito por trás do motivo deste objetivo?
   - O que ganharei ou perderei se alcançá-lo?
   - O que acontecerá ou não se alcançá-lo?
   - O que acontecerá ou não se não alcançá-lo?

7. **Descreva o primeiro passo.**

Para Leigos®: A série de livros para iniciantes que mais vende no mundo.

Exercícios de PNL Para Leigos

Folha de Cola

Interpretando Olhares para Percepções Particulares

Os movimentos oculares podem dar pistas sutis sobre o que uma pessoa está pensando, sentindo ou lembrando. Todo mundo move os olhos de acordo com o sistema mental interno que está utilizando — reconhecer o movimento ocular de alguém permite saber se estão pensando em termos de imagens, sons ou sentimentos e movimentos.

Esta tabela e esta imagem foram baseadas em olhares e avaliação de como os olhos de uma pessoa se movem em reposta a uma questão. Neste caso, escolhemos o que normalmente seria visto por uma pessoa destra. Se a pessoa for canhota, estes sinais podem ser invertidos.

Quando alguém está...	Os olhos estão...
Lembrando-se de uma imagem (Vl)	Movendo-se para cima, à esquerda
Criando uma imagem (Vc)	Movendo-se para cima, à direita
Lembrando-se de um som ou uma conversa (Ac)	Movendo-se horizontalmente, para a esquerda
Imaginando como seria um som (Ac)	Movendo-se horizontalmente, para a direita
Diálogo Interior (Ai)	Olhando para baixo e à sua esquerda
Entrando em contato com emoções (C)	Olhando para baixo e à sua direita

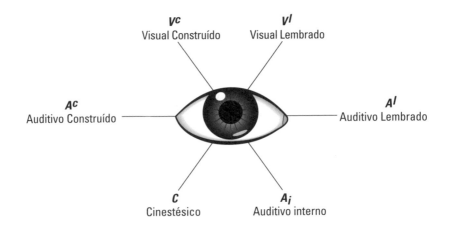

(Nota: Cinestésico engloba tanto o movimento quanto as experiências emocionais)

Para Leigos®: A série de livros para iniciantes que mais vende no mundo.

Exercícios de Programação Neurolinguística PARA LEIGOS®

Romilla Ready e Kate Burton

ALTA BOOKS
EDITORA
Rio de Janeiro, 2016

Exercícios de Programação Neurolinguística Para Leigos®
Copyright © 2016 da Starlin Alta Editora e Consultoria Eireli. ISBN: 978-85-7608-964-3

Translated from original Neuro-linguistic Programming For Dummies, 2nd Edition by Romilla Ready e Kate Burton. Copyright © 2008 John Wiley & Sons, Inc. ISBN 978-0-470-51973-8. This translation is published and sold by permission of John Wiley & Sons, Inc., the owner of all rights to publish and sell the same. PORTUGUESE language edition published by Starlin Alta Editora e Consultoria Eireli, Copyright © 2016 by Starlin Alta Editora e Consultoria Eireli.

Todos os direitos estão reservados e protegidos por Lei. Nenhuma parte deste livro, sem autorização prévia por escrito da editora, poderá ser reproduzida ou transmitida. A violação dos Direitos Autorais é crime estabelecido na Lei nº 9.610/98 e com punicão de acordo com o artigo 184 do Código Penal.

A editora não se responsabiliza pelo conteúdo da obra, formulada exclusivamente pelo(s) autor(es).

Marcas Registradas: Todos os termos mencionados e reconhecidos como Marca Registrada e/ou Comercial são de responsabilidade de seus proprietários. A editora informa não estar associada a nenhum produto e/ou fornecedor apresentado no livro.

Impresso no Brasil — 1ª Edição, 2016 - Edição revisada conforme o Acordo Ortográfico da Língua Portuguesa de 2009.

Obra disponível para venda corporativa e/ou personalizada. Para mais informações, fale com projetos@altabooks.com.br

Produção Editorial Editora Alta Books	**Gerência Editorial** Anderson Vieira	**Marketing Editorial** Silas Amaro marketing@altabooks.com.br	**Gerência de Captação e Contratação de Obras** J. A. Rugeri autoria@altabooks.com.br	**Vendas Atacado e Varejo** Daniele Fonseca Viviane Paiva comercial@altabooks.com.br
Produtor Editorial Claudia Braga	**Supervisão de Qualidade Editorial** Sergio de Souza			**Ouvidoria** ouvidoria@altabooks.com.br
Produtor Editorial (Design) Aurélio Corrêa				
Equipe Editorial	Bianca Teodoro Carolina Giannini	Christian Danniel Izabelli Carvalho	Jessica Carvalho Juliana de Oliveira	Renan Castro Thiê Alves
Tradução Alexandra Machado Toste	**Copidesque** Alessandro Thomé	**Revisão Técnica** Beatriz Dias Pereira Master Practitioner em programação neurolinguística pela Nova Conexão Treinamentos e Consultoria desde novembro de 2011		**Diagramação** Lucia Quaresma

Erratas e arquivos de apoio: No site da editora relatamos, com a devida correção, qualquer erro encontrado em nossos livros, bem como disponibilizamos arquivos de apoio se aplicáveis à obra em questão.

Acesse o site www.altabooks.com.br e procure pelo título do livro desejado para ter acesso às erratas, aos arquivos de apoio e/ou a outros conteúdos aplicáveis à obra.

Suporte Técnico: A obra é comercializada na forma em que está, sem direito a suporte técnico ou orientação pessoal/exclusiva ao leitor.

Dados Internacionais de Catalogação na Publicação (CIP)
Vagner Rodolfo CRB-8/9410

```
R282e   Ready, Romilla
            Exercícios de programação neurolinguística para leigos / Romilla
        Ready e Kate Burton ; tradução de Alexandra Machado Toste. – Rio de
        Janeiro : Alta Books, 2016.
            416 p. : il.; 17cm x 24cm. - (Para Leigos)

            Tradução de: Neuro-Linguistic Programming Workbook For
        Dummies
            Inclui Índice.
            ISBN: 978-85-7608-964-3

            1. Programação neurolinguística. 2. Psicoterapia. 3. Psicologia. I.
        Burton, Kate. II. Toste, Alexandra Machado. III. Título. IV. Série.

                                                        CDD 616.89
                                                        CDU 615.851
```

Rua Viúva Cláudio, 291 — Bairro Industrial do Jacaré
CEP: 20.970-031 — Rio de Janeiro (RJ)
Tels.: (21) 3278-8069 / 3278-8419
www.altabooks.com.br — altabooks@altabooks.com.br
www.facebook.com/altabooks — www.instagram.com/altabooks

Sobre as Autoras

Romilla Ready trabalha como instrutora e executiva de *coaching*. Ao se dar conta de que o denominador comum de qualquer interação — cause ela estresse ou prazer — é o relacionamento com as pessoas, desenvolveu e ofereceu "Encantamentos para Relacionamentos®" em negócios. Estes consistem em oficinas, em que seus clientes aprendem a construir relacionamentos proveitosos utilizando-se da psicologia da comunicação. Romilla também disponibiliza uma mistura poderosa de PNL com metafísica em seu "Coaching de Superação" para executivos que estão acostumados a resultados rápidos e intensos. Alguns dos "efeitos colaterais" positivos experimentados pelos clientes de Romilla são a redução do estresse e o aumento da eficácia pessoal. Romilla também brinca de cupido em suas oficinas públicas. Em "Encantamentos para Relacionamentos®", direcionado para solteiros e solteiras, as pessoas aprendem a criar o relacionamento de seus sonhos.

Kate Burton é uma executiva e instrutora de *coaching* apaixonada por capacitar indivíduos e equipes a comunicarem-se facilmente e a sintonizar a carreira no sentido de ser saudável e sustentável. A seu trabalho internacional com negócios focado em serviços e empresas profissionais, ela traz a bagagem de 30 anos de experiência. Sua própria carreira começou em publicidade corporativa e marketing na Hewlett-Packard.

Atualmente tem sucesso ajudando as pessoas a estimularem sua motivação, autoconsciência e confiança. Sua crença é a de que todas as pessoas possuem talentos únicos, aptidões e valores essenciais. Elas apenas precisam focar em uma melhor direção.

Kate também foi coautora do *Programação Neurolinguística Para Leigos* (no original, *Neuro-linguistic Programming For Dummies*, com Romilla Ready) e *Building Confidence For Dummies*, com Brinley Platts.

Agradecimentos

De Romilla: A PNL tem me proporcionado uma jornada incrível até agora. Permitiu que eu aprendesse não apenas sobre família, amigos e clientes, mas, mais importante do que tudo, sobre mim mesma. A maior lição que aprendi é estimar cada uma e todas as pessoas cujas vidas se cruzam com a minha, porque, não importa o que aconteça, enriquecem a minha vida por meio de seu amor ou das lições que precisei aprender. Tendo tudo isso em mente, gostaria de agradecer aos fundadores da PNL por seu dom, e às pessoas geniais que me ensinaram ao longo do caminho. Quanto mais aprendo e pratico, mais valorizo a fantástica formação que David Shephard e Tad James me proporcionaram.

Gostaria de agradecer a Kate por ser minha parceira neste projeto, e à nossa equipe na editora Wiley, especialmente a Alison, por nos ter dado esta oportunidade; Rachael, você tem sido um encanto; e Kathleen, você abriu meus olhos.

Às vezes é fácil tomar como garantido os que estão mais próximos de nós, por isso gostaria de agradecer à minha família, em especial a Derwent, por segurar o espelho metafórico e manter a tecnologia em movimento; Mamãe, por sua atitude de "vá fundo"; Derek, por compartilhar metade de sua vida comigo; Angela, por me manter no caminho da retidão; e Os, por existir. Obrigada, Carol, como sempre. Rintu, meu conhecimento de PNL seria muito restrito se você não o tivesse explorado comigo.

Um obrigado especial a nossos leitores sensacionais em todo o mundo por seu retorno e por reservarem tempo para entrar em contato e dizer "olá". Saber de vocês é um afago no coração.

De Kate: Com o apoio e estímulo de tantas pessoas, fui mordida por esse mosquito de escrever livros, e agora vocês têm o livro de exercícios terminado em suas mãos. Eu prezo muito todos os compradores do primeiro *Programação Neurolinguística Para Leigos* e do *Building Confidence For Dummies*. Graças a vocês, nossos amigos da Wiley nos fizeram um novo convite para escrever.

Meu agradecimento especial vai para Romilla, pela diversão e entusiasmo como minha coautora, e a todos nossos editores, incluindo Alison, Rachael, Kathleen e Christine, por pacientemente suavizarem nossas palavras.

Também gostaria de agradecer a Bob, Rosy e Jessica, por seu amor e lealdade — escritoras raramente são também deusas domésticas. E a meus pais, Gina e Tony, que me transmitiram a essência dos valores que cultivo. Finalmente, tive o privilégio de trabalhar com centenas de clientes fantásticos, colegas e instrutores que continuam a me inspirar. Tenho fé de que esta sabedoria coletiva se espalhará e provará ser válida à medida que o leitor avançar na jornada por este livro de exercícios.

Sumário Resumido

Introdução 1

Parte I: Preparando-se para a Jornada pela PNL 7

Capítulo 1: Qual É o Seu Momento? 9

Capítulo 2: O Melhor Estado de Espírito para a PNL...................... 19

Capítulo 3: Planejamento do Roteiro...................................... 43

Capítulo 4: Trabalhando com o Inconsciente 71

Capítulo 5: Reconhecendo Filtros de Pensamento........................ 89

Parte II: Conectando-se com o Mundo 113

Capítulo 6: Ver, Ouvir e Sentir 115

Capítulo 7: Desenvolvimento do Rapport 135

Capítulo 8: Influenciando com os Metaprogramas......................... 155

Parte III: Aperfeiçoamento das Ferramentas de PNL... 181

Capítulo 9: Administrando suas Emoções.................................. 183

Capítulo 10: Assumindo o Comando sobre as Experiências 205

Capítulo 11: Colocando-se em Sintonia com Seu Objetivo................ 225

Capítulo 12: Mudança de Estratégias para Alcançar o Sucesso 251

Capítulo 13: Trabalhando com Linhas do Tempo........................... 271

Parte IV: Elevando a Capacidade de Comunicação 297

Capítulo 14: Adaptando a Linguagem ao Metamodelo...................... 299

Capítulo 15: Adaptando a Linguagem ao Modelo Milton 315

Capítulo 16: A Magia da Contação de Histórias 345

Parte V: A Parte dos Dez 361

Capítulo 17; Dez Maneiras de Levar a PNL para o Ambiente de Trabalho 363

Capítulo 18: Dez (Ou Mais) Maneiras de Manter Vivas as
Habilidades de PNL 371

Capítulo 19: Dez Recursos da PNL 379

Índice 385

Sumário

Introdução 1

Sobre Este Livro 1

Penso que.... 2

Personagens Neste Livro 3

Como Este Livro Está Organizado.................................... 3

Parte I: Preparando-se para a Jornada pela PNL............. 3

Parte II: Conectando-se com o Mundo 3

Parte III: Aperfeiçoamento das Ferramentas de PNL....... 4

Parte IV: Elevando a Capacidade de Comunicação......... 4

Parte V: A Parte dos Dez.. 4

Ícones Usados Neste Livro 4

Além Deste Livro.. 5

De Lá para Cá, Daqui para Lá 5

Parte I: Preparando-se para a Jornada pela PNL 7

Capítulo 1: Qual É o Seu Momento?....................................9

O Básico da PNL 10

Alinhando-se à Pedra Angular 11

Começando pelas Intenções... 13

Responsabilize-se por Seu Aprendizado........................ 15

Notando as Pepitas de Ouro ao Longo do Caminho...... 17

Divertir-se É uma Obrigação... 17

Capítulo 2: O Melhor Estado de Espírito para a PNL 19

Pesquisando a Causa e o Efeito 20

Sintonizando-se com a linguagem................................. 23

Analisando o diálogo interior... 24

Revendo os Pressupostos da PNL.................................. 26

Traçando os Mapas 32

Reconhecendo os diferentes mapas 32

Viajando pelo território.. 33

Mudando o Foco por Meio das Projeções...................... 34

Escolhendo Sua Atitude Mental...................................... 39

Exercícios de Programação Neurolinguística Para Leigos

Capítulo 3: Planejamento do Roteiro **43**

Mapeando Sua Trajetória de Vida 44

Avaliando em que ponto da viagem você está 46

Montando sua roda da vida 51

Almejando as Estrelas 53

Checando se Seus Objetivos São Mais Inteligentes e
Bem Formulados que os Objetivos SMART 55

Escolhendo o foco 55

Projetando objetivos bem elaborados 56

Superando a própria resistência 62

Questionando o Estilo Cartesiano 63

Mantendo-se na Trilha da Jornada 64

Deslizando Suavemente 67

Dominando o sonho inconscientemente 67

Mantendo-se no caminho 69

Fazendo a Diferença 69

Capítulo 4: Trabalhando com o Inconsciente **71**

Identificando os Comportamentos Conscientes e Inconscientes 72

À Procura das Mensagens Ocultas 74

Descobrindo Medos Não Detectados 79

Integrando as Partes Separadas 80

Equilibrando-se 85

Capítulo 5: Reconhecendo Filtros de Pensamento **89**

Verificando o Modelo de Comunicação 90

Impedindo omissões 91

Elucidando distorções 92

Generalizando 94

Combinação de omissões, distorções e generalizações 96

Transmitindo para Receber 99

Observando os metaprogramas interno / externo por
dentro e por fora 99

Descoberta de valores 103

Reconhecendo Filtros Bloqueadores 107

Alteração de Lembranças 110

Parte II: Conectando-se com o Mundo 113

Capítulo 6: Ver, Ouvir e Sentir 115

Detectando as Preferências VAC 115

Fortalecendo suas conexões com as preferências VAC............... 120

Observando preferências de linguagem 121

Combinando e se Movimentando por meio das
Preferências VAC... 124

Dessensibilização da VAC 126

Aumentando o Entusiasmo.. 128

Detectando Padrões... 131

Capítulo 7: Desenvolvimento do Rapport.....................................135

Observando Pessoas-chave 136

Acompanhando e Espelhando 137

Compassando e Conduzindo... 141

Interrompendo o Rapport.. 145

Colocando-se no Lugar do Outro 150

Capítulo 8: Influenciando com os Metaprogramas........................155

Escutando para Descobrir Metaprogramas e Filtros.................... 156

O filtro da direção: "em direção a" ou "afastando-se de" 157

O filtro da segmentação: Observando o tamanho da
segmentação que se vê 163

O filtro do motivo: optando pelo método................................... 167

O filtro do interesse fundamental: onde o foco é colocado......... 171

Combinações Vencedoras 174

Colocando Metaprogramas em Prática...................................... 175

Roteiro para obter resultados.. 175

Parte III: Aperfeiçoamento das Ferramentas de PNL 181

Capítulo 9: Administrando suas Emoções 183

Valorizando as Âncoras.. 184

Estabelecendo Âncoras 186

Criando um círculo de excelência 187

Estabelecendo suas próprias âncoras 189

xiv Exercícios de Programação Neurolinguística Para Leigos _____

Encarando Desafios...191

Apreendendo o Positivo...193

Rompendo com as Limitações..195

Observando Desencadeadores por uma Semana....................................197

Lidando com as Críticas...198

Capítulo 10: Assumindo o Comando sobre as Experiências...........205

Registrando Lembranças..205

Familiarizando-se com as Submodalidades..208

Associando e Dissociando...212

Reparando a Estrada da Memória..214

Fazendo uma Faxina nas Suas Vivências...217

Como mudar uma crença limitadora..217

Criando os recursos necessários...220

Superação em Tempos Difíceis..222

Capítulo 11: Colocando-se em Sintonia com Seu Objetivo.............225

Observando os Níveis Lógicos...226

Rumo a uma Mudança Fácil..227

A busca pelo equilíbrio em áreas-chave..227

Fortalecendo seus músculos da PNL..231

Focando na Identidade, nos Valores e nas Crenças...............................233

Explorando sua identidade..233

Alinhando seus valores...235

Tornando suas crenças mais poderosas...237

Valorizando o Trabalho de Seus Sonhos...239

Fluindo pelos Níveis de uma Vida com Propósito.................................243

Capítulo 12: Mudança de Estratégias para Alcançar
o Sucesso..251

Como Funciona uma Estratégia...252

Avaliando Suas Estratégias..253

Desconstruindo Estratégias...258

Descobrindo a Estratégia de Outra Pessoa..261

Leitura dos olhos...261

Estratégia para detectar se uma pessoa é
"normalmente organizada"...262

Pesquisando para definir uma estratégia..264

Criando Novos Padrões 268

Respirar Fundo: Uma Estratégia que Acalma 269

Capítulo 13: Trabalhando com Linhas do Tempo 271

Descobrindo sua Linha do Tempo Pessoal 272

Imaginando seu passado e seu presente 273

Colocando Sua Linha do Tempo a Seu Serviço..................... 276

O Evento Emocional Significativo: Olhar para as
causas-raízes 277

Assistindo ao Passado se Revelar 279

Superando a ansiedade acerca de um
acontecimento futuro 286

Posicionando Objetivos em Sua Linha do Tempo 288

Conectando-se de Volta 289

Trocando Linhas do Tempo 294

Parte IV: Elevando a Capacidade de Comunicação 297

Capítulo 14: Adaptando a Linguagem ao Metamodelo 299

Definição de Metamodelo 300

Mergulhando nas Estruturas Profundas 301

Expandindo as possibilidades 302

Desafiando a necessidade 304

Mudando os universais 306

Interpretando os Padrões Distorcidos 308

Omitindo Partes Perdidas 311

Capítulo 15: Adaptando a Linguagem ao Modelo Milton 315

Facilitando o Acesso à Hipnose 316

Diferenças entre a hipnose direta e indireta 316

Reconhecendo os transes diários 318

Na rota em direção a um transe tranquilo.................... 320

Cativando a Plateia com o Modelo Milton 321

Termos para enlevar 321

Recorrendo a padrões-chave 333

Relacionando o Modelo Milton com o Metamodelo 340

Aproximando-se de Padrões 342

xvi Exercícios de Programação Neurolinguística Para Leigos

Capítulo 16: A Magia da Contação de Histórias 345

Olhando Sua Vida como uma História 346
  Observando a estrutura das histórias 346
  Contando histórias baseadas em sua própria experiência 347
  Escrevendo sua história 350
Fórmula para a Criação de Histórias 351
Desenvolvendo Habilidades para Contar Histórias 357
Criando Sua Própria História 358

Parte V: A Parte dos Dez 361

Capítulo 17: Dez Maneiras de Levar a PNL para o Ambiente de Trabalho 363

Estabelecendo a Estratégia Comercial 363
Comece com Você Mesmo: Seja um Exemplo 364
Traga à Tona as Coisas Difíceis 365
Coloque-se no Lugar de Seu Colega 366
Crie Sua Própria Cultura no Ambiente de Trabalho 367
Estabeleça Rapport com as Partes Interessadas 367
Assuma as Rédeas de Seu Desenvolvimento Profissional 368
Desperte Seus Sentidos 369
Marketing com Metaprogramas 369
Encontre a Diferença que Faz a Diferença 370

Capítulo 18: Dez (Ou Mais) Maneiras de Manter Vivas as Habilidades de PNL 371

Estabelecendo Suas Intenções 371
Mantendo um Diário de PNL 372
Retornando ao que É Básico 373
Mantendo a Curiosidade 374
Manejando as Ferramentas de PNL 375
Buscando a PNL nas Situações do Dia a Dia 375
Verificando Seus Hábitos 376
Roteirizando Sua Comunicação 377
Ensinando os Outros 377
Escolhendo um Modelo de Excelência 378
Juntando-se a um Grupo para Praticar 378

Sumário *xvii*

Capítulo 19: Dez Recursos da PNL 379

Busque Organizações de PNL Online 379

Abra Seu Leque de Leituras sobre a PNL...............................380

Vá a uma Conferência 381

Converse com os Autores...381

Explore um Campo Relacionado ao Desenvolvimento Pessoal............381

Confira a Enciclopédia de PNL...381

Encontre um Curso para Treinamento de PNL......................382

Faça Parte de uma Comunidade Online 382

Procure um Terapeuta Profissional de PNL...........................383

Contrate um Coach Experiente de PNL...................................383

Índice *385*

Introdução

*H*oje em dia, a Programação Neurolinguística (PNL), tal como a hipnose, é totalmente aceita graças ao trabalho de Milton Erickson, que deu um salto para o mundo da terapia e para a consciência das pessoas comuns, bem como para a mundo dos negócios. Desde seu começo, no início da década de 1970, as primeiras pessoas a reconhecerem a PNL foram instrutores e terapeutas — que usavam a PNL em um campo específico, de uma maneira muito focada. Mais recentemente, o interesse na PNL foi renovado, tanto com adultos como crianças querendo descobrir tudo sobre ela.

A conversa a seguir entre Dave, a filha Charlotte, uma menina de dez anos muito inteligente, e o vizinho deles, um *coach* e instrutor de PNL, ilustra perfeitamente o interesse atual na PNL.

> **Dave:** Afinal, o que é essa PNL? A Charlotte anda me perguntando.

> **Vizinho:** "Neuro" significa a neurologia comum aos humanos. Você só é capaz de ver uma imagem, ouvir um som, reconhecer o toque de alguém ou sentir uma emoção por causa das vias neurais no seu corpo. "Linguística" se refere à linguagem. Mas a PNL é muito mais do que estar preocupado com as palavras. A PNL também significa a linguagem corporal. E, por fim, "programação" é a forma como se repetem padrões comportamentais que proporcionam seus bons ou maus hábitos.

> **Dave (irônico):** Sim, foi isso que disse a Charlotte. Não foi, Charlotte?

> **Charlotte (inabalável):** Na verdade, papai, o que disse foi mais algo como "Não tenho a menor ideia".

> A razão pela qual a PNL está se tornando cada vez mais popular é porque ela permite que as pessoas entendam a psicologia humana de uma maneira fácil de aplicar a diferentes aspectos de suas vidas e ocasionar mudanças na forma como vivem.

Sobre Este Livro

Nossa razão para escrever *Exercícios de Programação Neurolinguística Para Leigos* é ajudá-lo a obter um entendimento básico do que seja a PNL em um formato fácil de se trabalhar e entender.

Plagiando um provérbio atribuído a Confúcio, *você esquece o que ouve, lembra o que vê e entende quando faz.*

Neste livro de exercícios explicamos os princípios da PNL por meio de histórias que ajudam a esclarecer alguns pontos em particular, e explicamos, usando exemplos, como se pode lidar com os exercícios. Agora, se isso parece um pouco como T-R-A-B-A-L-H-O (que alguns consideram uma palavra de oito letras grosseira), substitua-a por outra palavra com quase o mesmo número de letras e que muitos de nós usam desde muito cedo: B-R-I-N-C-A-R. Arme-se com canetas e lápis coloridos, adote seu método de aprendizado preferido e brinque com os exercícios.

Aprender por amor ao aprendizado é muito louvável. Mas se deseja aprender de uma maneira dinâmica e obter resultados, o conteúdo do livro de exercícios tem que começar a fazer parte da sua vida a partir da criação de seus próprios cenários na vida real, usando-os nos exercícios.

Penso que...

Provavelmente você está consciente da necessidade de se questionar tudo e não simplesmente aceitar as coisas, correndo o risco de passar por bobo. Bem, estamos arriscando nosso pescoço porque presumimos que ao menos alguns dos pressupostos a seguir, se não todos, se aplicam a você:

- Você é alfabetizado.
- Em algum momento você disse a si mesmo: "*Programação Neurolinguística*, que coisa difícil. Mas o que significa e como pode me ajudar?".
- Você quer saber como o entendimento da psicologia humana pode trazer clareza para seu pensamento.
- Você quer melhorar seus relacionamentos com as pessoas ao seu redor.
- Você tem áreas da vida que podem ser melhoradas.
- Você quer ser saudável, rico e sensato.

Então, é no espírito dessas premissas que nos leva a refletir que oferecemos este conjunto de ferramentas que mudou nossa vida para melhor, e esperamos que ele faça o mesmo por você.

Personagens Neste Livro

Nós não temos nenhum aviso como aqueles que vemos ao final dos filmes e que dizem algo como: "Os eventos retratados neste filme são fictícios. Qualquer semelhança com pessoas vivas ou mortas é mera coincidência". Em *Exercícios de Programação Neurolinguística Para Leigos*, várias histórias e exemplos são baseados em pessoas reais, mas suas identidades foram bastante camufladas, na maior parte dos casos, para proteger os inocentes.

Como Este Livro Está Organizado

Este livro de exercícios está dividido em cinco partes principais, sendo que cada parte consiste de capítulos relacionados ao conceito global da PNL.

Parte I: Preparando-se para a Jornada pela PNL

A primeira parte começa fazendo com que você reflita sobre as razões pela qual comprou *Exercícios de Programação Neurolinguística Para Leigos* e como irá usar este livro de exercícios para aprender e aplicar a PNL ao seu dia a dia ou ao mundo dos negócios. Como em qualquer viagem, você quer saber de onde está saindo e como chegará ao seu destino. O propósito desta parte é fazer com que reflita sobre como está vivendo sua vida e tornar seu estilo de vida consciente, de modo que possa fazer escolhas sobre os caminhos que queira trilhar.

Parte II: Conectando-se com o Mundo

Os capítulos desta seção se aprofundam nas ideias básicas para entender como você e outras pessoas pensam. Você descobrirá de que forma cria seus pensamentos em termos de imagens, sons e sentimentos. Esse entendimento permite que se conecte consigo mesmo e tome as rédeas do seu pensamento. Assim que começa a dominar as formas de conectar-se, pode começar a se comunicar de forma mais efetiva com as outras pessoas — por exemplo, desenvolvendo o rapport pessoal em todas as áreas de sua vida. Descobrir como escutar os outros e adaptar seus padrões de linguagem ao deles facilita a conexão e o entendimento do estilo de pensamento das outras pessoas.

Exercícios de Programação Neurolinguística Para Leigos

Parte III: Aperfeiçoamento das Ferramentas de PNL

Aqui é onde poderá esmiuçar os pormenores fundamentais do conjunto de ferramentas da PNL. Por exemplo, no Capítulo 9 mostramos como poderá mudar o modo como percebe "acontecimentos ruins" do passado. O Capítulo 10 apresenta formas de registrar e administrar suas experiências, transformando as experiências difíceis em vivências positivas. O Capítulo 11 oferece um modelo que se alinha ao seu sentido de propósito e significado. E você descobre no Capítulo 12 como usar as ferramentas para entender seu próprio comportamento, como mudar hábitos irritantes e como seguir o exemplo de pessoas de sucesso em todas as camadas sociais. Finalmente, no Capítulo 13 você descobre o modelo para criar e evocar memórias. Você também encontra informações sobre seu cronograma e como fazer bom uso dele para tornar seus objetivos irresistíveis.

Parte IV: Elevando a Capacidade de Comunicação

A quarta parte é essencialmente sobre comunicar-se com eficácia. É a descoberta da magia das palavras e como é possível fazer a linguagem trabalhar para você. Mostramos como ir fundo no psiquismo ao detalhar como uma pessoa pensa e como fazer sua mensagem chegar até ela e ser ouvida. Por fim, examinamos as maneiras de aperfeiçoar suas habilidades na contação de histórias para serem usadas em ocasiões de negócios e em seu dia a dia.

Parte V: A Parte dos Dez

Na Parte dos Dez, sugerimos dez maneiras de introduzir a PNL no ambiente de trabalho. Também oferecemos dicas para desenvolver suas habilidades de PNL e ir mais longe praticando e expandindo suas habilidades. Claro que haverá uma seção sobre ferramentas onde você possa descobrir mais sobre PNL — na internet, em livros e por meio de outras pessoas e organizações.

Ícones Usados Neste Livro

A fim de destacar algumas informações para você, colocamos ícones nas margens esquerdas. Você verá os seguintes ícones neste livro de exercícios:

Introdução 5

Este ícone é utilizado para contar histórias e relatar incidentes que tornem mais clara a aplicação dos processos de PNL.

Você verá este ícone quando houver a explicação de um termo muito específico de PNL, já que de outra forma a expressão soaria totalmente sem sentido.

Este ícone mostra quando é hora de colocar a teoria em prática e começar a fazer um exercício.

Este ícone é usado como um lembrete oportuno e um recapitulador dos princípios e práticas de PNL.

Quando tentamos ser particularmente úteis, usamos este ícone para chamar sua atenção para dicas e truques que selecionamos a fim de ajudá-lo a encurtar seu processo de aprendizado.

Além Deste Livro

Você pode acessar a Folha de Cola Online, através do endereço: www.altabooks.com.br. Procure pelo título do livro/ISBN.

De Lá para Cá, Daqui para Lá

Exercícios de Programação Neurolinguística Para Leigos é, como o próprio título já diz, um livro de exercícios, e por isso não há espaço para muitas explicações aprofundadas. Como qualquer trabalho, a melhor maneira de aprender é mergulhar no assunto e simplesmente começar. Você descobre mais à medida que avança. Naturalmente, alguns desejarão começar pelo início e seguir pelos capítulos em sequência. Outros podem preferir começar por onde quiserem. (Talvez, como nós, você esteja propenso a ler a última página do romance primeiro!)

Se neste momento você estiver confuso com relação a várias áreas de sua vida, pode optar ir direto para o Capítulo 3. Lá você poderá fazer uma avaliação pessoal sobre o quão satisfeito está com trabalho, dinheiro, relacionamentos, saúde e outros aspectos importantes de sua vida. Se estiver passando por um momento de mudanças no trabalho ou em casa e quiser planejar a melhor abordagem, pode ler o Capítulo 11 primeiro e depois ir voltando para o começo. Se ouviu a respeito dos clássicos modelos de linguagem de PNL e quer praticá-los, tente os capítulos 14 e 15 e experimente o Metamodelo e o Modelo Milton, ou dê uma olhada em algumas histórias com a ajuda do Capítulo 16.

Mesmo sendo tendenciosas, também recomendaremos que leia *Programação Neurolinguística Para Leigos* e use este livro de exercícios como meio para alicerçar o que já descobriu sobre a PNL. Também há cursos de PNL que você pode assistir e mais livros relacionados a PNL que poderá ler — você pode verificar as ferramentas no Capítulo 19. Mas, é claro, nada supera trabalhar frente a frente com um *coach* de PNL.

Após experimentar os exercícios neste livro, você poderá surpreender a todos, talvez a si mesmo mais do que a todos os outros. Quando encontrar aqueles mágicos momentos "olha só!", por favor, escreva-nos — nosso contato está na seção de ferramentas — assim nós também poderemos festejar o seu sucesso!

Parte I
Preparando-se para a Jornada pela PNL

A 5ª Onda   Por Rich Tennant

"Já tentei Ayurveda, meditação e aromaterapia, mas nada parece funcionar. Continuo a me sentir enjoado e desorientado o dia inteiro."

Nesta parte...

Ajudamos você a descobrir como usar a Programação Neurolinguística no dia a dia, seja nos negócios ou no terreno pessoal. Você descobre o ponto de partida de sua jornada de descoberta e vislumbra seu destino final. Todo o propósito desta parte é fazer com que você reflita com mais clareza sobre como está vivendo. Esta parte possibilita que você reconheça o que comanda o seu pensamento e comportamento, de maneira a aumentar suas possibilidades de escolha no futuro.

Capítulo 1

Qual É o Seu Momento?

Neste Capítulo

▶ Compreendendo o que se quer da PNL

▶ Descobrindo o poder dos pensamentos

▶ Seguindo a pista das pérolas que encontrar

▶ Compromisso pessoal com o aprendizado

▶ Divertindo-se com a jornada

*P*or acaso vem você se deparando com uma série de encruzilhadas ao longo da vida? E questiona onde está e o que quer fazer em seguida? Quando confrontado com escolhas, se pergunta "Devo ir por este ou por aquele outro caminho?". Ou quando se sente sobrecarregado, afirma "Tenho certeza de que não deveria ser assim tão difícil". Esteja você escolhendo um trabalho, enveredando por um novo projeto ou se comprometendo com um relacionamento, não sabe muito bem como tirar o melhor quando oportunidades como essas aparecem? Pode ser que tenha escolhido ler *Exercícios de Programação Neurolinguística Para Leigos* porque queira fazer as coisas de uma maneira diferente ou melhorar alguma situação de sua vida. Talvez as coisas estejam um pouco desanimadas e você queira mais VITALIDADE, ou sua vida é frenética e você gostaria de ter tempo para "sentir o aroma das flores". Ou simplesmente está curioso sobre o mundo da PNL, querendo saber o que a PNL pode lhe oferecer e como ela pode ajudar a interagir com outras pessoas — se é assim, está tudo certo.

Neste capítulo, nos empenhamos em ajudá-lo a se firmar no terreno da Programação Neurolinguística (PNL). Você começa fazendo um balanço e se sintonizando com o estado de espírito correto para perguntar o que quer deste livro de exercícios. Um dos pressupostos básicos da PNL é que "o mapa não é o território" — você pode encontrar mais sobre esses pressupostos básicos (na verdade nós os chamamos de "pontos de partida da PNL") no Capítulo 2. É provável que você já tenha um "mapa" no momento — uma ideia sobre o que quer ou sobre como é a vida, mas conforme avança, descobre que o "território" não é como esperava. "Coisas acontecem", como diz a expressão. Seu mundo verá as mudanças à medida que avança.

À medida que você se envolve com a PNL, se vê levando o aprendizado mais além — gradualmente, cada vez mais em mais áreas da sua vida pessoal e no mundo do trabalho. E descobre como é melhor criar os próprios "mapas" daquilo que deseja do que orientar-se por um mapa defasado ou se utilizar do mapa de outra pessoa.

A curiosidade é um ótimo ponto de partida. Livre-se de qualquer pensamento vago de PNL. Venha com uma mente aberta e com a intenção firme de começar a prestar atenção ao que quer atrair para a sua vida. Prometemos explorar essa questão mais detalhadamente muito em breve.

O Básico da PNL

Einstein dizia que há duas maneiras de se viver: como se nada fosse um milagre ou como se tudo fosse um milagre. A escolha é realmente sua. Seus pensamentos determinam os resultados que terá na vida. Alguma vez já parou para pensar sobre a qualidade de seu pensamento? A PNL pode ser o ponto de partida para fazê-lo pensar de uma nova maneira e instigar sua curiosidade sobre o poder de seu próprio processo de pensamento. Depois de entender como pensa, poderá traduzir esse pensamento em ações selecionadas, com a ajuda das ferramentas da PNL que compartilhamos com você neste livro.

Num primeiro momento, o conceito da PNL poder ser difícil de apreender — como se você estivesse tentando segurar gelatina. A PNL se define como "o estudo da sua experiência subjetiva"; é sobre como você se comunica com os outros e consigo mesmo. Na PNL, quanto mais presta atenção em *como pensa*, assim como sobre o que pensa, mais perto chegará dos resultados que deseja.

A PNL se baseia na ideia de que você vivencia o mundo por meio dos seus sentidos e traduz informações sensoriais em processos de pensamento, tanto conscientes quanto inconscientes. Processos de pensamento ativam o sistema neurológico (daí o *neuro* da PNL), que afeta a fisiologia, as emoções e o comportamento.

O aspecto *linguístico* da PNL se refere à forma como sua linguagem o ajuda a dar sentido ao mundo, captura e conceitualiza sua experiência e informa essa experiência para os outros. A linguagem corporal é tão importante, neste caso, como a palavra falada. A parte da *programação* trata de como você codifica ou representa mentalmente sua experiência. A sua programação pessoal consiste nos processos internos e estratégias

Capítulo 1: Qual É o Seu Momento? 11

(modelos de pensamento) que você usa para tomar decisões, solucionar problemas, aprender, avaliar e obter resultados.

Alinhando-se à Pedra Angular

A PNL oferece ferramentas para ajudá-lo a resolver problemas de diversas formas. Por exemplo, o modelo de "níveis lógicos de mudanças" de Robert Dilts, que abordamos no Capítulo 11, decompõe a experiência em partes manejáveis, desde olhar o ambiente no qual se movimenta até o sentido geral de propósito na medida em que transita por suas tarefas diárias.

Também há os modelos linguísticos clássicos elaborados pelos cocriadores da PNL no início de tudo: o modelo Milton, que surgiu a partir da observação do trabalho de Milton Erickson, e o Metamodelo, que possibilita que se adquira uma maior clareza ao se aventurar para além da linguagem e se aprofundar no significado subjacente das palavras. Demonstramos como filtrar o pensamento de acordo com seus mais profundos valores e crenças sem que se saiba o que está fazendo conscientemente. Aproximar-se da PNL é como abrir uma enorme janela para seus processos de pensamento e, assim, ter um grande presente esperando por você.

Talvez você já tenha alguma ideia sobre o que queria conseguir de *Exercícios de Programação Neurolinguística Para Leigos* — usar a PNL para ser um professor, apresentador, *coach*, progenitor ou profissional mais eficiente?

Talvez esteja procurando pelo pensamento mais recente. À medida que lê e trabalha com este livro de exercícios, é provável que encontre mais territórios do que imaginava, descobrindo novas maneiras de aplicar a PNL que nem sequer havia imaginado — até hoje.

A Folha de Exercícios 1-1 tem um exercício simples para que você possa começar do ponto zero da PNL e se preparar para tirar o máximo deste livro de exercícios. Isso significa começar com o que a PNL chama de "estado desejado". Calce seu tênis de corrida e comece agora mesmo.

A PNL fala sobre o seu estado atual e seu estado desejado. A forma mais explícita de descrever esses lugares é compará-los a uma viagem. O seu estado atual é como você está agora, hoje. O seu estado desejado é onde você gostaria de estar, o seu objetivo ou resultado para o futuro.

No Exercício 1-1 o convidamos a olhar para o seu estado atual ao começar a jogar com as ideias deste livro. Um dos objetivos do exercício é que pare e reflita sobre o que quer ganhar com esta leitura, já que, ao fazer isso, se prepara para enveredar por um caminho proativo, ser curioso (o que é um

Parte I: Preparando-se para a Jornada pela PNL

ótima atitude para aprender) e se responsabilizar por seu aprendizado. Reflita se está simplesmente interessado em PNL como parte de uma lição acadêmica ou se há alguma coisa específica acontecendo na sua vida para a qual precisa de ajuda. Você está se debatendo com escolhas profissionais, sua saúde, seus relacionamentos ou sente que a vida poderia ser mais divertida ou recompensadora?

Ao fazer algumas anotações preliminares, coloque um sinal para que possa reler nos meses que se seguirem e observe seu progresso.

Exercício 1-1   Minha Pedra Angular de PNL

Qual é a principal razão que o levou a comprar o *Exercícios de Programação Neurolinguística Para Leigos*? E o que quer ganhar com este livro?

_____

_____

_____

Há alguma coisa muito específica que queira obter deste livro — tanto para você quanto para os outros? Por exemplo, algum fato em especial desencadeou uma mudança recente que o fez questionar o que é importante para você em algum aspecto particular da sua vida?

_____

_____

_____

Você está enfrentando algum desafio em particular neste exato momento? Por exemplo, para encontrar emprego, terminar um projeto, ou para se sentir mais confiante e saudável? Você sofreu algum retrocesso? Seu tempo, dinheiro e energia estão acabando para as coisas que quer fazer?

_____

_____

_____

Se este livro provar ser realmente útil, o que realmente gostaria que fosse diferente para você (talvez em termos de qualidade de vida ou em atingir melhores resultados em algum campo específico)?

_____

_____

_____

Qual é a principal área da sua vida em que gostaria de aplicar a PNL? Por exemplo, no *coaching*, estágio, gerenciando outras pessoas, no desenvolvimento pessoal, para fazer mudanças na carreira ou na vida pessoal?

LEMBRE-SE

O Exercício 1-1 continua no Capítulo 8, onde você será chamado a avaliar o quão confiante está com a PNL após ter trabalhado ao longo do livro.

Começando pelas Intenções

Na PNL se ouve muito sobre estabelecer intenções, e a razão disso é que, quando se fixa a intenção, fixa-se também o foco. Talvez você encontre alguém e estabeleça a intenção de ter uma amizade longa com essa pessoa. Isso ditará o que pensa sobre ela e como se comportará diante dela. Em contrapartida, se você imediatamente decide que ficaria feliz se nunca mais a visse, essa intenção afeta seu relacionamento desde o primeiro dia.

Uma intenção não é algo tão específico quanto um objetivo; é sobre quem você é, uma forma de ser que diz muito sobre suas ações. Quando conduzimos sessões de treinamento ou *coaching* e estabelecemos nossas intenções, normalmente estas são conceitos bastante amplos, tais como "Vamos compartilhar conhecimento", "Vamos ouvir para oferecer apoio e desafiar de modo apropriado" ou "Seremos abertos a tudo o que aconteça a nossos clientes". Com frequência é possível resumir a intenção em uma ou duas palavras, tais como "Esteja presente", "Compartilhe", "Ouça".

CASOS E CAUSOS

"Você acha que realmente pode dar conta deste trabalho, ou preferiria descer de posição e diminuir a pressão?" Maddy estava passando por dificuldades no trabalho e se sentia pressionada ao ponto da exaustão. Ela começou em um novo emprego como diretora de serviço ao cliente em uma instituição financeira, e sua primeira revisão de pagamento anual chegou em um momento em que a empresa estava passando por um período difícil: executivos pressionavam para que as operações fossem transferidas para países estrangeiros e que gastos com pessoal fossem cortados para que a empresa se tornasse mais competitiva. O chefe de Maddy estava sugerindo a possibilidade de ela aceitar um cargo com menos pressão e um salário menor, ainda que tivesse atingido as metas de

Parte I: Preparando-se para a Jornada pela PNL

desempenho. Naquele mesmo ano, a mãe dela ficou gravemente doente, e por isso Maddy estava indo de trem, em finais de semana alternados, para a parte oeste do país, para ajudar seu pai. Para completar, em um domingo em que chegou tarde, descobriu que seu namorado estava se encontrando com outra mulher enquanto ela estava fora. Ele a comunicou que queria terminar o relacionamento de cinco anos, vender o apartamento deles e dividir as coisas. Ela chorava enquanto pegava o metrô para o trabalho e estava pronta para desistir do emprego. Maddy se interessou pela PNL depois que uma amiga a convidou para acompanhá-la a um seminário de PNL em relacionamentos, e lá aprendeu que poderia administrar suas emoções, mesmo quando sob pressão. Esse seminário foi seguido de outros, além de leituras, o que a levou a ouvir CDs, o que, por sua vez, a encorajou a fazer mudanças significativas em seu trabalho e em sua vida doméstica.

Quando Maddy foi à sua primeira oficina de desenvolvimento pessoal, o objetivo era reduzir o estresse da vida, viver e trabalhar com menos aborrecimentos e redescobrir sua capacidade natural de apreciar a vida de novo. O Exercício 1-2 mostra a intenção pessoal de Maddy para o aprendizado de PNL, além de uma palavra que a faz se lembrar do que quer.

Exercício 1-2   A Intenção Pessoal Estabelecida por Maddy

Minha intenção é:	Atingir um sentido tranquilo de foco
A palavra que resume minha intenção é:	Perspectiva

No Exercício 1-3, escreva sobre sua intenção de aprendizado por meio deste livro e então resuma essa intenção em uma palavra que se aplique a você.

Exercício 1-3   Minha Folha de Exercício Pessoal para Estabelecimento de Intenções

Minha intenção é:	
A palavra que resume minha intenção é:	

Intenções são uma forma poderosa de focar a atenção e aquietar a mente. Escreva a sua "palavra de ordem" em cor, em um cartão ou pedaço de papel onde possa ver e consultá-la facilmente. Tente escrever sua palavra na primeira página da sua agenda, no mural do escritório, no computador, na porta de geladeira ou no espelho do banheiro.

Responsabilize-se por Seu Aprendizado

Nem todo mundo aprende da mesma maneira. Algumas pessoas adoram teoria, outras precisam experimentar uma nova ideia; algumas precisam se assegurar de que a ideia é prática e útil, e outras precisam de um tempo para refletir sobre ela. Você aprenderá sobre PNL de diversas maneiras que funcionem para você, e este livro é parte da jornada. Um dos conceitos-chave da PNL é ter um comportamento flexível, então pense no seu aprendizado dessa maneira e esteja disponível para experimentar novas formas de aprendizado.

Você poderá desenvolver seus conhecimentos de PNL de várias maneiras ao:

- Mergulhar fundo e fazer os exercícios deste livro.
- Encontrar formas de praticar suas habilidades e aplicá-las a situações do dia a dia.
- Estudar o tema e pesquisar as teorias subjacentes da PNL.
- Permitir-se tempo para voltar regularmente e refletir sobre qualquer área em que as ferramentas de PNL poderão fazer a diferença para você e para os outros.
- Verificar como e com quem você aprende melhor. Por exemplo, você aprende melhor com um companheiro ou se isolando em um lugar tranquilo para estudar?
- Escolher você mesmo seu próprio método de aprendizado, com a ajuda deste livro de exercícios.

Aos 14 anos, Clare achava a escola chata e sem graça. Sentindo-se limitada pelas exigências do currículo, matava aula, achando muito mais satisfatório encontrar os amigos na cafeteria local do que ir a aulas que não entendia e ser criticada por suas orelhas furadas e seu uniforme desarrumado. Para Clare, as aulas eram inúteis, e toda a diversão de estar na escola havia desaparecido. Ela largou a escola na primeira oportunidade e aceitou um emprego como aprendiz de cabeleireira, onde se tornou uma das favoritas dos clientes. Dez anos depois, quando decidiu ir morar fora do país, Clare se matriculou em aulas de língua francesa. Ela tinha um objetivo definido — estava extremamente motivada a aprender de forma a que pudesse falar com as pessoas na França, em francês, quando lá estivesse. Clare então começou a buscar a melhor maneira de aprender a língua de forma rápida e fácil. Começou a procurar por nomes de objetos do dia a dia em casa, no trabalho e no carro, e colocava etiquetas coloridas nos objetos para que pudesse se lembrar das palavras equivalentes em francês. Ela também comprou livros infantis escritos nessa língua e ouvia músicas pop estrangeiras e programas de rádio no seu *iPod*. Clare descobriu que uma de suas clientes era francesa, e quando ia a sua casa cortar seu cabelo e o de seu círculo de amigos, conseguia que conversassem com ela em francês. Ela percebeu que poderia aprender rapidamente, caso desejasse. Para Clare, era tudo uma questão de encontrar o estilo de aprendizado mais adequado para ela, além de tomar as rédeas do seu próprio aprendizado — ninguém poderia fazer isso por ela.

Você aprende melhor quando está motivado por suas próprias razões do que quando outra pessoa lhe diz o que fazer. Então, se alguém deu a você este livro de exercícios ou disse para que trabalhasse com ele, encontre a sua própria razão pela qual este livro pode ser útil para você. Coloque-se em primeiro lugar e conecte-se com seu próprio senso de propósito.

No Exercício 1-4, utilize três exemplos de momentos diferentes ao longo da vida quando tenha se divertido aprendendo algo novo. Retorne a essas experiências, tentando buscar o que funcionava melhor para você.

Exercício 1-4	Como Aprendo melhor?
Quando criança, aprendi a:	
Aprendi por meio de:	
Quando adolescente, aprendi a:	
Aprendi por meio de:	
Quando me tornei adulto, aprendi a:	
Aprendi por meio de:	

Capítulo 1: Qual É o Seu Momento? 17

Você é o maior beneficiado quando faz os exercícios deste livro com a mente aberta e boa vontade.

Notando as Pepitas de Ouro ao Longo do Caminho

Enquanto lê um livro, você pode se deparar com uma palavra ou frase em uma página que o faça parar e pensar — você diz a si mesmo "Aha! Isto é bom. Tenho que me lembrar disto". Esperamos que encontre muitas dessas pérolas neste livro de exercícios de PNL. Fique à vontade para deixar seus rastros fazendo anotações nas páginas do livro com canetas coloridas e adesivos de estrelas douradas — qualquer coisa que chame a sua atenção. Faça cópias dos exercícios, cole-as nas paredes, recorte-as — ou seja lá o que funcione para você. Afinal, você sempre pode comprar outro exemplar se quiser manter o livro "limpo"! Entre no espírito de que esta é a sua jornada de PNL e de que pode atravessá-la de qualquer maneira que optar.

O que gostamos de fazer é manter nossos próprios cadernos de anotações e agendas especiais para rascunhar nossos pensamentos e ideias com relação à PNL. Tente levar um pequeno caderninho de anotações quando estiver circulando por aí — um que caiba em um bolso ou bolsa e que possa estar à mão na sua mesinha de cabeceira — para registrar as verdadeiras joias deste livro de exercícios que chamem a sua atenção. Quando estiver escrevendo suas pérolas, faça uma anotação da sua intenção bem ao início e então apreenda pontos de referência à medida que avança — mais como um mapa da *Ilha do Tesouro*. Talvez queira desenhar seu próprio mapa de trabalho de PNL, atentando para como os temas-chave adequam-se a você.

Divertir-se É uma Obrigação

Esta é a única vez que vamos dizer a palavra "obrigação". A diversão é um dos nossos valores essenciais, e gostaríamos de compartilhá-lo com você. A coleção *Para Leigos* faz do aprendizado uma diversão. Quando estávamos nos preparando para escrever o primeiro livro de *Programação Neurolinguística Para Leigos*, concordamos que o processo de escrevê-lo tinha que ser divertido. Ficamos maravilhadas quando os leitores nos escreveram para dizer que nossa atitude pró-diversão transparecia nas

Parte I: Preparando-se para a Jornada pela PNL

histórias e ideias que compartilhamos. Do mesmo modo, neste livro de exercícios, o processo de compartilhar e aprender junto ao escrever sobre a PNL também foi divertido. O humor talvez não tivesse soado tão alto na palavra escrita como se nos encontrássemos e ríssemos pessoalmente, mas pode ter certeza de que um dos ingredientes fundamentais do treinamento de PNL é se divertir.

Faça o que for preciso para que seu próprio aprendizado seja divertido. Leve o livro de exercícios para a praia ou para o zoológico. Dance pela cozinha, desenhe carinhas engraçadas e brinque com brinquedos flexíveis. Faça um *milkshake* de chocolate, uma vitamina ou tome um copo da sua bebida favorita enquanto faz os exercícios. Busque o humor até mesmo nas situações mais sérias — sim, se procurar, sempre poderá ver o lado bom da vida.

Então, se sua mente e seu corpo estão completamente presentes e afinados, estamos prontos para a ação com a PNL.

Capítulo 2

O Melhor Estado de Espírito para a PNL

Neste Capítulo

▶ Colocando-se "sob causa"
▶ Experimentando as pressuposições da PNL para adequá-las a si mesmo
▶ Reconhecendo os mapas de mundo de outras pessoas
▶ Olhando para o espelho de si mesmo

Alguma vez na vida você teve a sensação de que o mundo inteiro está conspirando contra você? Tudo o que acontece de errado está acontecendo somente com você? Opa! E talvez você esteja se comprazendo, nem que seja só um pouquinho, com a autopiedade? Coitado! E outras vezes se sente abençoado por ter nascido no lugar e tempo certo. Sorte sua. Adivinhe. Esses pensamentos são normais. O grande psicólogo Carl Jung foi quem introduziu o conceito de que "percepção é projeção": as pessoas projetam para o mundo exterior o que se passa dentro de sua mente. Jung dizia que o mundo é como um espelho e que, se você muda o que está na sua cabeça, então o mundo muda para você.

Vikram, um menino indiano de 12 anos com a cabeça de um sábio sobre seus ombros jovens, imigrou para a Austrália. Na escola, seu novo professor lhe perguntou: "Você não acha que as pessoas aqui são preconceituosas?". A resposta dele foi: "Não, de maneira alguma. Mas, também, estou entusiasmado demais me adaptando a uma nova vida aqui para procurar por preconceito".

O que essa história mostra é que, pelo fato de Vikram mostrar-se confiante e não estar propenso a sentir preconceitos contra outras pessoas, ele mesmo não tem preconceitos refletidos em retorno, e isso é raro tanto para ele quanto para o lado que direciona a discriminação, o que o torna um jovem popular.

Com as ferramentas de PNL você pode assumir a responsabilidade de controlar o que acontece dentro de sua cabeça e não se sobrecarregar com emoções que o assolam por todos os lados. É simples quando se sabe como fazer isso. Os exemplos neste capítulo o orientam sobre como funcionam as ferramentas de PNL.

Pesquisando a Causa e o Efeito

A premissa é de que *todo efeito tem uma causa subjacente*. Isso significa que os resultados que você obtém são causados por algo que você ou outra pessoa tenha feito anteriormente. Por exemplo, se achar que sua calça jeans está apertada hoje, pode ser que tenha tido alguns bons jantares a mais ultimamente! Ou, se está se sentindo sozinho, alguma coisa que você tenha feito (tal como recusar convites para sair) pode estar causando o problema.

O "efeito" talvez não seja sempre devido diretamente a sua ação anterior. Se você se encontra em uma situação em que, por exemplo, foi mandado embora de um trabalho porque a empresa está se mudando para fora do país, a causa subjacente jaz em forças de mercado sobre as quais você não possui qualquer controle. Nesse caso, você pode se voltar para a "causa" tomando uma atitude em relação a suas próprias escolhas profissionais.

Nos termos da PNL se diz que as pessoas estão "sob causa" ou "sob efeito", conforme o que segue:

- ✓ **Sob causa:** quando você funciona "sob causa", não arruma desculpas. Assume a responsabilidade e se pergunta: "O que preciso fazer? Ou que lições preciso aprender?". Você está no comando de seu destino.

- ✓ **Sob efeito:** quando você funciona "sob efeito", perdeu poder, dá desculpas, oferece justificativas e culpa os outros. Não consegue ver que tem qualquer opção ou escolha, e é provável que esteja assumindo o papel da vítima ou do observador passivo de suas experiências.

Onde você está em relação às diversas situações que enfrenta no momento? Está "sob causa" ou está "sob efeito"? O objetivo neste livro de exercícios é permitir que esteja "sob causa" em mais aspectos da sua vida — empoderando a si mesmo e a outros ao longo do caminho.

John marcou uma viagem de última hora para a Espanha com três de seus amigos de escola. Ele é naturalmente uma personalidade tranquila e artística, que gosta de visitar prédios antigos e galerias de arte. Seus

Capítulo 2: O Melhor Estado de Espírito para a PNL

amigos são mais extrovertidos e o convenceram a ficar em um *resort* costeiro com bares e boates, onde poderiam beber cerveja até tarde da noite e depois dormir a maior parte do dia na praia. John passou a semana inteira chateado por ter concordado com a escolha deles e desejava ter argumentado de forma mais convincente para que fossem para Barcelona, onde poderia apreciar a arquitetura, se encontrando com os rapazes mais tarde para a vida noturna. Ao não demonstrar suas próprias necessidades para as férias de uma forma mais veemente, ele agiu "sob efeito".

A Tabela 2-1 mostra algumas das coisas que podem ser notadas e verificadas para que se saiba quando se está agindo "sob causa" ou "sob efeito".

Tabela 2-1	Sinas de Causa e Efeito
Sinais de Causa	*Sinais de Efeito*
Se sente em um ambiente confortável.	Se sente estressado nesse ambiente.
Pode dizer e fazer o que parece certo e natural para você.	Sente que outros controlam o que pode dizer ou fazer.
Está agindo com um nível de competência.	Está questionando sua capacidade e pode estar se desesperando.
Sabe que está tudo bem em ser você mesmo.	Se pergunta: "Sou bom o bastante?".
Faz escolhas baseadas no que quer.	Está fazendo antes o que "deve" ou "tem de" do que o que quer fazer.
Lida com qualquer dificuldade que apareça em seu caminho.	Acha difícil dizer "não" e está sempre tentando agradar os outros.
Se sente relaxado, saudável e com vitalidade.	Parece cansado, sobrecarregado e com a energia em baixa.

No Exercício 2-1 você tem a chance de observar quando age "sob causa" e quando age "sob efeito".

1. Busque um exemplo de quando sentiu que estava agindo "sob causa" e um exemplo de quando estava "sob efeito".

2. Escolha situações específicas em que estava com outras pessoas. Você pode selecionar tanto um contexto social com amigos e família

22 Parte I: Preparando-se para a Jornada pela PNL

quanto uma situação profissional com colegas de trabalho, consultores ou fornecedores.

3. Tanto nos seus exemplos de causa como de efeito, analise a Tabela 2-1 e note o que aconteceu especificamente que o coloca em um ou outro escopo de causa/efeito. Certas pessoas o afetam de uma forma negativa ou positiva? O quanto o tempo que possui afeta seus níveis de energia? Talvez sinta que tenha certas habilidades ou se sinta incompetente.

4. O que pode descobrir a partir dessas situações e que pode ser útil em circunstâncias futuras para colocá-lo ainda mais "sob causa".

No exemplo anterior sobre John, ele percebeu que planejou suas férias às pressas enquanto estava ocupado com o trabalho. Então percebeu que precisava planejar seu descanso mais cedo, selecionar viagens que fossem atrativas aos seus interesses e dizer a seus amigos que tipo de férias gostaria de ter. Além disso, precisava estar disposto a recusar um convite que não fosse bom para ele, sabendo que, apesar disso, continuariam sendo seus amigos. Assim ele estaria "sob causa" novamente.

Exercício 2-1   Minhas Observações de Situações de Causa e Efeito em Outras Pessoas

Situação de causa:	*Situação de efeito:*
Como sei se estava "sob causa" — quais são os sinais?	*Como sei se estava "sob efeito" — quais são os sinais?*

Capítulo 2: O Melhor Estado de Espírito para a PNL   23

O que posso aprender sobre essa situação que me ajude no futuro?	O que posso aprender sobre essa situação que me ajude no futuro?

Sintonizando-se com a linguagem

Para aperfeiçoar suas habilidades em identificar os meios pelos quais pode detectar a causa e o efeito em outras pessoas, escute as palavras que usam. No Exercício 2-2, reflita sobre cada afirmação e decida se o interlocutor esta "sob causa" ou "sob efeito".

Exercício 2-2 — Teste da Causa e Efeito

Afirmação	De Causa	De Efeito
1. Agora não. Estou me permitindo algum tempo para pensar na minha resposta.		
2. Você me deixa tão irritado. Não é à toa que estou estressado!		
3. Desculpe, amigo. Ele me obrigou a fazer isso.		
4. Obrigada. Eu adoraria ir à festa. Só preciso descobrir os horários dos trens.		
5. Tenho que passar meus finais de semana visitando meus pais, porque eles me fazem me sentir culpado se não vou.		
6. Eu vou tirar umas férias assim que acabar este projeto.		
7. Tenho um enorme aluguel para pagar, então tenho que fazer este trabalho — é a única forma de pagar as contas.		
8. Está um dia ensolarado, então vou me sentar no jardim para ler meu jornal.		
9. Eu não saí até estar pronto, apesar de as crianças estarem impacientes comigo.		

Nas afirmações 1, 4, 6, 8 e 9, o interlocutor esta "sob causa". Nas afirmações 2, 3, 5 e 7, o interlocutor está "sob efeito". Note que quando o interlocutor está "sob causa", a pessoa toma o controle da situação e faz escolhas sobre o que quer e quando fazer. Você ouve afirmações tais como "Eu quero", "Eu posso", "Eu escolho". Inversamente, quando o interlocutor está "sob efeito", o controle se desviou do interlocutor e se ouvem frases como "Eu devo", "Eu preciso", "Eu tenho que".

Analisando o diálogo interior

Alguma vez você já acordou à noite com conversas se passando dentro de sua cabeça? Talvez repasse as ocorrências do dia, conversa consigo mesmo sobre o que poderia ter feito ou planeja o que fará e dirá amanhã? Como um ser humano normal, você vive em um mundo privado de diálogo interno, bem como no mundo externo da linguagem e de conversas com outras pessoas. Essa capacidade de diálogo interno se desenvolve ainda quando criança, com a criação dos amigos imaginários, e está estreitamente ligado ao seu *processo de racionalização* "*o que aconteceria se*" — a capacidade de experimentar mentalmente diferentes cenários.

Você preserva seu mundo privado com essas conversas internas. O místico do século XX Carlos Castañeda defendia que repetimos as mesmas escolhas o tempo todo, porque continuamos repetindo o mesmo diálogo interno o tempo todo, até o dia em que morremos. Essa conversa barulhenta faz com que se dispenda uma grande quantidade de energia, e se você estiver repassando diálogos internos sobre situações nas quais está "sob efeito", estará sendo extremamente dispersivo.

Escute seu diálogo interno, agradeça-o por sua intenção positiva, e então interrompa o padrão e aquiete as palavras de forma que possa pensar tranquilamente e acessar mais de seu interior criativo e intuitivo — aquela parte de você que pode trazer novas escolhas. Você pode interromper o diálogo por meio de atividades tais como exercícios de respiração e meditação ou escrevendo frases do tipo "Eu sou suficientemente bom", "Eu vivo em um corpo saudável" e "Eu escolho minha própria vida". Tudo isso pode ajudá-lo a romper o ciclo. Substituir o diálogo barulhento por um diálogo interno claro, mais simples, "sob causa", pode levá-lo de volta ao controle.

No Exercício 2-3 vemos que Andrew tem um gerente difícil de agradar. Seu gerente o pressiona a trabalhar até mais tarde e gosta de ter relatórios muito detalhados e feitos rapidamente. Note a diferença entre o diálogo interno de Andrew quando ele substitui suas afirmações negativas "sob efeito" por outras "sob causa", que o colocam no controle da situação.

Exercício 2-3 — Diálogo Interno de Causa e Efeito de Andrew

Diálogo Interno "Sob Efeito"	Diálogo Interno Substituído por "sob causa"
Não posso sair do escritório até as 19h novamente porque ele fará com que eu trabalhe no balanço mais uma vez.	Eu trabalhei duro e mereço sair na hora.
Só de ele olhar para mim, já sinto um grande peso sobre os ombros.	Eu sou a melhor pessoa para fazer este trabalho. Eu escolhi trabalhar aqui.
Mal posso esperar para que ele entre de férias e eu possa ter um espaço para respirar e terminar o balanço do final do mês.	Eu posso criar espaço para pensar com clareza sempre que quiser.

Pense em uma situação que acredite ser desafiadora e analise o que diz a si mesmo — seu diálogo interno. Note três coisas que talvez esteja pensando "sob efeito" e três coisas que pode estar dizendo a si mesmo "sob causa". Experimente isso no Exercício 2-4 apenas escolhendo uma situação e modificando suas próprias palavras. Ao fazer isso, observe o efeito que a situação tem em você.

Exercício 2-4 — Meu Diálogo Interno de Causa e Efeito

Diálogo Interno "Sob Efeito"	Diálogo Interno Substituído por "Sob Causa"

Revendo os Pressupostos da PNL

A PNL oferece algumas premissas básicas ou crenças adequadas conhecidas como *pressuposições*. Experimente essas premissas para descobrir se alguma lhe diz alguma coisa. Você não encontrará evidências escritas comprovando que as pressuposições são verdadeiras, apenas jogue com as ideias como se defendesse a premissa:

- **O mapa não é o território.** O mundo dentro de sua cabeça é um lugar estranho, e muito dele ainda é desconhecido. O seu mapa de mundo não é o mesmo que o de outra pessoa, e talvez seja apenas um mapa parcial. Por exemplo, você começa em um novo emprego com um lista de atribuições (o mapa), mas, ao final, as palavras no papel apenas refletem parte do que precisa fazer (o território). Talvez tenha traçado um plano no papel sobre como quer que aconteça sua celebração de casamento, mas quando chega a hora, o acontecimento é maior do que jamais imaginou, porque todos os convidados trazem sua própria energia e alegria para a ocasião especial. Ou talvez esteja trabalhando em um projeto para a construção de uma casa e descobre que, ao analisar melhor o terreno, os desenhos arquitetônicos terão de ser adaptados.

- **As pessoas reagem de acordo com seus mapas de território.** Seja lá onde quer que encontre alguém que se comporta de forma diferente da sua, reconheça que vocês podem ter um mapa diferente para o mesmo território. Você nota coisas diferentes e tem experiências diferentes. Respeite aquele mapa e procure descobrir como é o mundo da perspectiva da outra pessoa. Se você é um professor, pai ou mãe, recue por um instante e reflita sobre como seria ter cinco anos de idade ou ser um adolescente de novo.

- **O fracasso não existe — somente feedback.** Imagine que, na verdade, você não faz nada de errado: tudo é uma experiência de aprendizado. Observe que uma luz diferente recai sobre os tempos em que sente que cometeu equívocos no passado e os tempos em que experimenta algo novo no futuro. Saber simplesmente que não pode falhar pode lhe dar a coragem para tentar alguma aventura e superar crenças limitadoras sobre si mesmo. Também pode torná-lo menos crítico e com menos juízo de valores acerca dos esforços de outras pessoas.

- **O significado da mensagem é a resposta que se obtém.** Este pressuposto o coloca em uma posição de absoluta responsabilidade como o comunicador da mensagem de uma forma clara. Se alguma vez você já foi mal compreendido, deduz-se que era sua responsabilidade se fazer entender, e não achar que a outra pessoa é que tinha dificuldades de compreensão. Olhando

Capítulo 2: O Melhor Estado de Espírito para a PNL 27

para adiante, se você tem algo muito importante para dizer em um lugar onde precisa que sua mensagem chegue em alto e bom som, pense sobre a pessoa com quem está falando e o que ajudará àquela pessoa a receber sua mensagem da forma como você intenciona. Comece pensando sobre quais são as necessidades e interesses daquela pessoa antes de formular o que dizer.

Você também se comunica de forma não verbal. Suas palavras somente dão conta de uma pequena parte da mensagem, se comparadas com seus gestos e seu tom de voz.

- **Se o que você está fazendo não está funcionando, faça algo diferente.** Você está batendo com a cabeça na parede e continua a fazer as mesmas coisas de antigamente, do mesmo velho modo? Às vezes você pode se envolver tanto em uma situação que não percebe os hábitos que adquiriu ou não consegue reconhecer que velhas mágoas causam comportamentos emocionais inúteis. Você fica preso em uma rotina, repetindo os mesmos velhos erros ou simplesmente reagindo às suas polêmicas. Quais são as situações que não estão funcionando para você e nas quais uma mudança seria bem-vinda — talvez um novo emprego ou grupo de amigos sejam necessários?

- **A pessoa com maior flexibilidade influencia o resultado de qualquer interação.** Após começar a fazer as mudanças, num instante, as outras pessoas também mudam, e você rompe padrões de comportamento. Busque exemplos de pessoas que se comportam de maneira flexível e então traga essa mudança para sua vida. Talvez o desejo de alguém de trabalhar no exterior por um tempo para conseguir um emprego melhor ou assumir algumas responsabilidades extras para ganhar experiência. Talvez você desista de se lamentar com sua família sobre de quem é o trabalho de cortar a grama e, em vez disso, contrate um jardineiro.

- **Você não pode *não* se comunicar.** Não dizer nada ainda é se comunicar. O simples fato de se manter quieto e sorrir com doçura ou ir embora também é uma mensagem.

- **Você tem todos os recursos de que precisa para atingir os resultados que deseja.** Recursos podem ser crenças internas, energia e habilidades pessoais, bem como pessoas, posses e dinheiro.

- **Todo comportamento tem uma intenção positiva.** Essa premissa se aplica a todos os comportamentos — até mesmo aos maus hábitos que você gostaria de mudar, como fumar ou procrastinar. Essa pressuposição é especialmente válida se você pensar nos tempos em que se comportava mal ou fazia algo que não queria fazer, mas, ainda assim, fazia. Pergunte a si mesmo qual é a intenção positiva desse comportamento. Quais são as coisas positivas que ganho fazendo isso — talvez fumar lhe dê algum tempo fora do trabalho ou longe das crianças, por exemplo? A PNL chama isso de *ganho secundário*. (Falamos sobre ganho secundário no Capítulo 3, quando você elabora seus melhores resultados.) Quando você elabora todas as coisas positivas que obtém do comportamento, pode inventar formas novas e criativas de conseguir o que necessita. Por exemplo, o fumante pode encontrar novas formas de conseguir tempo para pensar ou cinco minutos de folga das crianças.

✔ **As pessoas são muito mais do que seus comportamentos.** Quando você vê um ator na televisão, sabe que ele está apenas interpretando um papel e que é provável que seja muito diferente na vida particular. Talvez você faça julgamentos sobre uma pessoa baseado em um aspecto de seu comportamento e perca outros aspectos muito importantes daquela pessoa. Isso é importante especialmente se, como gerente, por exemplo, você dá uma resposta crítica ao desempenho de alguém. Só porque um de seus funcionários peleja com um aspecto de seu trabalho, isso não faz dele uma pessoa ruim.

✔ **A mente e o corpo estão interligados e afetam um ao outro.** Os neurocientistas descobriram que as emoções podem ser detectadas por mudanças na estrutura molecular de nosso corpo ao nível dos neurotransmissores. Torne-se mais consciente sobre como seu estado mental afeta como seu corpo se sente, e vice-versa. Por exemplo, quando pensa sobre alguém de quem realmente gosta ou não gosta, como seu corpo reage? Observe como acontecimentos e atividades específicas parecem lhe dar energia ou sugá-la. As pessoas que se debatem contra maus hábitos alimentares com frequência estão tão distraídas por seu diálogo interno que não prestam atenção ao que estão comendo e bebendo.

✔ **Ter escolhas é melhor do que não tê-las.** Essa é uma pressuposição útil para se lembrar quando está se sentindo perdido. Pode ser que você escute a si mesmo ou outros dizendo: "Não tenho escolha. Tenho que fazer isto". Lembre-se de que sempre há escolhas, tais como descartar seu emprego ou se mudar para o exterior. Você faz essa escolha ao avaliar os riscos e consequências de agir.

✔ **Moldar-se em desempenhos de sucesso leva à excelência.** Quando a PNL foi criada originalmente por Richard Bandler e John Grinder, eles se utilizaram de pessoas espetaculares como exemplos a seguir. A PNL supõe que se uma pessoa faz alguma coisa bem, atingiu o nível de ser *inconscientemente competente* — ela não consegue explicar facilmente como faz isso. Pode-se aprender de uma pessoa notável ao se prestar atenção de perto ao que ela faz e como atua — desde como respira, passando por seu comportamento, até seus valores e crenças.

O Exercício 2-5 mostra maneiras pelas quais as pressuposições da PNL podem alterar seu pensamento e, por fim, os resultados que podem ser obtidos. Os três passos a seguir o ajudarão a completar o exercício:

1. **Leia o sumário de cada pressuposição para verificar seu entendimento.**

2. **Pense em momentos em que essa premissa teria sido útil a você no passado e poderia ser útil no futuro, e escreva essas situações nas colunas apropriadas.**

3. **Escreva sobre ideias específicas inspiradas por essas pressuposições.**

Se neste momento você não consegue pensar em um exemplo para cada pressuposição, não tem problema. Você pode voltar ao Exercício 2-5 mais tarde à medida que lê o livro ou trabalha com outros exercícios e novas ideias lhe venham à cabeça.

Exercício 2-5 — Hora de Jogar com as Pressuposições da PNL

Pressuposições e Perguntas Relacionadas	*Situação Aplicável ao Passado*	*Situação Aplicável ao Futuro*	*Pensamentos Adicionais*
O mapa não é o território. Onde estão seus mapas incompletos?			
As pessoas reagem de acordo com seus mapas de território. Como você respeita os mapas de outras pessoas?			
Não existe fracasso — somente reação. O que você faria se simplesmente não pudesse falhar?			

(continua)

Parte I: Preparando-se para a Jornada pela PNL

Exercício 2-5 *(continuação)*

O significado da mensagem é a resposta que se obtém. Como você pode se fazer entender de forma mais clara?			
Se o que você está fazendo não está funcionando, faça algo diferente. Quais são as coisas que não estão funcionando para você e onde uma mudança seria bem-vinda?			
A pessoa com maior flexibilidade influencia o resultado de qualquer interação. Como você demonstra flexibilidade ou inflexibilidade?			
Você não pode *não* se comunicar. O que você poderia estar comunicando sem intenção?			
Você tem todos os recursos de que precisa para atingir os resultados que deseja. Pense em algo que está tentando conseguir e observe os recursos que já possui, assegurando-se de listar as qualidades pessoais que o atendem bem.			

Capítulo 2: O Melhor Estado de Espírito para a PNL

Pressuposições e Perguntas Relacionadas	Situação Aplicável ao Passado	Situação Aplicável ao Futuro	Pensamentos Adicionais
Todo comportamento tem uma intenção positiva. Qual é a intenção positiva por trás de seu comportamento "ruim"?			
As pessoas são muito mais do que seus comportamentos. Quais são os julgamentos que você faz sobre as pessoas?			
A mente e o corpo estão interligados e afetam um ao outro. A sua respiração muda?			
Ter escolhas é melhor do que não tê-las. Se você se sente limitado nas suas escolhas acerca de dinheiro, relacionamentos, empregos ou compromissos com a família e amigos, pergunte-se quais são suas verdadeiras opções.			
Moldar-se em desempenhos de sucesso leva à excelência. Quem tem qualidades especiais das quais você pode seguir o exemplo?			

Traçando os Mapas

Nesta seção você explora mais a fundo a pressuposição da PNL de que "o mapa não é o território", quando aplicada à sua vida diária. Abriremos seus olhos para a ideia de que as palavras que você fala são uma descrição limitada de sua experiência, que apenas toca a superfície do que realmente acontece. Você também ficará mais consciente dos mapas limitados que possui atualmente, como eles se diferenciam dos de outras pessoas, e o que pode fazer para que seus próprios mapas sejam mais completos e transformá-los em um guia mais valioso.

Reconhecendo os diferentes mapas

A PNL destaca a língua que você usa e lembra que qualquer palavra pode trazer mais que uma imagem à mente. Uma palavra não representa *todos* os fatos de uma dada situação. Escrever suas próprias experiências sobre a palavra "bola" no Exercício 2-6 o ajudará a entender essa ideia.

Exercício 2-6   Minhas Palavras Representando "Bola"

Escolha uma simples palavra, como "bola", pense sobre sua experiência em relação a uma bola e escreva o que lhe vem à cabeça:

_____

_____

_____

Agora pergunte a outra pessoa o que vem à cabeça dela quando diz a palavra "bola" e escreva aqui a resposta:

_____

_____

_____

Observe a diferença entre a sua resposta e a da outra pessoa:

_____

_____

_____

Capítulo 2: O Melhor Estado de Espírito para a PNL   **33**

Quase sempre você descobrirá que todos têm uma interpretação ligeiramente diferente de apenas uma simples palavra. A palavra "bola" pode representar toda a sorte de imagens e lembranças — uma bola de tênis, uma bola de linha, uma bola de elásticos entrelaçados, uma bola de barro ou milhares de pequenas bolinhas brancas dentro das embalagens. Ou pode não ser absolutamente nenhuma dessas coisas.

Agora, se escolher outra palavra, como "dinheiro", uma riqueza de diferentes descrições vem à tona, e talvez as emoções comecem a circular. É quando você descobre que seu mapa de território e o das outras pessoas são completamente diferentes.

Viajando pelo território

Armar-se com a ideia de que o mapa não é o território pode elevar sua própria consciência de onde você pode estar perdendo informações vitais. Porque as palavras são apenas parte da história e não têm uma imagem completa; você tem um mapa incompleto.

Pense em algo que gostaria que outra pessoa fizesse e deixe um mapa do que quer com essa pessoa. Primeiro, estabeleça o contexto — a situação específica que tem na cabeça. Depois, escreva uma afirmação simples que resuma suas instruções. Olhando para as palavras que escreveu, acrescente mais detalhes, fazendo com que o mapa fique mais específico. Aumente o zoom do mapa e faça com que suas palavras digam o que você realmente quer dizer: como quando você está procurando alguma coisa em uma página de um site e adiciona cada vez mais palavras específicas a fim de que encontre o que busca.

No exemplo, Jon é gerente de um escritório e deixa um recado para seu assistente no arquivo de um cliente. O Exercício 2-7 mostra o mapa de Jon.

Exercício 2-7   Carta do Mapa de Jon

Contexto: Delegar trabalho para meu assistente

Afirmação do Mapa 1: Resolva isto para mim.

Afirmação do Mapa 2: Por favor, leia o arquivo que está em minha mesa e veja o que precisa ser feito antes de sexta-feira.

Afirmação do Mapa 3: Frank, por favor, leia o arquivo da empresa ABC e digite as anotações que fiz para que fiquem prontas para serem distribuídas na reunião do conselho. Prepare três slides de Power Point para mim sobre os números, os temas e nosso cronograma, para que eu possa apresentar para resumir a situação.

Parte I: Preparando-se para a Jornada pela PNL

Agora escreva seu próprio mapa no Exercício 2-8.

Exercício 2-8	Roteiro do Meu Mapa

Contexto

Afirmação do Mapa 1:

_____
_____
_____
_____
_____

Afirmação do Mapa 2 (seja mais específico — o quê, quando, onde):

_____
_____
_____
_____
_____

Afirmação do Mapa 3 (seja ainda mais específico no seu significado):

_____
_____
_____
_____
_____

Observe se acha muito fácil ou difícil ser muito específico acerca das palavras que usa e preserve essa ideia para quando for praticar trabalhando com o Metamodelo e o Modelo Milton nos capítulos 14 e 15.

Mudando o Foco por Meio das Projeções

Se você já esteve em um relacionamento por qualquer período de tempo, provavelmente passou por momentos em que não suportava sequer olhar

Capítulo 2: O Melhor Estado de Espírito para a PNL   **35**

para seu parceiro. Seu diálogo interno pode ter se colocado em uma espiral negativa de "Por que ele não pode colocar gasolina no carro para variar?" ou "Pelo amor de Deus! O que preciso fazer para que ele esprema a pasta de dente a partir do final do tubo?". E tudo o que consegue pensar é em salas de tribunais de divórcio e viver em continentes opostos. Até que, consciente ou inconscientemente, se lembra das rosas ou do abraço inesperado, e de repente se reconecta com o porquê de estarem juntos. Tudo o que aconteceu foi que seu foco mudou, indo de notar todas as coisas negativas de seu parceiro para perceber as coisas positivas.

O mesmo princípio se aplica a amigos, chefes e colegas. Em situações complicadas, pode ser útil ter sempre em mente o resultado que deseja ou gostaria de obter.

Muito da PNL diz respeito a segurar o espelho mais perto de si mesmo e olhar para seus próprios pensamentos e comportamentos. Só então você poderá entender que o que percebe ser o caso e o que você foca pode ser apenas uma projeção de suas necessidades em outra pessoa, e não um mapa completo da situação. Suas projeções, com frequência, podem fornecer pistas valiosas sobre em que você foca e como isso reflete suas verdadeiras necessidades, as quais provavelmente não expressou.

Kate foi a uma profissional de beleza, que a cumprimentou no salão dizendo: "Você parece nervosa. Não precisa ficar assim". Kate se surpreendeu com o comentário, até que percebeu que a jovem tinha aberto seu negócio muito recentemente e ela mesma estava muito hesitante. O comentário, na verdade, era a profissional de beleza expressando sua própria necessidade de sentir-se mais confiante no trabalho.

O psicanalista Jung acreditava que o processo de projeção é muito importante, porque tendemos a culpar a outra pessoa por aquilo de que não gostamos ou não reconhecemos em nós mesmos. Ele dizia: "As projeções transformam o mundo na réplica da face desconhecida da própria pessoa". Como mencionado anteriormente, Jung cunhou a frase "percepção é projeção", que significa que o que você percebe nos outros é, com frequência, o que você está vigiando ou segurando em seu próprio mapa do mundo como um aspecto de sua personalidade. Por exemplo, se você se pega reclamando acerca dos "motoristas de final de semana", será que isso não se deve a, às vezes, você se sentir culpado por dirigir devagar e sem o devido cuidado e atenção?

A Tabela 2-3 oferece algumas formas por meio das quais você pode expressar suas necessidades mediante seu comportamento com as pessoas a seu redor. Observe que cada comportamento tem uma intenção positiva, mas o que está faltando nesses comportamentos é qualquer expressão aberta de suas necessidades. Você precisa praticar declarar suas necessidades dizendo às outras pessoas o que quer, em vez de atender às suas necessidades por meio de projeções em outras pessoas, especialmente se isso envolve julgamentos e críticas.

Parte I: Preparando-se para a Jornada pela PNL

Tabela 2-3   Exemplos de Projeções de suas Necessidades em Outros

Comportamento	Possível Necessidade Subjacente
Reclamar com seus colegas que seu chefe não gosta de você, porque ele não reconhece sua contribuição.	Você quer se sentir valorizado e reconhecido.
Dizer ao seu amigo que ele gasta dinheiro demais em roupas.	Você quer segurança financeira.
Lembrar sua namorada de que a ama mandando mensagem de textos para ela em intervalos de poucas horas.	Você quer se assegurar de que também é amado.
Comentar com sua mãe que ela come chocolate demais.	Você quer ser saudável.
Observar que o técnico de informática não está dando instruções claras.	Você quer ter uma comunicação clara.
Trabalhar até tarde no escritório e esperar que os outros também o façam.	Você quer segurança profissional.

Falar sobre espelhos nos lembrou do jovem amigo de Kate, Bill, e sua ida a uma loja local para comprar acessórios para seu novo banheiro. Ele era uma espécie de faz-tudo iniciante e estava com muita pressa em consertar o banheiro antes que seus amigos norte-americanos viessem visitá-lo. Ele vinha trabalhando na instalação do novo banheiro da suíte e reservou um final de semana para terminar o trabalho colocando novos azulejos e espelhos. Com pressa, um dia, tarde da noite, Bill encomendou pela internet todos os azulejos e espelhos que julgou necessários. Quando foi buscá-los, descobriu que os azulejos errados haviam sido separados para ele. O representante do serviço ao consumidor se desculpou pelo erro e disse que conseguiria os azulejos certos para a semana seguinte. Bill foi embora decepcionado e frustrado, mas voltou no sábado seguinte, conforme combinado. Dessa vez, eram os espelhos que tinham chegado, mas eram muito menores do que Bill desejava. Ele ficou enfurecido — seu rosto ficou vermelho. Gritou "Você é simplesmente inútil" para o funcionário do serviço ao consumidor e saiu da loja cheio de raiva. Somente quando chegou em casa e verificou a encomenda que havia

Capítulo 2: O Melhor Estado de Espírito para a PNL   **37**

feito, viu que tinha cometido um erro e encomendado os tamanhos errados. Bill estava projetando todo o sentimento de inutilidade que sentia sobre si mesmo como um faz-tudo de primeira viagem no funcionário do serviço de atendimento ao cliente. Bill teria se comportado de forma mais habilidosa se tivesse se lembrado de que o que queria era terminar rápido seu banheiro, focando em adaptar seu comportamento a seu objetivo.

Reflita sobre algo que tenha saído errado para você e como pode aplicar as premissas das pressuposições de PNL para melhorar seu entendimento sobre o que saiu errado e como você pode agir de forma diferente no futuro.

- **Pense em uma situação que o tenha deixado chateado.** Por exemplo, você teve uma discussão com alguém, fez uma apresentação que não foi bem recebida, escolheu mal um lugar para morar, se sentiu idiota em um encontro, talvez tenha sido rejeitado por alguém com quem se importe?

- **Que resultado conseguiu?** Qual foi a pior coisa que lhe aconteceu? Faça uma anotação de como se sentiu naquele momento ou sobre o impacto que teve em outras pessoas.

- **O que você estava projetando em outra pessoa?** Por exemplo, quanto de sua reação teve a ver com uma necessidade sua de se sentir aceito ou confiante, ou de administrar bem suas finanças, tempo ou energia?

- **Qual seria o estado de espírito mais útil para obter melhores resultados?** Leia a lista de pressuposições de PNL na seção "Revendo os Pressupostos de PNL". Selecione duas ou três das pressuposições-chave que parecem particularmente relevantes para sua situação e anote qualquer ideia que surgir e que possa lhe trazer uma nova luz.

O Exercício 2-9 mostra passo a passo as lições que Bill aprendeu com sua ida à loja de bricolagem.

Exercício 2-9	Exercício de Espelho de Bill para Mudança de Foco
A Situação:	Na loja, perdi a cabeça.
O Resultado:	Fui embora de mãos vazias e com muita raiva e depois fui fumar dois cigarros no estacionamento para me acalmar, apesar de ter dito que iria parar de fumar.
A Projeção:	A culpa é inteiramente sua. Você é inútil.

(continua)

Exercício 2-9 (*continuação*)

Condicionamento Mental Útil:	Bill tem três condicionamentos mentais para refletir.
O fracasso não existe — somente reação.	Disso tudo, posso aprender que preciso verificar a encomenda com mais cuidado no futuro e checar com a loja se tal encomenda tem os mesmos detalhes que verifiquei na internet. Não vou mais repetir esse erro.
A mente e o corpo estão interligados e afetam um ao outro.	Quando fico nervoso, isso afeta meu corpo, e então começo a fumar, coisa que não quero fazer. Meu estado mental definitivamente afeta minha saúde.
Todo comportamento tem uma intenção positiva.	O funcionário do serviço de atendimento ao cliente tinha boas intenções. Ele apenas é jovem e não fez de propósito. Ele é apenas uma parte da equipe e não merecia que eu gritasse com ele.

Agora direcione seu olhar para seu próprio comportamento e faça o Exercício 2-10.

Exercício 2-10   Meu Exercício de Espelho para Mudar o Foco

A Situação:

_____

_____

_____

O Resultado:

_____

_____

A Projeção:

_____

_____

_____

> **Condicionamento Mental Útil (inclua as pressuposições que acreditar serem úteis):**
>
> _____
>
> _____

Escolhendo Sua Atitude Mental

Você pode escolher a atitude mental que o ajuda a ser o melhor que pode. Você merece se sobressair, ser o melhor que consegue, e isso começa quando escolhe seu condicionamento mental. Entre as palavras listadas a seguir, circule qualquer uma que se destaque para você e que possa informar sobre suas atitudes e comportamentos. Se sentir que pode se beneficiar sendo mais curioso sobre as outras pessoas, circule essa opção. Ou talvez você corra tanto que deixe de observar o que está acontecendo ao seu redor, talvez ignorando sua família ou amigos porque está muito ocupado com o trabalho. Se isso é verdade, estabeleça seu objetivo em estar completamente presente ao momento por hoje e veja como isso pode mudar sua experiência para melhor.

- ✔ Curioso
- ✔ Flexível
- ✔ Completamente conectado ao momento
- ✔ Interessado
- ✔ Entusiasmado para aprender
- ✔ Escutar os outros
- ✔ Aberto
- ✔ Otimista
- ✔ Talentoso
- ✔ Espiritual
- ✔ Desejar o melhor

Acrescente qualquer outra palavra que reflita o condicionamento mental positivo que seria útil para você.

Jogue com essas palavras e adicione outras que você queira e que descrevam um condicionamento mental útil a ser adotado. Escolha uma de cada vez e faça dela seu objetivo para o dia. Por exemplo, ter "entusiasmo para aprender" em todas as suas tarefas e interações. Se tiver vontade de aprender quando tiver que encarar uma tarefa chata, tal como declarar o imposto de renda, veja se isso aumenta seu prazer naquele momento.

Utilize seu condicionamento mental para ajudá-lo a se manter antes na causa do que se desviar do caminho no efeito. Anote qualquer coisa que se coloque em seu caminho para manter esse condicionamento mental. Há momentos ou pessoas em particular que desencadeiam uma reação fraca em você? Quem pode apoiá-lo? Pense em um modelo a seguir ou em alguém que funciona com um estado de espírito que você gostaria de ter. Que tipo de pistas e dicas esse alguém lhe daria?

Encontre uma imagem, citação ou objeto inspirador que funcione como um lembrete para mantê-lo na trilha de um condicionamento mental positivo. Por fim, anote tudo o que melhora quando você muda seu condicionamento mental. Talvez você tenha conversas de melhor qualidade. Ou tenha menos desentendimentos com as pessoas, ou tenha uma viagem mais agradável, apesar do tempo ruim e dos atrasos.

Observe a diferença que o condicionamento mental tem em você quando fizer o Exercício 2-11.

Exercício 2-11   **Minha Escolha de Condicionamento Mental**

Minha escolha de condicionamento mental é:
_____
_____
_____

Quais palavras-chave resumem esse condicionamento mental para mim?
_____
_____

Quais seriam algumas formas úteis que me fariam lembrar desse condicionamento mental (por exemplo, uma nota de *post-it*, uma anotação na minha agenda, uma imagem na parede ou uma pequena pedra)?
_____
_____

Capítulo 2: O Melhor Estado de Espírito para a PNL   *41*

Quando e onde tenho mais propensão a sair da rota e cair no pensamento negativo?

Quem ou o que mais pode me apoiar a fim de que eu consiga os mais bem guardados condicionamentos mentais?

O que melhora para mim quando adoto esse estado de espírito? Anote aqui os benefícios que percebe ao longo do caminho ao escolher esse condicionamento mental.

42 Parte I: Preparando-se para a Jornada pela PNL

Capítulo 3

Planejamento do Roteiro

Neste Capítulo

▶ Detectando o ponto de partida

▶ Ousando sonhar grande

▶ Adotando objetivos bem elaborados para alcançar o sucesso

▶ Testando as perguntas cartesianas

▶ Seguindo as pistas dos pontos importantes

*B*em-vindo a um dos capítulos mais importantes do livro! Aqui o ajudamos a analisar em que ponto sua vida está e a fazer você refletir sobre onde quer chegar. Terminamos com os aspectos práticos para estabelecer objetivos sólidos e conseguir chegar onde deseja.

Este é o capítulo em que começa a jornada e um grande trabalho — e isso é só para você. Então, se chegou ao ponto de se dar conta de que algumas coisas já não o entusiasmam tanto em sua vida ou nunca o foram em primeira instância, aqui é onde você começa a ouvir a si mesmo dizendo o que realmente quer. Coisas legais.

Você encontra seu próprio caminho usando seu próprio mapa. Por ser criador de mapas claros e coloridos como nunca antes, você tanto navega como se torna o condutor de sua própria vida.

Passo a passo, mostraremos como decidir para onde quer levar sua vida. Oferecemos ferramentas simples de PNL para que sejam seguidas de seu próprio jeito e para que possa voltar a elas de vez em quando, incluindo objetivos mais inteligentes do que aqueles bem elaborados, além de perguntas cartesianas.

Mapeando Sua Trajetória de Vida

Se você alguma vez já viajou de carro para um refúgio de férias, sabia exatamente para onde estava indo, planejou todas as paradas e se ateve firmemente a esse plano. E então, quando chegou ao seu destino, percebeu que se tivesse passado mais tempo apreciando a beleza do campo, poderia ter descoberto uma joia histórica escondida ao longo do caminho que realmente adoraria ter visto?

Sua vida também é uma viagem e você precisa dar um passo atrás de vez em quando para rever para onde e como está indo. Logo pediremos que tire uma foto da sua trajetória de vida de forma a que possa reconhecer e apreciar o que é bom nela e talvez incluir aí mais dessas coisas boas. Você também começará a perceber as coisas e pessoas que o energizam e identificará as coisas que quer mudar ou deixar para trás.

Trabalhando com a metáfora de sua vida como uma viagem, reflita sobre o que segue — logo poderá registrar suas ideias no Exercício 3-1:

- **Seu mapa.** Algumas pessoas possuem uma ideia clara sobre onde estão no momento e para onde estão indo. Por exemplo, talvez tenham planos de emprego, férias, aposentadoria, como utilizar seu tempo livre e explorar interesses intelectuais e espirituais. Outras pessoas simplesmente caminham sem destino, observando o que acontece. Você tem um mapa detalhado ou um rascunho impreciso?

- **Sua rota preferida.** A sua rota é sobre como chegar onde quer ir, além das escolhas e opções que surgem para você. Você seguirá a via direta para a rodovia ou ficará vagando pelas ruelas ao redor?

- **Seu veículo ou meio de transporte.** Você gostaria de viajar de bicicleta, num carro esporte conversível ou num veículo com tração nas quatro rodas que seja resistente? Você gosta de deixar que o trem faça todo o esforço para que possa realmente apreciar a paisagem? Ou talvez prefira a combinação de tudo isso em momentos diferentes?

- **Sua velocidade.** Nem todo mundo quer viajar na faixa de ultrapassagem. Para algumas pessoas, é importante ir com calma e apreciar a viagem. Porém, há momentos em que você pode precisar dar um impulso e começar a se movimentar mais.

- **Seus companheiros de viagem.** Com que tipo de pessoas gostaria de viajar ou se encontrar no caminho? Ter professores, guias e companheiros solidários pode ser útil, mas pode haver momentos em que você simplesmente queira ficar sozinho.

Capítulo 3: Planejamento do Roteiro 45

▶ **Suas distrações e tesouros.** O que mais faz de sua viagem algo diferente? Você se desvia do caminho por causa de determinados acontecimentos ou demandas de outras pessoas? Quais são as coisas de que realmente aprecia, os "tesouros" ao longo do caminho? Talvez você goste de ter tempo para boas conversas ou para apreciar uma vista ou um lugar especial.

Para começar a viagem, formule para si mesmo as perguntas preparatórias do Exercício 3-1, para ver como estas podem se relacionar a você. Observe suas reações.

Exercício 3-1   Considerando a Vida como uma Viagem

Você tem um mapa claro que segue como seu guia?

Que tipo de rota está seguindo e que tipo de veículo utiliza?

Você está caminhando sem rumo? Ou está correndo apressadamente para chegar à pista de ultrapassagem? O que determina sua velocidade?

Quando e onde gostaria de se juntar a outras pessoas em suas viagens?

O que faz com que você se perca e perca o seu sentido de direção?

(continua)

> **Exercício 3-1 (*continuação*)**
>
> Que tesouros escondidos nota ao longo do caminho?
>
> _____
>
> _____
>
> _____

Felizmente, o Exercício 3-1 mostra como a sua vida está seguindo, e você pode utilizá-lo como ponto de partida para os outros exercícios que se encontram ao longo do capítulo.

Avaliando em que ponto da viagem você está

Sua avaliação no Exercício 3-1 é definida pela PNL como o Estado Presente, o primeiro passo necessário para que se possa passar para o Estado Desejado — o que você quer. O *Estado Presente* significa as condições atuais nas quais você se encontra: é cair na real acerca do que está acontecendo neste exato momento.

Gerri tem 45 anos, é popular, alegre e tem um cobiçado emprego, além de um apartamento elegante de frente para um rio em uma área cobiçada da cidade. Ela é divorciada, e nos últimos dois anos tem passado uma existência solitária. Seus colegas de trabalho admiram seu estilo de vida — ela parece ir de um projeto de sucesso para outro, costurando sua ascensão na empresa e obtendo prêmios e reconhecimento. Ela chega ao escritório dirigindo seu novo conversível de luxo, com os óculos escuros sobre a cabeça e aparentemente sem preocupações em seu mundo.

O *coach* de Gerri vem trabalhando com ela no que diz respeito a sua visão e estratégia de equipe. Percebendo que Gerri trabalha por horas a fio, um dia ele sugeriu que ela fizesse uma rápida avaliação sobre os sete aspectos de sua vida que estavam funcionando para ela e outros sete que poderiam ser melhorados. O Exercício 3-2 mostra as anotações que Gerri fez enquanto pegava um café e um *croissant*.

Capítulo 3: Planejamento do Roteiro   47

Exercício 3-2   **Avaliação de Gerri sobre o que Está Funcionando/O que Não Está Funcionando**

O que Está Funcionando para Mim Neste Momento?	O que Não Está Funcionando Tão Bem?
Fui promovida a diretora-chefe de contabilidade. É um emprego incrível e posso trabalhar em projetos empolgantes.	Tive o meu último encontro romântico há dois anos. Seria bom ter alguém especial na minha vida.
Tenho me hospedado em ótimos hotéis com uma comida maravilhosa.	Meu apartamento está um pouco bagunçado — tenho vergonha de convidar qualquer um para ir lá. Os documentos de trabalho estão caindo de cima da mesa de jantar.
O dinheiro que estou ganhando é bom — ganhei um bônus excelente este semestre.	Tenho passado muito tempo viajando, o que significa que não consigo ver meus amigos com muita frequência.
Minha mãe fez uma cirurgia no quadril e está se recuperando bem.	Engordei uns seis quilos este ano — e já estou com uma barriguinha.
Tenho duas sobrinhas ótimas. Me orgulho delas, e elas adoram as atividades da escola.	Não consegui assistir à peça da escola de minha sobrinha Alice, porque estava nos Estados Unidos, e ela ficou bastante decepcionada comigo.
A empresa pagou meus estudos de mestrado.	Tive que parar com a academia.
Fiz uma reserva para uma viagem de férias de aventura na Islândia no mês que vem.	Não consegui ler nenhum livro desde o verão passado.

Depois que Gerri e seu *coach* leram o Exercício "o que está funcionando/ não está funcionando", os dois agruparam as ideias dela em algumas áreas-chave. Normalmente, essas áreas-chave incluem o ambiente físico, dinheiro, relacionamentos amorosos, amigos, família, trabalho, saúde, desenvolvimento pessoal e aprendizado, comunidade e vida espiritual.

No Exercício 3-3, Gerri estabelece uma pontuação preliminar acerca do quanto está contente em cada área em uma escala de 0 a 10, sendo que 0 representa "Eu realmente estou descontente sobre isso neste momento" e 10 representa "Não poderia estar melhor".

Exercício 3-3   Pontuação da Primeira Avaliação de Gerri

Áreas-Chave de Gerri	Pontuação
Família	5
Saúde	6
Trabalho	8
Dinheiro	9
Relacionamentos Amorosos	2

O coach de Gerri ficou curioso sobre a pontuação e quis saber o que ela está perdendo em sua viagem da vida. O *coach* pergunta: "Quais são as outras coisas que gostaria de ter na vida, além de sucesso no trabalho?; "Quando foi a última vez que tocou o saxofone, que aprendeu a tocar quando ainda era estudante, ou foi a uma aula à noite ou ao cinema?"; "O que está perdendo com todas essas viagens e trabalhando duro?"; "Quando foi a última vez que saiu com um amigo?".

Gerri diz que está sentindo falta das amizades mais profundas. Por fim, ela gostaria de encontrar alguém especial e também gostaria de reservar mais tempo em sua agenda para relaxar com a família e velhos amigos.

Agora é sua vez de tentar. Se você ainda não está seguro sobre aonde isso pode te levar, não há problema. Talvez esta seja a primeira vez que tenha parado um instante para refletir sobre sua própria vida, especialmente se esteve ocupado fazendo com que os outros ficassem felizes. Você viu como Gerri começou o dela: observe as colunas no Exercício 3-4, faça as perguntas para si mesmo e tome nota sobre o que pensa a respeito de como está indo sua vida hoje.

Capítulo 3: Planejamento do Roteiro   **49**

Exercício 3-4	Minha Avaliação Sobre: O que Está Funcionando/O que Não Está Funcionando
O que Está Funcionando para Mim no Momento?	*O que Não Está Funcionando Tão Bem?*

Agora agrupe suas respostas em categorias mais amplas (a PNL chama isso de *segmentação*) e avalie seu grau de satisfação em cada uma no Exercício 3-5, utilizando a mesma escala usada por Gerri no Exercício 3-3.

Parte I: Preparando-se para a Jornada pela PNL

Exercício 3-5	Pontuação de Minha Primeira Avaliação
Área de Vida	*Pontuação*

Tudo certo! Então é dessa forma que suas áreas-chave aparecem para você no momento. Mas você realmente pensou sobre tudo? Em caso de dúvida, colocamos algumas de nossas ideias nas caixas de texto da Figura 3-1 e deixamos outras em branco para que você acrescente o que quiser usar quando atualizar o exercício 3-5.

Aqui encontramos mais alguns rótulos que podem ser úteis para serem completados quando você pensar em algumas coisas que talvez queira em sua vida. As caixas de texto em branco são para que escreva as palavras que tenham significado para você.

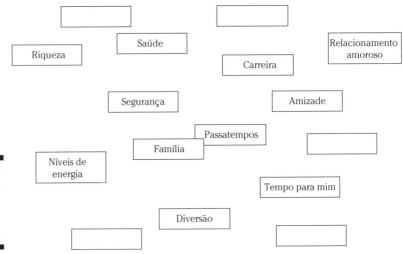

Figura 3-1: Algumas áreas para incluir na sua roda da vida.

Montando sua roda da vida

Muitas vezes, você pode estar tão concentrado em fazer com que uma área da vida funcione, que outras áreas importantes ficam relegadas a segundo plano. É tão fácil se ver enredado pelas minúcias do dia a dia "atarefado", que vale a pena a visão do todo de seus sonhos e aspirações para assim enveredar por uma direção mais tranquila.

Isso nos remete à analogia da roda. A ideia é que você divida a roda em segmentos que representem as áreas de sua vida que está avaliando. Após fazer isso, assinalando os valores ao longo dos raios da roda e juntando-os no topo do arco, poderá ver se sua roda da vida está equilibrada e se ela lhe proporcionará uma viagem tranquila. É claro que, se os valores forem muito diferentes, talvez você esteja viajando por um terreno acidentado.

Gerri descobriu que a roda da vida — a dela aparece na Figura 3-2 — é uma ilustração útil para ajudar a decidir onde concentrar sua atenção nos meses seguintes. Ela observa como sua vida se tornou desequilibrada ao dar notas para si mesma em segmentos diferentes da sua roda da vida, pois gostava de ter sucesso no trabalho e mergulhar cada vez mais em projetos internacionais depois que seu casamento acabou.

A fim de ajudar seu bem-estar geral a longo prazo, o *coach* de PNL de Gerri trabalha com ela no sentido de programar uma agenda simples e clara para começar a restaurar o equilíbrio e especificar as mudanças que ela quer fazer. Isso é fácil de trabalhar consigo mesmo, passo a passo, e você encontrará ainda mais ajuda planejando sua própria agenda claramente quando chegar à seção "Projetando objetivos bem elaborados".

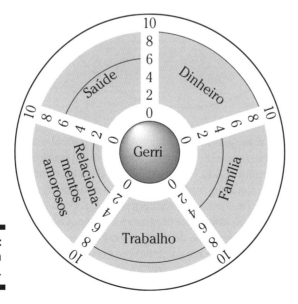

Figura 3-2: A Roda da Vida de Gerri.

Parte I: Preparando-se para a Jornada pela PNL

Que áreas de sua vida parecem mais úteis a você neste momento na sua roda da vida pessoal?

Oferecemos a você um máximo de oito setores no modelo de roda da vida na Figura 3-3 porque sua mente consciente é capaz de processar um total de cinco a nove fragmentos de informação. (Além disso, é mais fácil dividir um círculo em oito seções!) Lembre-se da abordagem de PNL — para que consiga processar a informação ela precisa estar em pedaços do tamanho certo para você —, pois só assim faz sentido olhar para sua vida dividida em segmentos.

Preencha a roda da Figura 3-3 nomeando as partes significantes para você.

Se quiser, use um transferidor geométrico para desenhar arcos perfeitos e lápis coloridos para colorir cada pedaço. Da mesma forma, se quiser mais ou menos seções, use canetas de cores diferentes para assinalar o número de partes e então junte os números de um segmento com o próximo.

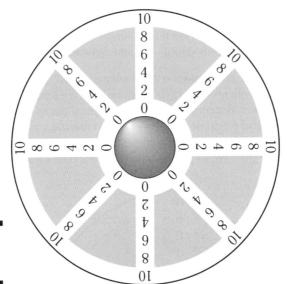

Figura 3-3: Minha Roda da Vida

Você pode usar qualquer segmento da roda como base para outra roda da vida completa. Por exemplo, se quiser rever sua saúde mais minuciosamente, pode ter classificações para monitorar seus exercícios, alimentação saudável, nutrição, o quanto bebe de água por dia, padrões de sono, esportes, peso, e assim por diante. É claro que não há problema em optar por colocar mais energia em uma área em particular por um determinado período de tempo — contanto que seja uma escolha consciente e que você esteja atento para o impacto que a escolha terá em todas as outras áreas de sua vida. Você pode se decidir por deixar que um segmento de sua vida em que seja muito bem-sucedido siga em um nível inconsciente para que consiga um equilíbrio maior em outras áreas.

Olhando para a roda e a pontuação que obteve, a conclusão é a de que você está em um caminho acidentado ou que as coisas estão correndo de forma tranquila?

Almejando as Estrelas

O ditado diz: "Aponte para a lua. Mesmo que erre o alvo, alcançará as estrelas". Alguma vez você já se viu encolhendo-se em uma redoma de segurança enquanto os outros estão se divertindo? Ou você é como Crank, o robô cativante do filme de animação *Robôs*, que diz: "Se nunca tentar, nunca vou falhar. Estas palavras são o meu guia"? Aqui está sua chance de ser mais aventureiro.

No Exercício 3-6, escreva rapidamente — de modo que a mente consciente não estrague a diversão — qual é o seu sonho "que aponta para as estrelas".

Exercício 3-6   Qual é o seu Sonho que "Aponta para as Estrelas"?

O que Eu Realmente Quero é o Seguinte:

_____
_____
_____
_____
_____
_____
_____
_____
_____
_____

Então você tem um sonho que alguns podem pensar ser completamente fora de cogitação, e talvez até mesmo você só tenha uma pequena esperança no seu sonho, ou talvez até mesmo em si mesmo.

Agarre-se a seu sonho e o alimente.

Uma das coisas mais espetaculares da PNL é que ela permite que você se sobressaia; afinal, toda a PNL foi criada seguindo os exemplos de pessoas que se destacaram, selecionando o que funcionava, estudando e reproduzindo esses aspectos. A evidência de que vivenciamos nosso trabalho como *coaches* e instrutores de PNL, bem como a estrondosa resposta dos leitores do primeiro livro *Programação Neurolinguística Para Leigos*, é a de que a PNL capacita as pessoas a terem um sentido mais vivo do que realmente é possível.

Robert Dilts, o grande pioneiro dos primórdios da PNL, se utilizou do exemplo de abordagem para negócios de Walt Disney. Se Disney não tivesse permitido a si mesmo e aos outros sonhar, mas ao mesmo tempo administrar os orçamentos, o mundo do entretenimento teria perdido muita alegria e diversão. O *Dicionário Conciso Oxford de Inglês* define "realístico" como "ter uma ideia prática e sensata do que pode ser alcançado". Muito frequentemente sua mente consciente e suas crenças limitadoras e pressuposições se metem no caminho de seus sonhos. Por hora, deixe a sensatez de lado. Deixa que vá embora!

Comporte-se "como se" conhecesse todas as pessoas certas que confiam totalmente em você e que podem ajudá-lo em seus empreendimentos. Acredite que possui todos os recursos de que necessita e que você só pode ser bem-sucedido. Quando você começar a se comportar "como se" já tivesse o que quer, a mudança chegará naturalmente, porque você começará a atrair novas oportunidades e pessoas. Por exemplo, se no trabalho você se comporta como se já estivesse no seu trabalho dos sonhos, pode encontrar maneiras de desenvolver suas habilidades e as colocar em sintonia com esse tipo de trabalho.

O sistema de PNL do "como se" é excelente para explorar possibilidades que talvez nunca tenham lhe passado pela cabeça. Comportar-se "como se" o sonho (seu estado desejável) fosse real e já tenha se realizado e olhar para trás agora (seu estado atual) o tornam capaz de contemplar alguns passos ao longo do caminho.

Checando se Seus Objetivos São Mais Inteligentes e Bem Formulados que os Objetivos SMART

Na PNL, os objetivos em geral se referem aos "resultados", e um resultado é a resposta para a pergunta de PNL "O que você quer?". Um resultado é algo que você tem a intenção de realizar ou alcançar. O estabelecimento de objetivos tradicional no mundo dos negócios fala sobre os objetivos SMART — são aqueles que são Específicos (*Specific*), Mensuráveis (*Measurable*), Realistas (*Realistic*), Tangíveis (*Achievable*) e Temporizáveis (*Timed*). A PNL acrescenta dimensões adicionais por meio do processo de estabelecimento de objetivos bem formulados que fazem com que você tenha mais possibilidades de atingir os resultados que deseja. Você descobre como isto funciona nas próximas páginas.

Escolhendo o foco

Agora pense em alguma coisa que ainda não tenha conseguido. Se ouvir uma discussão acontecendo no seu inconsciente acerca do resultado que está criando, permita-se se desprender das críticas e realísticas vozes perturbadoras. Crie um objetivo inspirador que o entusiasme, algo que te desperte uma comichão só de olhar, quanto mais sentir.

Antes de começar a trabalhar os sete passos para um objetivo bem formulado na sessão seguinte, reflita sobre os pontos a seguir que possam fazer suas ideias atuais serem mais "inteligentes do que o SMART" e ajudá-lo a esclarecer melhor o que realmente quer.

- **Faça uma verificação ecológica:** Um objetivo ecológico, nos termos da PNL, significa que o resultado opera em todas as áreas de sua vida. Por exemplo, se seu sonho é ser milionário, mas isso o faz negligenciar suas necessidades emocionais ou ignorar sua família, então é possível que o objetivo não seja realmente ecológico.

- **Estabeleça o contexto:** Depois de se assegurar de que tem um resultado bem formulado, estabelecer o contexto é muito importante. Isso significa que você pesquisa e foca em saber exatamente quando, onde e com quem quer atingir esse objetivo. Então, por exemplo, se você tem o sonho de se tornar um ator famoso, provavelmente isso significa sair de casa e seguir rumo a Hollywood para andar com os grandes diretores de cinema. Ou, em vez disso, sua meta talvez seja a de ter seu nome nos palcos de Londres ou Nova York. Você tem que ver seu resultado dentro de um contexto.

✔ **Busque o ganho secundário:** Na PNL, o ganho secundário tem relação com um comportamento que parece negativo ou que causa problemas, mas que de fato tem uma função positiva em certo nível. Um exemplo seria o de um fumante que sabe que fumar traz males à sua saúde, mas ainda assim aprecia o ganho secundário da paz e calma de se sentar do lado de fora para fumar um cigarro e sentir-se tranquilo e isolado. Quando você identifica o ganho secundário, pode remover os impedimentos para o seu sucesso.

Projetando objetivos bem elaborados

Estabelecer um objetivo bem elaborado para si mesmo ajuda a ir de onde está agora — vislumbrando um sonho — rumo a alcançar seu sonho. O Exercício 3-7 mostra os passos para se alcançar um objetivo bem elaborado, dicas sobre como planejar seu próprio objetivo, além de um exemplo de como um dançarino imaginário usou os passos.

Joana tem 32 anos, dois filhos e é gerente comercial em uma empresa internacional de cargas. Desde criança, sempre adorou dançar, e seu sonho que "Aponta para as estrelas" é abrir um estúdio de dança. Todo mundo diz que ela não deve largar seu emprego bem pago, e Joana acredita que estão certos. Ela não acredita que deixar seu emprego seja uma opção, até que experimenta o exercício de objetivos bem elaborados da PNL e, assim, descobre um caminho para avançar em sua jornada.

Exercício 3-7	O Objetivo Bem Elaborado de Joana	
Os Passos para um Objetivo Bem Elaborado	***O que Torna um Objetivo Bem Elaborado***	***Meu Objetivo: Ter Meu Próprio Estúdio de Dança***
1. Exprimir positivamente.	Você quer que seu inconsciente trabalhe para que isso aconteça facilmente, e que ele trabalhe de forma mais eficiente, com declarações positivas.	*Eu quero meu próprio estúdio de dança.*
2. É você quem toma a iniciativa, e você mesma pode mantê-la?	Você está fazendo isso por que quer fazê-lo ou é por que outra pessoa ficará feliz ou a está pressionando a fazer?	*Sim, é para mim mesma, mas vou precisar do apoio do meu marido se for pedir demissão de meu emprego.*

Capítulo 3: Planejamento do Roteiro   **57**

	A conquista de ter um estúdio de dança depende unicamente de você ou você só pode realizar esse sonho se outra pessoa se responsabilizar em parte ou totalmente por isto?	
3. Contextualize adequadamente.	Onde você estará quando atingir seu objetivo? Quando espera atingir seu objetivo? Com quem estará trabalhando/brincando/ compartilhando quando você alcançar o objetivo?	Eu gostaria que o estúdio fosse perto da minha casa, no centro da cidade. Até 22 de abril de 2010. Quero meu marido e filhos envolvidos também, além da minha amiga Clara, que também é uma dançarina apaixonada.
4. Descreva a comprovação do processo.	Como saberá que está realizando o objetivo que desejava? O que estará fazendo quando alcançá-lo? O que verá, ouvirá e sentirá quando tiver atingido seu objetivo?	Posso imaginar as aulas de sapateado durante o dia para as crianças de três e quatro anos, as aulas à noite de salsa, ceroc e tango argentino. Posso escutar o barulhinho dos sapateados e os sons da milonga tocando — muito falatório e vozes. Estarei ensinando um pouco de sapateado, e posso ver também a Clara e outros professores. Tudo parece perfeito — muito tranquilo, focado e também com muita vitalidade.

(continua)

58 Parte I: Preparando-se para a Jornada pela PNL

Exercício 3-7 (*continuação*)

5. Identifique os recursos de que precisa.	Que recursos você tem agora? Você precisa de recursos adicionais, e, se sim, quais são eles? Você tem algum indício de tê-los adquirido antes?	Eu tenho um pouco de dinheiro na poupança e habilidades para a dança, mas vou precisar de mais dinheiro, e tenho que aprender a ensinar outros. Eu tenho uma boa experiência com negócios por todo o trabalho com orçamentos e planejamento que levei a cabo no meu emprego. O gerenciamento do negócio será muito simples depois da experiência de trabalho lá.
6. Verifique se seu objetivo é ecológico.	Qual é o seu *verdadeiro* propósito ao desejar esse objetivo? Há algum ganho secundário à espreita para que não alcance o objetivo? Há alguma situação em que atingir esse objetivo possa ser danoso para você ou outros? O que perderá ou ganhará se alcançar seu objetivo?	Eu adoro a alegria nos rostos das pessoas quando dominam uma dança. Me sinto viva quando estou dançando. Seria mais seguro não fazer isso, já que, afinal, isso significa desistir de meu emprego, que me paga muito bem — então talvez eu tenha que ter um sócio com quem partilhar o risco. Quero manter nossa vida familiar e não

Capítulo 3: Planejamento do Roteiro   59

Os Passos para um Objetivo Bem Elaborado	O que Torna um Objetivo Bem Elaborado	Meu Objetivo: Ter Meu Próprio Estúdio de Dança
		ter que trabalhar por incontáveis horas. Ganharei muitas horas de satisfação pessoal — só por ver o nome "Estúdio Dança Viva" iluminado. É fundamental para mim estar apaixonada por meu trabalho, e nesse sentido não haveria nenhuma perda em desistir do meu emprego.
7. Qual é o primeiro passo?		Preciso começar minha pesquisa hoje sobre a concorrência e ligar para a Clara para batermos um papo. Mal posso esperar para falar com ela.

Ufa! Pegou a ideia? Isso já é bastante para pensar. Joana teve um pouco de trabalho para definir seus objetivos bem elaborados, mas tão logo refletiu sobre isso, adquiriu uma clareza de visão e propósito que lhe deram as ferramentas necessárias para vender a ideia para seu marido e Clara.

Como os objetivos bem elaborados diferem de outros processos de estabelecimento de objetivos? Alguns dos prêmios por utilizar os objetivos bem elaborados são:

- ✔ Você consegue entender as razões ocultas por trás de seus desejos e medos relacionados a esses objetivos.
- ✔ Você reconhece seus recursos, tal como habilidades ou pessoas que podem ajudá-lo, além de recursos que pode precisar desenvolver ou encontrar.
- ✔ Mais importante do que tudo, ao envolver todos os seus sentidos, o objetivo se torna tão atrativo que não há como não atingi-lo.

Sendo assim, encontre um momento tranquilo para si mesmo, longe de seus entes queridos e do telefone, convide seu inconsciente para a festa e comece a conceber a próxima fase de sua maravilhosa vida. Se ainda estiver no espírito "Quando será que vou conseguir o tempo?", apenas se pergunte qual é o ganho secundário que o está fazendo evitar fazer o exercício.

Fazer o Exercício 3-8 pode tornar o impossível repentinamente possível. Você pode fazê-lo sozinho ou conversando com um amigo ou *coach*. O exercício também é uma maneira formidável para que equipes e famílias avaliem grandes planos e decisões que afetem a todos.

Exercício 3-8 — Meus Objetivos Bem Elaborados

Os Passos para um Objetivo Bem Elaborado	O que Torna um Objetivo Bem Elaborado	Meu Objetivo:
1. Exprimir positivamente.	Você quer que seu inconsciente trabalhe para que isso aconteça facilmente, e o inconsciente não consegue processar negatividade. Então é importante manter seus objetivos positivos.	
2. Você mesmo o começa e o mantém.	Você está fazendo isso por que quer fazê-lo ou é por que outra pessoa ficará feliz ou o está pressionando a fazer? A conquista de ter um estúdio de dança depende unicamente de você ou você só pode realizar esse sonho se outra pessoa se responsabilizar em parte ou totalmente por isto?	
3. Contextualize adequadamente.	Onde você estará quando atingir seu objetivo? Quando espera atingir seu objetivo? Com quem estará trabalhando/brincando/compartilhando quando alcançar o objetivo?	

Capítulo 3: Planejamento do Roteiro   61

4. Descreva a comprovação do processo.	Como saberá que está realizando o objetivo que desejava? O que estará fazendo quando alcançá-lo? O que verá, ouvirá e sentirá quando tiver atingido seu objetivo?	
5. Identifique os recursos de que precisa.	Que recursos você tem agora? Você precisa de recursos adicionais, e, se sim, quais são eles? ocê tem alguma evidência de tê-los adquirido antes? Se você tivesse que agir "como se" já tivesse alcançado seu objetivo, como estaria agindo e o que estaria acontecendo com você agora?	
6. Verifique se seu objetivo é ecológico.	Qual é o seu *verdadeiro* propósito ao desejar esse objetivo? Há algum ganho secundário à espreita para que não alcance o objetivo? Há alguma situação em que atingir esse objetivo possa ser danoso para você ou outros? O que perderá ou ganhará se alcançar seu objetivo?	
7. Qual é o primeiro passo?		

Parabéns. Agora você tem um sistema para ajudá-lo a moldar qualquer objetivo de sua vida e transformá-lo em um objetivo bem elaborado.

Se o objetivo bem elaborado ainda parece um pouquinho acabrunhado quando o aplica para seu grande sonho, divida o objetivo em uma série de objetivos menores, tomando um passo de cada vez.

Superando a própria resistência

Os fãs de *Star Trek* estarão familiarizados com os *Borg* e seu gosto por usar a frase "Resistir é inútil". Em termos terrenos, a resistência não é algo inútil, mas certamente cria muito estresse, e a menos que tome medidas para aprender a relaxar (o Capítulo 4 mostra um processo simples para tal), você poderá sentir os efeitos colaterais desse estresse. Nadar contra a corrente é muito estressante, e é o que você provavelmente fará se estiver tentando resistir ao que não quer e não indo atrás do que quer.

Experimente este exercício simples que demonstra o efeito destrutivo do estresse o impedindo de conseguir o que se quer. Observe como estar relaxado permite que tenha um maior controle do que quando está tenso.

Coloque uma colher de sopa de água na palma de sua mão. Enquanto sua mão estiver relaxada, a água ficará lá e você poderá controlá-la — por exemplo, para despejá-la em uma xícara. Mas se imaginar a tensão aumentando na sua mão e fechar o punho, você perderá o controle à medida que a água esguicha ou vaza por entre os dedos. O modo como se sente a respeito de seus objetivos é como a água em sua mão. Você está se movendo com firmeza ou a contragosto e está incomodado com a determinação de atingir seu objetivo?

No Capítulo 8 você lerá sobre os metaprogramas da PNL "em direção a" e "se distanciando de". Em termos de motivação, é como ir em direção a uma cenoura ou para longe de um bastão. Às vezes, quando pensa que pretende ir em direção ao que deseja, na verdade tem um direcionamento oculto que o leva a "distanciar-se de". Por exemplo, "Eu tenho que conseguir um aumento" pode estar sendo mais fortemente conduzido pelo medo inconsciente de falhar em conseguir o dinheiro adicional. Nesse caso, o seu maravilhoso e cooperativo inconsciente irá obedecê-lo completamente, ajudando-o a "falhar" em conseguir aquele desejado aumento! A sua mente está tão preocupada com o que está se distanciando, que acaba que é nisso que presta atenção — seu medo de falhar. Esse aumento então se torna cada vez mais fora de alcance. Após reconhecer o que está acontecendo, pode começar a focar a atenção nos aspectos positivos do que quer e deixar para trás a negatividade do que está se distanciando.

Capítulo 3: Planejamento do Roteiro **63**

O progresso para atingir seus objetivos pode ser prejudicado por uma *decisão limitadora* que tomou inconscientemente em algum momento de sua vida. Exemplos de decisões limitadoras são "Se eu ficar doente, vou conseguir a atenção de minha mãe" e "Pessoas ricas exploram os outros".

Decisões limitantes são formadas a partir da interpretação dos fatos que você vivenciou na sua vida e que se formaram por uma boa razão naquele momento. Entretanto, podem impedir que você alcance seus próprios objetivos. Por exemplo, pode ser que tenha observado alguém muito rico explorando a todos os que encontra pelo caminho e decidiu que ser super-rico não é o que deseja: você não quer se transformar em uma pessoa manipuladora e exploradora. Contudo, um dos objetivos que tem é o de independência financeira. Mas por causa da decisão limitadora que tomou, talvez esteja autossabotando suas tentativas de se tornar rico.

Ao fazer o exercício do objetivo bem elaborado, e especialmente respondendo à pergunta do passo 6, no Exercício 3-8 relacionado à ecologia, você pode desvendar algumas das razões pelas quais não atingiu seu objetivo.

Ao analisar as consequências de conseguir seu objetivo, pode decidir que isso não é para você e mudar para alguma coisa que realmente queira. Você pode esclarecer isso ainda mais no Capítulo 4, onde pode trabalhar por meio dos exercícios que o ajudam a expressar seus valores.

Questionando o Estilo Cartesiano

Ao responder às quatro seguintes perguntas cartesianas você reconhece as dificuldades com as quais está se deparando ao tomar sua decisão. E responder às perguntas é uma ótima maneira de descobrir questões relativas a ganhos secundários. O termo cartesiano vem das coordenadas matemáticas cartesianas desenvolvidas por René Descartes. Como você já deve saber, os eixos X e Y nos problemas de matemática e as perguntas cartesianas de PNL fornecem um sistema no qual se pode explorar ações e possíveis resultados ao responder ao tipo de decisões "o que se?" com o qual se depara.

Quando estiver hesitante acerca de uma decisão e quiser uma verificação adicional de seus objetivos bem elaborados, pergunte a si mesmo:

1. **O que acontecerá se eu fizer isto?**

2. **O que acontecerá se eu não fizer isto?**

3. O que não acontecerá se eu fizer isto?

4. O que não acontecerá se eu não fizer isto?

Kate não conseguia decidir se aceitava ou não um convite para falar em uma conferência. A conferência coincidia com um período de muito trabalho na época do Natal, quando ela queria passar um tempo com sua família. Ela ficou adiando a decisão de aceitar ou não o convite. Quando Romilla a lembrou das perguntas cartesianas, Kate conseguiu confirmar rapidamente que realmente não queria sobrecarregar sua agenda em dezembro. Então ela ofereceu a oportunidade a um colega, que rapidamente a aceitou.

Mantendo-se na Trilha da Jornada

Então você estabeleceu seu objetivo bem elaborado e tem uma ideia do fim, mas como lograr não perder de vista seu destino, especialmente quando o projeto é tão grande que por si só abrange vários objetivos? Tradicionalmente, o planejamento de projetos trabalha com uma ordem estabelecida por meio de tarefas. A abordagem da PNL é "Começar pelo final visualizado", citando a famosa sugestão de Stephen Covey. Na sua jornada, pode planejar suas paradas e o cruzamento da reta final utilizando os passos a seguir. Observe que esses passos não batem com a linha do tempo cronológica: em cada etapa, deixe que sua imaginação flua sobre como parece o que o move em direção a seu objetivo e o que o distancia de onde está no momento. Permita-se imaginar todas as visões, sons e sentimentos que provavelmente experimenta em cada etapa, como se estivesse lá neste exato momento.

Você pode fazer este exercício na sua imaginação ou pode colocar pedaços de papel no chão que representem cada etapa e se colocar de pé sobre eles para ter em mente como cada etapa será para você.

1. **Vá ao estado desejado "como se" o resultado já tivesse sido completado.** Primeiramente, imagine como será quando alcançar seu objetivo. Aprecie todas as visões, sons e sentimentos que surgirem.

2. **Volte ao presente.** Observe como está a situação para você no momento. Isso pode ser bem assustador. Se isso acontecer, não fique nesta etapa por muito tempo.

3. **Vá até a metade do projeto completo.** Mais uma vez, imagine como seria alcançar essa situação de meio de caminho.

4. **Vá até três quartos do caminho completo.** Observe sua experiência de imaginar o próximo passo, onde você já quase atingiu seu objetivo.

5. Dê o primeiro passo a partir de hoje. Observe como esse primeiro passo acontece para você e qualquer ajuda extra que precise para que dê este passo. Por exemplo, você precisa de pessoas para ajudá-lo ou habilidades adicionais?

Chegará a sua vez de compor seu mapa no Exercício 3-10, mas como o exercício talvez pareça um pouco complexo, dê uma olhada em como Fran e William lidaram com seu projeto.

Fran e William decidiram enveredar em um enorme projeto de reconstrução de sua casa, convertendo uma velha igreja desativada em um espaçoso ambiente doméstico. É um projeto de três anos, com muitas pessoas envolvidas, desde o departamento de planejamento local até os conservacionistas da igreja, arquitetos, banco e construtores. Fran e William têm que manter seu sonho vivo ao se verem empacados pelos pormenores do trabalho de construção.

No Exercício 3-9, Fran e William dividiram seu projeto final em cinco seções principais, de modo que cada um se torne um projeto final menor ou subprojeto. Em cada etapa, eles consideram como esse projeto se apresenta, soa e é sentido utilizando os princípios de envolver seus sentidos, no estilo da PNL. Fran e William refletem particularmente sobre as emoções que experimentarão em cada etapa e onde possam perder a cabeça; e também onde as coisas possam sair do orçamento inicial e como poderão lidar com isso.

Aqui está a conversa de Fran e William sobre o que aconteceria em cada etapa. Ao trabalhar nessa ordem, veem que o primeiro passo — mudando de onde estão hoje, o estado presente — e se comprometendo com a ação é o mais difícil, mas sentem que podem ater-se a seu sonho, já que possuem um forte sentido de entusiasmo para completar o projeto.

Exercício 3-9   Marcos Importantes de Fran e William

Estado Presente Passo 2	*Primeiros Passos Passo 5*	*Ponto Intermediário Passo 3*	*Ponto Intermediário Indo para o Término Passo 4*	*Estado Desejado Passo 1*
Hoje estamos entusiasmados e apreensivos acerca do compromisso que assumimos.	Os primeiros meses são os mais apavorantes. Nós nunca trabalhamos antes com	Estamos a meio caminho do projeto. Até agora completamos a parte externa do edifício e	Estamos chegando ao final da obra. Esperamos trabalhar o mais rápido possível com	Daqui a três anos. Nossa casa dos sonhos está acabada e estamos nos mudando para

(continua)

Exercício 3-9 (*continuação*)

Há tanto para pensar, e estamos discutindo com muitos fornecedores, questionando-os sobre seus materiais de construção.	esses construtores e não temos certeza do que podemos descobrir à medida que colocarmos abaixo o interior da antiga construção. Estamos discutindo muito entre nós dois e com os construtores acerca de nosso sonho, e haverá um tremendo barulho de demolição.	os operários colocamos o novo telhado. Ainda vai estar muito estar muito barulhento com toda a bateção e homens trabalhando na obra.	do reboco, carpinteiros e eletricistas para equipar o novo edifício. Estamos escolhendo os acessórios e planejando a mudança de nosso *trailer*. O trabalho parece mais diligente e tranquilo nesta etapa.	lá. Mal podemos esperar pelo momento quando os operários terão ido embora e teremos a nossa casa dos sonhos só para nós dois e a família. Podemos ouvir a nós mesmos dizendo: "Finalmente, isto é simplesmente maravilhoso!". As rolhas da garrafa de champanhe estão estourando.

O Exercício 3-10 oferece a você a oportunidade de mergulhar em seu sonho.

Exercício 3-10		Meus Marcos Importantes		
Estado Presente Passo 2	*Primeiros Passos Passo 5*	*Ponto Intermediário Passo 3*	*Ponto Intermediário Indo para o Término Passo 4*	*Estado Desejado Passo 1*

A jornada rumo a seus sonhos — a partir do seu Estado Presente até o seu Estado Desejado — pode ser uma experiência assustadora, com contratempos ao longo do caminho. Lembre-se de que, em termos de PNL, "não existe tal coisa como fracasso, apenas *feedback*" (leia sobre as pressuposições da PNL no Capítulo 2), então, se as coisas não funcionarem bem da maneira que espera e saírem erradas, aprenda com a experiência e bola para a frente. Talvez a razão para seu revés se torne clara como a água no tempo certo.

Deslizando Suavemente

Em nossas sessões de *coaching* e nas oficinas de Romilla "Rumo ao Objetivo", o encorajamos a utilizar todos os recursos que tenha para fazer com que cada jornada flua com tranquilidade e seja divertida. As oficinas começam com o estabelecimento da intenção e escolhendo as melhores pressuposições de PNL (o Capítulo 2 cobre as pressuposições) para fortalecer seu condicionamento mental para o sucesso, e continua à medida que ajudamos a descobrir crenças limitadoras e outras barreiras inconscientes para atingir os resultados desejados. Ao desenvolver seus objetivos usando sua própria roda da vida e objetivos bem elaborados, você envolve todos os seus sentidos e cria harmonia entre seu inconsciente e sua mente consciente, fazendo, assim, com que consiga alcançar seu objetivo sem esforço.

Um mecanismo popular é produzir um *diário pessoal dos sonhos ilustrado*. Isso seria um livro, diário ou arquivo que ache bonito e que eleve seu sentido de antecipação e entusiasmo por senti-lo ou talvez cheirá-lo quando pegar tal diário. Essa é uma outra maneira de manter seu inconsciente em harmonia com sua mente consciente, buscando maneiras criativas de ajudar a alcançar seus objetivos — sejam planos de negócios ou pessoais. Você pode criar seu diário de sonhos ao colocar seus objetivos em maravilhosas cores e bela escrita, utilizando canetas específicas para a escrita do diário. Você também pode usar seu diário de sonhos como um álbum de recortes para imagens, fotos e recordações de suas diversas realizações. Mantenha esse diário sempre perto de você, atualizado, e olhe para ele e o aprecie quando a vida ficar difícil de suportar. Você pode se surpreender acerca do quanto disso se torna realidade na hora certa.

Dominando o sonho inconscientemente

Em seu diário, crie seções distintas para cada um dos objetivos principais que quer alcançar como resultado do exercício de sua roda da vida e escreva um resumo curto de seus objetivos bem elaborados. Escreva-o no presente, como se estivesse realizado, e envolva todos os seus sentidos. O Exercício 3-11 dá um exemplo do diário de Danielle, onde ela escreve "como se" seu objetivo de ter um jardim novo já estivesse concretizado. Ela escreve sobre uma data futura, quando seu sonho se tornou realidade.

Exercício 3-11　　　　**Resumo do Objetivo de Danielle**

É 1º de maio: Estou caminhando da cozinha para o novo jardim que projetei no quintal. É difícil lembrar como o quintal era apenas uma área de entulho há um ano. É primavera, e vejo o florescer em rosa-claro da árvore de maçãs silvestres, das camélias e das aurículas, bem como os bulbos de narcisos que levei para meu aniversário. Há um casal de pintarroxos ocupados a pinçar minhocas para seus filhotes. Meus colegas de trabalho John e Tim vieram me ajudar a instalar a estufa de plantas e estão rindo e brincando comigo: "O que você faria se não estivéssemos aqui para ajudar?". Enquanto tento acender a churrasqueira e pegar uma lata de cerveja para cada um, sinto algo maravilhoso com meu próprio jardim, finalmente, após anos morando em um apartamento. Adoro a ideia de cuidar do jardim vestindo bermudas e regar as batatas no canteiro dos vegetais. Tenho um pressentimento de que será divertido ter os amigos por aqui no verão.

Agora utilize o Exercício 3-12 para escrever seu próprio objetivo. Se preferir usar o espaço para simplesmente fazer um desenho ou escrever um lema pessoal para si mesmo, está muito bom também.

Exercício 3-12　　　　**Resumo do Objetivo de Danielle**

Selecionar fotografias e imagens para ilustrar cada um dos objetivos e incluir os que estão no seu diário podem fortalecer sua perspectiva. Você pode querer incluir algo tátil, tal como um pequeno pedaço de tecido, madeira ou metal, ou pode borrifar as páginas com um perfume em particular que o faça lembrar de seu sucesso. Talvez haja férias que queira tirar ou um restaurante ao qual queira ir quando estiver pronto para celebrar seu sucesso — inclua uma foto do grupo de pessoas a convidar ou o cardápio, para guardar na mente o final.

Mantendo-se no caminho

Então agora você tem o seu diário dos sonhos e, opa!, alguns passaram sem que você tenha olhado para ele — pormenores, "ocupado" —, e as desculpas se proliferam, e a consequência de tudo isso é que você descobre que perdeu sua motivação.

Para voltar ao caminho certo, utilize-se do seguinte ritual antes de ir dormir:

- ✔ Passe alguns minutos curtindo seu diário de sonhos e seus sonhos
- ✔ Anote cinco atitudes que irá tomar amanhã para se manter no caminho certo
- ✔ Como está se distanciando, convide seu inconsciente a ajudá-lo com seus sonhos e objetivos

Na manhã seguinte, quando estiver se levantando, *fique na cama por mais alguns minutos* enquanto estabelece a intenção de que "hoje será um dia maravilhoso" e mentalmente ensaie a realização bem-sucedida de suas ações.

Fazendo a Diferença

Este capítulo está cheio de maneiras pelas quais você pode assumir a responsabilidade de diferentes aspectos de sua vida, definindo já agora aquilo de que gosta e como pode fazê-lo ainda melhor no futuro. Após completar os exercícios em seu próprio tempo e à sua maneira, pegue um pedaço de papel ou diário e escreva seus pensamentos sobre aquela coisa mais importante que descobriu sobre si mesmo neste capítulo.

Capítulo 4

Trabalhando com o Inconsciente

Neste Capítulo

▶ Compreendendo que tanto os hábitos ruins quanto os bons têm benefícios ocultos

▶ Soluções para os conflitos internos

▶ Tranquilizando a mente para poder se comunicar com seu inconsciente

*V*ocê é uma pessoa que gosta mais de doce ou salgado? Como descobriu que preferia mais o açúcar do que o apimentado? Alguém se sentou ao seu lado com uma lista e você marcou "sim/não"? Muito improvável! Mas o que é muito mais provável é seu inconsciente dizendo a você "Hummm... chocolate — é o céu".

Seu inconsciente pode ser comparado a noventa por cento de um *iceberg*, a parte que fica escondida e que trabalha 24 horas por dia, sete dias na semana, sem tempo livre por bom comportamento. O seu inconsciente é quem lhe diz para comer, beber, dormir e desempenhar inúmeras outras ações.

O propósito deste capítulo é mostrar como você poderá transformar seus pensamentos inconscientes em pensamentos e atitudes deliberadamente conscientes ao descobrir o que desencadeia esses pensamentos e atitudes e então ajustar seu comportamento antes de permitir que seu inconsciente tome conta de novo.

Identificando os Comportamentos Conscientes e Inconscientes

Você se lembra da última vez em que devorou um pacote de salgadinhos sem perceber ou falou rispidamente com alguém sem pensar? Esses são exemplos de *comportamentos inconscientes*, atitudes que você expressa quando está no piloto automático.

Quando você está adquirindo qualquer nova habilidade, segue uma curva de aprendizado. Tome por exemplo o ato de escrever. Para começar, você fez tudo dolorosa e conscientemente, desde imaginar o livro e apontar o lápis, até posicionar cuidadosamente a ponta do lápis alinhando-o a uma série de linhas. Somente a sua ação inconsciente estava deixando sua língua sair enquanto estava na mais profunda concentração. Agora você escreve sem quase ter que pensar, apenas pega um pedaço de papel e começa a escrever. Ou então observe o cenário de falar de maneira ríspida com alguém. É provável que essa pessoa involuntariamente tenha apertado algum de seus botões e ocasionado uma resposta inconsciente. Um *desencadeador* é um estímulo que o coloca em um padrão de comportamento sobre o qual você pode ter muito pouco controle.

Pelo fato de você conscientemente somente lidar com uns poucos pensamentos de cada vez, seu inconsciente é deixado para lidar com todo o resto: ele lhe diz para respirar ou coçar aquela comichão e o protege de dores físicas e emocionais. Contudo, há momentos em que seu inconsciente pode fazer com que as coisas deem errado. Ao tentar protegê-lo, seu inconsciente pode trazer à tona medos que o façam parar de fazer as coisas. Por causa disso, é bom que esteja disposto a trazer seus pensamentos inconscientes para seu mundo consciente, analisando-os e modificando-os, se necessário, e depois enviando-os de volta para os cuidados de seu inconsciente.

Jacob observou que a balança de seu banheiro mostrava que havia engordado de forma alarmante. Então começou a registrar tudo o que comia e quando o fazia. E descobriu que comia de maneira saudável, exceto nos dias que eram muito ruins, que faziam com que fosse direto para o *pub* para se encontrar com seus amigos e despejar suas mágoas na bebida. No *pub*, ele bebia um mínimo de seis chopes e comia muitos pacotes de salgadinhos de uma só vez. O pior de tudo é que ele nem sentia o gosto do que colocava na boca ou se lembrava do que havia comido. À medida que Jacob e seus camaradas relaxavam, acabavam falando sobre

Capítulo 4: Trabalhando com o Inconsciente

como as coisas eram ruins no trabalho, com seus parceiros, com seus carros, e assim por diante. Ao invés de se sentir melhor e se animar, Jacob sempre acabava se sentindo pior. Em uma tentativa de inverter a situação, Jacob decidiu listar seus comportamentos conscientes e inconscientes, como se pode ver no Exercício 4-1.

Exercício 4-1   Mapa de Jacob Acerca de Comportamentos Conscientes/Inconscientes

Meu Comportamento	*Consciente ou Inconsciente*	*Minhas Ideias para Mudar*
Se eu tiver um dia difícil, quero encontrar os rapazes para beber.	Desencadeamento inconsciente	Vou utilizar este desencadeador para sair para uma corrida, em vez de ir para o *pub*.
Tão logo eu ultrapasso a marca do terceiro chope, perco o controle.	Comportamento inconsciente	Quando eu optar por sair para beber, vou conscientemente trocar para bebidas sem álcool depois de dois chopes.
Como sem pensar.	Comportamento inconsciente	Vou pensar em cada salgadinho à medida que forem para a minha boca. Para parar de comer, vou conversar, em vez de comer. Queima mais calorias.

Aproveite a oportunidade apresentada no Exercício 4-2 para pensar a respeito de como se comporta e se está agindo conscientemente ou se seu inconsciente está *fazendo* com que se comporte da maneira como está se comportando.

Parte I: Preparando-se para a Jornada pela PNL

Exercício 4-2	Comportamentos Conscientes/ Inconscientes	
Meu Comportamento	*Consciente ou Inconsciente*	*Minhas Ideias para Mudar*

À Procura das Mensagens Ocultas

Será que às vezes a vida não te faz lembrar da letra de Simon e Garfunkel: "Deslizar para longe/Deslizar para longe/Você sabe que quanto mais perto está do seu destino/Mais desliza para longe"?

Se tomar uma decisão consciente de enveredar por uma linha de ação e não obter os resultados que esperava, é provável que coloque a coisa toda apenas como um ganho de experiência e conscientemente se decida a tomar outro rumo. Contudo, frequentemente é o seu comportamento inconsciente que está afetando suas decisões conscientes. Não seria fantástico se você pudesse dar um passo para trás e obter respostas para seus problemas rapidamente e sem esforço?

Você toma uma decisão consciente de mudar de emprego, mas esse trabalho não dá certo. Pode ser que conscientemente decida que agora não é a hora de fazer outra mudança ou de que seu trabalho atual seja o melhor que poderia esperar. Uma causa provável para seu emprego ter falhado em atingir suas expectativas é sua decisão inconsciente de não buscar ajuda e aconselhamento acerca de sua mudança de emprego.

Na ocasião, você deu a si mesmo a desculpa de que estava cansado demais. Permitiu que sua mente inconsciente se intrometesse, porque sua experiência anterior em buscar conselhos não foi agradável e seu inconsciente estava tentando protegê-lo de mais aflição.

Compreender como seu inconsciente funciona é uma grande ferramenta para ajudá-lo a atingir resultados positivos. Ao se comunicar com seu consciente, pode continuar com o negócio de apreciar a vida, feliz com o conhecimento de que seu inconsciente está ocupado nos bastidores, tomando conta das coisas para você. Por exemplo, você escolheu uma comida de consolo — não consegue parar de se empanturrar com batatas fritas e chocolate — até que seu inconsciente salienta que está comendo demais porque não está se sentindo amado, lhe dando a oportunidade, com muito pouco esforço da sua parte, de começar a comer de forma saudável de novo.

Uma maneira de se comunicar com seu inconsciente é utilizando um pêndulo, um pequeno peso ao final de uma linha, para obter uma resposta "sim/não" de seu inconsciente. O princípio é de que um pensamento consciente provoca uma resposta muscular inconsciente, chamada de *movimento ideomotor*.

O pêndulo é simplesmente uma ferramenta. Se achar que está sendo bem--sucedido e obtendo bons resultados, pode ser que você comece a ficar dependente do pêndulo. Não se esqueça de que você tem muitas outras ferramentas de PNL. Pegar seu pêndulo no meio de uma reunião e dizer "Vou lhe dar uma resposta em um instante" provavelmente não é uma estratégia eficaz. Da mesma forma, se não estiver conseguindo resultados satisfatórios, procure perseverar com o pêndulo até que consiga usar essa ferramenta com sucesso.

Um pêndulo pode ser qualquer coisa, desde uma tampinha de ralo de pia atada a um pedaço de linha até um cristal bonito em um cordão ou um pingente favorito balançando em uma corrente.

Se quiser tentar trabalhar com um pêndulo, siga os passos a seguir:

1. **Sente-se a uma mesa.**

2. **Pense sobre o que quer descobrir e escreva as perguntas que irá fazer.**

3. **Apoie o cotovelo do braço que está com o pêndulo na mesa, com o punho angulado com seu antebraço.** Isso previne que seu braço se canse e permite que o pêndulo se mova livremente.

4. **Peça ao pêndulo para lhe dar um sinal para "sim" e outro para "não" ao começo de cada sessão.** Você não tem muito controle sobre os movimentos que o pêndulo escolhe fazer. Os sinais

normalmente são os mesmos, e com o tempo você se familiariza com eles, mas assegure-se de toda vez perguntar.

5. Faça perguntas e preste atenção às respostas.

A resposta que você receber talvez nem sempre seja clara — talvez obtenha a resposta de sim e de não para a mesma pergunta. Às vezes verá que o pêndulo mal se move ou somente se move pela metade. Isso indica que seu inconsciente não está entendendo a pergunta ou não quer te dar uma resposta. Talvez tenha que perguntar "Há alguma razão pela qual você não quer me dar uma resposta?". Se a resposta for "sim", você pode perguntar "Está com medo de que eu não goste da resposta e por isso ficarei chateado?". Pode então tentar preparar outra leva de perguntas.

Jack é um instrutor e teve ofertas de emprego para duas empresas. Apesar de se esforçar ao máximo, encontrava-se em um dilema sobre qual dos dois trabalhos aceitar. Ele fez sua lista de prós e contras para ambos os empregos, e os dois apresentavam o mesmo resultado, exceto que a "empresa A" estava oferecendo um salário dez por cento maior que a "empresa B". Jack então decidiu utilizar o pêndulo.

Jack: Posso ver um sinal de "sim", por favor?

O pêndulo se move no sentido horário.

Jack: Obrigado. Agora, posso ver um sinal de "não", por favor?

O pêndulo se move em uma linha no sentido norte-sul.

Jack: Obrigado. Devo aceitar a oferta da "empresa B"?

O pêndulo dá um sinal de "sim".

Jack: Obrigado. Devo aceitar a oferta da "empresa A"?

O pêndulo dá um sinal de "não".

Jack: Eu devo aceitar a "empresa B", apesar de a "empresa A" pagar mais?

O pêndulo dá um sinal de "sim".

Seis meses depois, Jack descobriu que o diretor financeiro da "empresa A" vinha desviando dinheiro e a empresa estava despedindo as pessoas. Nesse caso, parece que trabalhar com o pêndulo se compara a trabalhar com um paranormal. Mas a explicação mais simples é que Jack captou sinais sutis que os diretores da "empresa A" estavam enviando de que eles estavam com dúvidas e incertezas sobre o futuro da empresa.

Capítulo 4: Trabalhando com o Inconsciente 77

O Exercício 4-3 mostrou como usar um pêndulo. Mas antes de começar, aqui estão dois pontos que é bom ter em mente:

- O seu inconsciente é como o de uma criança pequena, então as perguntas que fizer precisam ser simples e diretas.
- Às vezes uma resposta "não" pode estar escondendo algo do tipo "não sei" ou "não quero dizer", e você tem que perguntar para esclarecer. Se estiver desconfiado da resposta, pode sempre perguntar "Você sabe a resposta?", e se a resposta for "sim", pode perguntar "Você quer me responder?". Depois que adquirir experiência usando o pêndulo, você pode refinar suas perguntas e sua intuição.

Exercício 4-3   Utilização do Pêndulo para Comunicação com o Inconsciente

1. Formule suas perguntas de forma a que receba apenas *sim* ou *não* como resposta.

2. Vá para um lugar tranquilo e proponha-se a estabelecer uma conexão sincera com seu inconsciente, dando-lhe respostas verdadeiras.

   Por exemplo, diga a seu inconsciente "Eu realmente valorizo todo o cuidado que tem comigo e quero pedir que me ajude a conseguir algumas respostas honestas para o problema que estou vivenciando".

3. Coloque seu cotovelo na mesa e balance o pêndulo. Decida sobre como serão os movimentos do pêndulo para "sim" e para "não":

   Pergunte "Poderia me dar um sinal para um sim?". Lembre-se de dizer "Obrigado".

   Interrompa o balanço do pêndulo.

   Pergunte "Agora poderia me mostrar um sinal para um não?". Lembre-se de dizer "Obrigado".

4. Faça suas perguntas, lembrando-se de deter o pêndulo após cada resposta.

Utilize o Exercício 4-4 para escrever sobre um problema com o qual esteja se debatendo e as perguntas objetivas de sim/não que deseja fazer ao seu inconsciente.

78 Parte I: Preparando-se para a Jornada pela PNL

Exercício 4-4 Exercício de Perguntas sobre Meu Problema

Minha questão:

_____

_____

_____

_____

Minhas perguntas para meu inconsciente:

_____

_____

_____

_____

_____

Talvez você não consiga as respostas para suas perguntas de imediato, mas quando as obtiver, preencha o Exercício 4-5.

Exercício 4-5 Resultados Obtidos com o Pêndulo

Resultados:

_____

_____

Áreas que preciso aprofundar:

_____

_____

_____

_____

A não obtenção dos resultados que deseja pode muito bem acontecer porque uma crença está se intrometendo quando você faz as perguntas. Talvez no fundo você acredite que receber respostas de um pêndulo possa ser um pouco estranho. Ou falta confiança na sua habilidade de se comunicar com seu inconsciente e você pense que usar um pêndulo seja o que outras pessoas fariam, mas que você não possa fazê-lo. Esta última crença pode se autoconcretizar ao fazer com que você "falhe" a cada tentativa. Então, se estiver com problemas para usar o pêndulo, confronte qualquer crença negativa que estiver mantendo acerca do pêndulo e tente encontrar os benefícios positivos.

Descobrindo Medos Não Detectados

Ao procurar pela palavra *fear* (medo, em inglês) na internet, nos deparamos com este acrônimo horroroso: FEAR, Falsas Evidências que Aparecem como Reais (*False Evidence Appearing Real*). Obviamente que isso não se aplica a situações em que a vida está em risco, tais como ficar sob a mira de uma arma ou ser atacado por um escorpião. Contudo, há momentos em que você não pode permitir que uma preocupação sem importância se transforme em um medo devastador e precisa tomar atitudes que diminuam seu medo a fim de que não passe de uma tempestade em um copo d´água.

Por acaso está permitindo que falsas evidências pareçam reais e te impeçam de atingir seu potencial? Um medo pode impedir que faça alguma coisa simplesmente porque não refletiu o suficiente sobre o que quer fazer e alcançar. Pelo fato de a ameaça não ser física, você pode simplesmente assumir que o medo é gerado pelo seu inconsciente. Então, com o propósito de desvendar seu pensamento sobre o medo, faça a gentileza de tratar seu inconsciente como uma pessoa separada de você.

O Capítulo 9 descreve um processo que você pode utilizar para descobrir seus pensamentos acerca das emoções, incluindo seus medos.

Charlie estava para ser demitido e não estava muito certo se deveria se estabelecer como consultor ou se queria a segurança de um emprego em outra empresa estabelecida. Por conta de seu medo e suas incertezas sobre o que deveria fazer a seguir, ele começou a evitar o problema usando sua licença remunerada para cuidar do jardim, em vez de procurar emprego ou estudar o que precisaria fazer para se tornar um consultor independente. Charlie decidiu focar no seu problema e colocá-lo em perspectiva utilizando a técnica do "diretor de filme' descrita no Capítulo 9. Para o filme, Charlie assumiu o papel de Observador, com sua mente consciente representando o Protagonista e seu inconsciente atuando como o Antagonista, sendo observado de perto pelas lentes do diretor.

Parte I: Preparando-se para a Jornada pela PNL

À medida que os personagens desempenhavam seus papéis, Charlie descobriu que ao mesmo tempo que queria a estabilidade de um emprego seguro, seu inconsciente queria que ele tivesse a variedade e agitação de um trabalho com consultoria. Charlie se envolveu em problemas com seu empregador anterior porque estava entendiado, e seu inconsciente associou chatice com problema e estava tentando protegê-lo de se meter em dificuldades novamente. Tão logo os medos de Charlie foram trazidos para sua mente consciente, ele conseguiu aceitar um emprego estável. Contudo, ficou claro para Charlie, durante a entrevista, que o novo emprego alargaria seus horizontes intelectuais e lhe proporcionaria muita variedade de atividades.

Integrando as Partes Separadas

Você às vezes se pega dizendo alguma coisa tal como "Uma parte de mim quer ir, mas não tenho certeza"? Pode ser que esteja vivenciando algum conflito em resposta a um fato que teve um impacto emocional significativo. Em princípio, seu sistema nervoso funciona como uma coisa única. Mas em sua jornada pela vida, você vivencia acontecimentos, alguns dos quais dolorosos, e cria novas partes para proteger a si mesmo de mais pressão e dor. Às vezes essas partes nem sempre se comunicam de modo eficiente com o resto de seu sistema nervoso.

Nesta seção descrevemos um método para operar com duas partes separadas, permitindo que cada uma delas tenha o mesmo propósito em comum e integre cada parte em um todo. Você poderá integrar mais de duas partes de uma só vez, mas para manter as coisas simples, recomendamos que trabalhe com somente duas por vez.

Não se esquecendo da ideia de integração, siga o passo a passo da técnica para integrar partes conflitantes:

1. **Encontre um lugar tranquilo para se sentar e onde não seja incomodado.**

2. **Identifique as partes de si mesmo que estejam em conflito.**

   Você pode identificar partes conflitantes ao analisar um problema que queira resolver. Por exemplo, se disser "Eu preciso terminar minha dissertação, mas alguma coisa está me detendo", o conflito exite entre a "Parte A", que deseja ver a dissertação pronta, e a "Parte B", que está sabotando o processo. Ou talvez diga "Eu a amo, mas tenho pavor de compromisso". A "Parte A" quer se comprometer, mas a "Parte B" não, acarretando um conflito interno que pode levar a dificuldades no seu relacionamento.

Capítulo 4: Trabalhando com o Inconsciente *81*

3. **Imagine cada parte como duas pessoas separadas. Imagine como cada uma dessas pessoas se parece, como soa e quais os sentimentos que cada pessoa tem.**

4. **Diga à pessoa que acredita ser a parte do problema para emergir e se colocar de um lado de uma mão.**

Nos exemplos do segundo passo, o problema das partes (B, em ambos os casos) são aqueles que estão impedindo você de alcançar seu objetivo. As partes podem continuar em desacordo por anos sem que você note, até que decida se concentrar em descobrir o porquê de você não estar conseguindo o que deseja. E então se dá conta de que a divergência consiste na verdade em um conflito entre o que as duas partes estão tentando obter.

5. **Agora peça à parte que você acredita que não seja o problema para se revelar e se colocar do lado da outra mão.**

6. **Começando pela parte que acredita ser a do problema, pergunte a cada parte "Qual é a sua intenção positiva ou propósito?".**

Embora uma parte esteja sabotando seus esforços, a intenção dessa parte é no sentido de um resultado positivo. O "problema" da parte B nos exemplos pode não querer que você complete sua dissertação porque o está protegendo dos golpes que inevitavelmente receberá quando sair para o mundo real. Não te deixar se comprometer é a forma de a Parte B protegê-lo de dores emocionais futuras. (Veja o Capítulo 3 para muito mais a respeito de intenções positivas e ganhos secundários.)

7. **Repita o sexto passo com a parte do não problema.**

8. **Repita o sexto passo em ambas as partes até que os dois percebam que têm a mesma intenção. Neste ponto, pode juntar as mãos como forma de integrar as duas partes como um todo.**

Diante dessa situação, parece improvável que ambas as partes tenham a mesma intenção, mas à medida que você trabalhar com o exercício, ambas as partes se juntarão com uma intenção comum e positiva.

9. **Pergunte a cada parte que recursos têm que a outra parte possa achar útil para alcançar a intenção e o propósito positivo em cada uma.**

Nesse contexto, recursos podem ser a capacidade de planejar, manter o ritmo, ser visionário, motivar os outros ou a tendência de ser absolutamente obstinado e não deixar que outras pessoas o tirem de sua rota.

Integrar suas partes separadas é especialmente útil porque, enquanto permite a cada uma reconhecer que ambas possuem um objetivo em comum, cada parte também adquire um reconhecimento da força e das habilidades da outra.

Tim foi à falência depois de trabalhar como instrutor *freelancer*. Todo o processo de falhar em seu negócio e pedir falência causou um impacto profundo nele. Embora tenha encontrado rapidamente um emprego em outra empresa, estava desmotivado, e seus cursos de treinamento eram mal preparados, e isso estava acarretando um impacto negativo em sua carreira. Tim pensou que talvez estivesse vivenciando um conflito entre uma parte que queria que fosse bem-sucedido e outra que desejava que falhasse. O Exercício 4-6 mostra o processo que Tim utilizou para integrar as duas partes.

Exercício 4-6	Exercício para Integração de Tim	
Etapas	Parte A	Parte B
Identifique duas partes de si mesmo que estejam em conflito	Eu realmente quero ser um bom instrutor.	Nunca estou muito bem preparado com o material.
Imagine cada uma das partes como se fosse uma pessoa. Descreva como cada pessoa aparenta, os sons que emite e como se sente. Peça a cada um que se mostre e fique em cada uma das mãos.	Ambas as partes são versões de mim mesmo, mas essa parte no meu lado direito é grande e tem uma aura ao seu redor. O som é de pessoas batendo palmas. Posso ver as pessoas sorrindo e se levantando para bater palmas porque tinham vivenciado um momento maravilhoso. Eu sinto esse brilho em mim e estou estourando de alegria.	A Parte B levanta-se no meu lado esquerdo e se sente pequena. É muito menor do que eu, e o quarto é escuro. Há muito poucas pessoas no quarto, e a energia é muito baixa.

Capítulo 4: Trabalhando com o Inconsciente 83

Pergunte "Qual é o seu propósito e intenção positiva?".	Quero ser bem-sucedido.	Se eu não for bem-sucedido, não terei confiança para fazer coisas novas.
Pergunte "Qual é o seu propósito e intenção positiva?".	Terei várias pessoas a quem delegar.	Quero me manter na minha zona de conforto.
Pergunte "Qual é o seu propósito e intenção positiva?"	Minha empresa me dará projetos desafiadores.	Eu ficarei para sempre executando meu trabalho atual.
Pergunte "Qual é o seu propósito e intenção positiva?".	Irei aumentar meu conhecimento.	Estarei seguro.
Pergunte "Qual é o seu propósito e intenção positiva?".	Vou ganhar muito dinheiro.	Terei segurança financeira.
Pergunte "Qual é o seu propósito e intenção positiva?".	Terei segurança.	Não terei com o que me preocupar.
Pergunte "Qual é o seu propósito e intenção positiva?".	Ficarei feliz.	Terei segurança.
Pergunte que recursos cada uma das partes tem a oferecer para a outra.	Estou entusiasmado e posso avançar rumo a meus sonhos. Eu sei como me comunicar e tenho muita energia.	Sou cuidadoso a fim de que todos os prós e contras sejam pesados. Eu sou a voz da razão.

Observe que, apesar de as Partes A e B se utilizarem de termos diferentes, o aprofundamento das perguntas mostra que ambas as partes têm a mesma intenção. Embora a Parte A use termos como "ganhar muito dinheiro" e "segurança", e a Parte B use "segurança financeira", os termos não são realmente importantes. Esse exercício não tem a ver com as

Parte I: Preparando-se para a Jornada pela PNL

palavras que cada parte usa. Diz mais sobre chegar ao mesmo resultado no final — ser feliz.

Agora, seguindo os mesmos passos de Tim, tente integrar as duas partes de si mesmo. Escreva suas reflexões no Exercício 4-7.

Exercício 4-7   Meu Exercício de Integração

Etapas	*Parte A*	*Parte B*
Identifique duas partes de si mesmo que estejam em conflito.		
Imagine cada uma das partes como se fosse uma pessoa. Descreva como cada pessoa aparenta, os sons que emite e como se sente. Peça a cada um que se mostre e fique em cada uma das mãos.		
Pergunte "Qual é o seu propósito e intenção positiva?".		
Pergunte "Qual é o seu propósito e intenção positiva?".		
Pergunte "Qual é o seu propósito e intenção positiva?".		
Pergunte "Qual é o seu propósito e intenção positiva?".		
Pergunte "Qual é o seu propósito e intenção positiva?".		
Pergunte "Qual é o seu propósito e intenção positiva?".		
Pergunte "Qual é o seu propósito e intenção positiva?".		
Pergunte que recursos cada uma das partes tem a oferecer para a outra.		

Para que o impacto seja ainda maior, tente vincular o processo de integrar suas partes separadas dentro de um todo na sua linha do tempo (falaremos sobre "linhas do tempo" no Capítulo 13). Após aprender como viajar pela sua linha do tempo com seu novo e integrado eu, você poderá navegar com ainda mais sucesso pela vida.

Equilibrando-se

Aquietar os próprios pensamentos é a forma ideal para conectar-se com seu inconsciente. Uma das melhores maneiras de fazer isso é reservar alguns momentos tranquilos na sua vida para meditar ou ficar em estado de contemplação.

Uma ótima forma de exercitar seu inconsciente é dispor de um ritual. Estabelecer um ritual de acender velas, deixar o ambiente a meia-luz e colocar uma música para relaxar e acalmar seu cérebro hiperativo são maneiras excelentes de começar a prática de meditação. Para preparar-se para começar, isole um espaço dentro de um cômodo, ou, se tiver sorte, poderá ter um cômodo inteiro para que sua mente possa associá-lo com momentos de tranquilidade.

O passo a passo que encontra aqui não é a forma "padrão" que é vista nos ensinamentos mais convencionais. O propósito dessa meditação "ativa" é ajudá-lo a fazer com que seu inconsciente comece a focar em um problema que você gostaria de resolver por si mesmo, porque a ajuda de um *coach* ou terapeuta não está disponível.

1. **Decida onde e quando você irá reservar um tempo para a meditação.**

   Por exemplo, deixe o canto de um quarto livre e coloque lá uma cadeira reclinável ou outra cadeira confortável, com uma mesinha para poder colocar uma vela, um bloco de anotações e uma caneta.

   A meditação é uma ótima forma de desacelerar antes de ir para a cama. Por outro lado, algumas pessoas preferem começar o dia com uma meditação focada e tranquila.

   Comece meditando dez minutos por dia, de forma regular, aumentando para vinte minutos quando achar que aguenta. Depois de um tempo, pode optar por aumentar seu período de meditação em uma hora ou compor duas faixas de vinte minutos cada ao final do dia. Vá com calma consigo mesmo. Não adianta fixar metas fora da realidade de uma hora por dia desde o início e desistir depois de alguns dias.

2. **Pense em um problema com o qual esteja se debatendo.**

   Se não estiver lutando contra nada neste momento, vá para o Passo 4.

3. **Escolha uma afirmação que expresse o resultado que você quer. Diga isso de forma positiva, como se já houvesse alcançado o objetivo.**

   A Tabela 4-1 oferece exemplos de afirmações positivas.

   Decidir sobre a quantidade de tempo que quer focar a atenção em um problema é útil. Você pode se decidir por trabalhar com um problema por uma semana e ir estendendo por mais uma semana de cada vez, dependendo do quanto estiver satisfeito com os resultados.

4. **Se não tiver nenhuma questão no momento e está feliz e satisfeito no geral, agradeça ao seu inconsciente ou fale sobre alguma coisa pela qual está agradecido. Por exemplo:**

   - Inconsciente, eu reconheço sua ajuda e agradeço.
   - Eu sou agradecida por Diego.
   - Minhas células T estão viçosas e saudáveis.

5. **Procure fazer com que seu ritual seja para obter sossego e conforto.**

   Rituais são muito importantes para que se exercite a ser disciplinado. Pode ser que quando você começar, a maior parte dos dez minutos que reservou para meditar seja gasta tentando chegar ao estado de espírito correto e acalmando seu cérebro. À medida que seu ritual se torne uma segunda natureza, você perceberá que desliza para um estado meditativo rapida e suavemente.

6. **Respire pelo nariz. Ao soltar o ar suavemente pela boca, diga sua afirmação.**

   Repita este passo pelo tempo que durar sua meditação.

Tenha um caderno de anotações à mão e escreva qualquer ideia que lhe venha à mente enquanto estiver meditando.

Capítulo 4: Trabalhando com o Inconsciente

Tabela 4-1	Transformando Problemas em Afirmações Positivas
Problema	*Afirmação Positiva*
Não me sinto amada porque não tenho namorado.	Sou abençoada com amigos e uma família que me ama. Ou, estou feliz e sei que encontrarei a pessoa certa no momento certo.
Minha visão é ruim.	Eu tenho uma visão perfeitamente boa.
Minha casa não é própria.	Eu tenho meu próprio apartamento e o adoro.
Meu chefe se recusa a me promover.	Estou entusiasmado com meu emprego atual.

Se você não gosta da ideia de meditação porque tem medo da possibilidade de não sair de um transe profundo, não tema. Tudo o que acontece é um mergulho em sono profundo e repousante, do qual você acordará naturalmente quando seu corpo estiver descansado.

Preste atenção ao seu progresso. Ao final de sua meditação, escreva sobre as mudanças que vivenciou.

Se achar que os resultados não foram tão bons quanto esperava, prolongue o tempo de foco no seu objetivo ou simplifique sua afirmação. Tente dividir a afirmação em etapas menores ou mudar seu foco para algo diferente, deixando que seu inconsciente apareça com respostas alternativas. Às vezes, quando quer alguma coisa desesperadamente, na verdade pode afastar tal coisa por causa do medo de não consegui-la. Mudar seu foco para outra coisa permite que atraia as necessidades dos outros para sua vida.

O Exercício 4-8 é voltado para o registro dos resultados positivos de sua meditação.

Exercício 4-8	Meus Resultados Positivos

O seu inconsciente está fazendo o melhor para lhe dar o que acredita ser o que você quer, e está tentando orientá-lo. Aprenda a ouvir o que seu inconsciente está dizendo, e se ele algumas vezes não compreende bem a situação, direcione-o de maneira suave para que faça aquilo que você deseja. Você pode fazer isso se utilizando da técnica de objetivos bem elaborados (sobre o qual você encontra na Folha de Cola e no Capítulo 3). Assim você pode obter o resultado *positivo* que deseja. Ao voltar várias vezes ao seu objetivo bem elaborado, exercite seu inconsciente a trabalhar junto com você para alcançar seu objetivo.

Dizer "obrigado" de vez em quando ao seu inconsciente o ajudará a cultivar a fé e a confiança nele.

Capítulo 5

Reconhecendo Filtros de Pensamento

Neste Capítulo

▶ Analisando o modelo de comunicação de PNL

▶ Aplicando seu filtro de metaprograma interno/externo

▶ Avaliando seus valores

▶ Mudando decisões e comportamentos

▶ Revolvendo lembranças

*P*or acaso você teve o azar de conhecer alguém em que, só de pensar, lhe dá náuseas? Ok, talvez ela não seja tão deplorável — porém, você sente sua ira se elevar onde quer que seus caminhos se cruzem. Mas então há aquela pessoa ao telefone cuja voz te enche de ternura — alguém com quem realmente queira se encontrar. É possível que, no caso da primeira pessoa, você simplesmente não esteja no mesmo comprimento de onda que ela e estejam diametralmente opostos no pensamento — enquanto que com relação à segunda pessoa você provavelmente tem valores parecidos, falam a mesma língua e têm interesses em comum.

É verdade que o antigo clichê diz que os opostos se atraem, mas, na prática, é definitivamente mais fácil ter um bom relacionamento com alguém com quem possa se comunicar confortavelmente, devido a valores, interesses e traços que compartilham.

Neste capítulo fornecemos as ferramentas para que você alcance melhor entendimento sobre como você e a outra pessoa estão pensando e se comportando, transmitindo sua mensagem, e esta sendo aceita, além de aumentar sua influência e rapport.

Verificando o Modelo de Comunicação

Esta seção faz uma introdução ao modelo de comunicação da PNL. Fundamentalmente, esse modelo lida com o fato de que seu cérebro é bombardeado sem parar por enormes quantidades de informação que reclamam sua atenção. A forma como sua mente dá conta dessa sobrecarga de informação é filtrando as mensagens que chegam por meio de seus metaprogramas, valores, crenças, decisões e lembranças. Como resultado dessa filtragem, você cria sua própria representação interna da mensagem filtrada, contendo elementos de omissões (ou supressões), distorções e generalizações.

Representação Interna é o termo utilizado para se referir às imagens que você vê, aos sons que ouve ou aos sentimentos que são gerados dentro de você em resposta à informação que absorve do mundo ao seu redor. Basicamente, a representação interna é a interpretação que você faz da informação que ficou após passar pelos filtros.

A PNL possibilita que as pessoas entendam a psicologia humana. Uma das formas de alcançar esse entendimento é reconhecer como os filtros do Modelo de Comunicação da PNL afetam suas representações internas, que por sua vez afetam seu estado de espírito, sua fisiologia e, por fim, seu comportamento. Compreender esses filtros lhe dá o poder para mudá-los de maneira a modificar suas representações internas, que por sua vez mudam seu estado mental, sua fisiologia e por fim, seu comportamento. Quando você consegue entender como outra pessoa está omitindo, distorcendo e generalizando, pode se comunicar com ela com um rapport ainda maior, porque compreende a psicologia daquela pessoa e pode alterar sua linguagem e seu comportamento para corresponder ao dela.

Este capítulo foca nos três primeiros passos do Modelo de Comunicação. Os capítulos 14 e 15 explicam o processo de como você "re-apresenta" verbalmente suas representações internas para o mundo.

O Modelo de Comunicação tem cinco etapas.

1. **Reunir informações sobre um acontecimento por meio de seus cinco sentidos:**

    Visual – Imagens

    Auditivo – Sons

    Cinestésico – Toque

    Olfativo – Cheiro

    Gustativo – Gosto

Capítulo 5: Reconhecendo Filtros de Pensamento

2. Transmitir a informação por meio dos seguintes filtros:

Metaprogramas (o Capítulo 8 fala sobre os metaprogramas)

Valores

Crenças

Decisões

Lembranças

3. Gerar uma representação interna de um acontecimento dentro de você.

4. Criar dentro de você uma maneira de estar que será uma combinação do seu estado mental e físico.

5. Estimular uma resposta física, desde falar até apertar as mãos, desde se aconchegar até beijar.

Impedindo omissões

Permitir que sua mente consciente ignore uma grande quantidade de informação gera o benefício de permitir que você consiga lidar com as mensagens restantes. A desvantagem disso é que pode ser que você esteja ignorando informações importantes.

Dê uma boa olhada ao seu redor. Depois, sem olhar de novo, faça uma anotação, na primeira coluna do Exercício 5-1, daquilo de que você consegue se lembrar. Olhe novamente ao seu redor e escreva na terceira coluna as coisas que não notou da primeira vez em que olhou.

Esse exercício foi concebido para ajudá-lo a reconhecer como seus filtros determinam ao que você presta atenção quando processa as mensagens que recebe. Por exemplo, no seu escritório você nota uma placa comemorativa pendurada na parede, porque isso faz com que se lembre de alguma ocasião que evoca uma lembrança especial para você. Contudo, ignora o molho de chaves que está sobre sua mesa, porque elas somente são importantes para você quando chega a hora de ir para casa. Isso mostra que os filtros podem ser tão simples como se lembrar de coisas que têm significado, valor ou uso imediato para você e apagar as coisas com os quais você não tem uma conexão emocional ou que não são de uso imediato. O que tem significado ou valor para você é determinado por suas experiências e pelo seu ambiente.

Exercício 5-1		Do que Me Recordo Sobre o Ambiente ao Meu Redor
Do que me lembro		
Possível razão para a lembrança		
O que suprimi		
Possível razão para a omissão		

Elucidando distorções

Uma *distorção* é uma falsa representação sobre o que está acontecendo ou um mal-entendido sobre o que está sendo dito. Com relação ao Modelo de Comunicação da PNL, a distorção é uma das três coisas que podem acontecer quando você filtra dados provenientes de seus sentidos (as outras duas são as omissões e as generalizações).

Capítulo 5: Reconhecendo Filtros de Pensamento

As distorções permitem que você ajuste a informação que chega ao que acredita ser verdade, e são criadas como resultado de suas experiências de vida. Elas podem trabalhar contra ou a favor de você. Tome o exemplo de alguém que acredita que não existe tal coisa como alguma alternativa à medicina convencional porque tentou hipnoterapia, mas isso não funcionou muito bem para ela. Então, agora, toda vez que encontra artigos sobre os benefícios de alguma erva, nem se dá ao trabalho de lê-los, pois associa ervas medicinais como sendo "medicina de charlatões". Ou quando pedem a uma pessoa para fazer um trabalho diferente e ela decide que isso aconteceu porque seu chefe não gosta dela e a quer fora de seu caminho. Na verdade, seu chefe sabe que ela não está muito feliz e lhe ofereceu a oportunidade de que brilhe usando as habilidades que estavam sendo desperdiçadas no trabalho que fazia antes. Se essas pessoas estivessem conscientes dessas distorções inúteis, poderiam mudar seu pensamento.

Em um verão, Drew sentiu que as aranhas realmente estavam implicando com ele. Apesar de ser um adulto robusto, deixou sua mãe irritada com as histórias sobre seus encontros noturnos com aranhas. Após um dia agitado, a mãe de Drew resolveu recuperar sua sanidade deleitando-se em um banho quente e perfumado. Quando ia na banheira, notou que havia uma enorme aranha debaixo da pia. À medida que ia entrando na banheira, lamuriava-se sobre como iria se livrar da aranha. Mas então percebeu que aquilo não era de maneira nenhuma uma aranha, mas sim fios de cabelo que haviam caído de suas roupas após a visita ao cabeleireiro. Como não era uma pessoa particularmente maternal, não se conteve, dando risada e pensando se deveria deixar a "aranha" ali mesmo para que seu filho a encontrasse ou se faria a coisa mais maternal a se fazer e limparia tudo. Quando um tufo de cabelo se transforma em uma aranha, definitivamente você está distorcendo a realidade!

Escreva sobre sua própria experiência com alguma distorção no Exercício 5-2. Se não puder se lembrar de nenhuma coisa que realmente tenha acontecido, pode obter uma boa fonte de material de filmes, para começar a exercitar seus músculos mentais. Pinturas surrealistas podem ser vistas como uma distorção, em que o resultado não representa verdadeiramente a imagem do mundo que o artista vislumbrou, mas é afetada por aspectos da imaginação, psicologia e filosofia deste. As estatísticas governamentais são vistas como uma distorção pelo partido de oposição, que concordaria com a citação de Aaron Levenstein de que "Estatísticas são como um biquíni. O que revelam é sugestivo, mas o que escondem é vital".

Exercício 5-2	Minhas Distorções

Mais um exemplo de distorção é quando você tenta ler a mente de uma pessoa e acaba por se enganar completamente com a situação. Corra para chegar ao Capítulo 15 a fim de explorar as questões sobre a leitura da mente.

Generalizando

Quando você agrupa e nomeia uma série de acontecimentos sob um cabeçalho, está fazendo uma *generalização*. As generalizações podem dizer respeito tanto a coisas quanto a pessoas ou acontecimentos.

Elas são um dos três filtros de comunicação da PNL que se utiliza da informação que recebe de seu ambiente. As generalizações são muito úteis quando falamos em aprendizado, porque previnem que você tenha que voltar ao básico, permitindo que avance sobre o que já sabe. O momento em que uma generalização pode retê-lo é quando você tem uma experiência desagradável e assume que outras experiências similares também serão desagradáveis. Por exemplo, depois de uma experiência ruim em um restaurante japonês, decide que nunca mais irá comer comida japonesa.

Os *ismos*, tal com sexismo e racismo, são exemplos clássicos de generalizações. Alguém que tenha tido um relacionamento infeliz pode resolver que "todos os homens são egoístas" e ter problemas para encontrar um parceiro compatível.

Do lado positivo, as generalizações também podem criar os ganchos para agarrar-se a tudo à medida que você avança nos degraus do aprendizado e das conquistas.

Sarah já era uma instrutora experiente quando começou a aprender PNL. Enquanto ouvia o que estava sendo dito, pensava constantemente em maneiras de aplicar a PNL em suas apresentações. Alguém poderia dizer que estava generalizando, porque ela estava baseando-se na experiência que tinha como instrutora. Em consequência disso, Sarah tinha "ganchos" nos quais podia pendurar seu mais novo aprendizado e por isso superou seus colegas estudantes, que ainda tentavam encontrar maneiras de dar sentido às informações.

Roma decidiu que não iria a galerias de arte porque, com exceção das pinturas dos moinhos holandeses e nuvens de Jacob van Ruisdael e as vistas de Veneza de Canaletto, achava a maioria das outras pinturas entediantes. Por essa razão, quase recusou um convite para ver o trabalho de Tamara Lempicka. Sorte dela que não o fez, pois achou as pinturas de Lempicka absolutamente encantadoras. Dessa forma, sua generalização sobre todas as galerias de arte serem monótonas poderia bem ter tornado sua vida mais pobre. Ela então descobriu que gostava um pouco da arte mongol, após se dar a chance de abrir sua mente. Você pode ver no Exercício 5-3 que Roma mudou seu comportamento em consequência de uma reflexão interior sobre como estava generalizando no contexto da arte. Felizmente, ela pode levar essa consciência para outras áreas de sua vida. Roma pode parar para fazer uma avaliação toda vez que perceber que está generalizando e decidir conscientemente se aceita a generalização ou faz uma exceção.

O Exercício 5-3 mostra como Roma analisou sua generalização.

Exercício 5-3	Análise de Roma Acerca de Sua Generalização
Minha generalização	Decidi que galerias de arte são monótonas.
Experiências em que estão baseadas minhas generalizações	Quando eu era criança, era arrastada para galerias na esperança de alargar meus horizontes.
Como talvez a minha generalização esteja me limitando	Eu poderia ter perdido as pinturas de Lempicka e nunca descobriria a Art Déco.
Exceções	Jacob van Ruisdael, Canaletto, alguma arte mongol.
Como posso me comportar de modo diferente	Não vou mais dizer "Não!" instantaneamente quando for convidada a visitar uma galeria. Eu sei quais os artistas de que não gosto, então serei exigente quanto aos convites que aceitar.

Encontre um momento tranquilo para pensar sobre como você generaliza.

Parte I: Preparando-se para a Jornada pela PNL

> ✔ Você arruma tempo para alguém só porque a pessoa é um ator ou atriz e você acredita que todos os atores são interessantes?
>
> ✔ Você evita a mulher que diz "Sou apenas uma dona de casa", achando que o único tema da sua conversa é seu marido e seus filhos?
>
> ✔ Você tem preconceito contra pessoas mais velhas, acreditando que qualquer um com mais de 45 anos está pronto para ser deixado de lado?
>
> ✔ Ou você tem preconceito contra os jovens, desvalorizando a opinião deles como não sendo válidas?

Quais são os seus "ismos" e outras generalizações? O Exercício 5-4 lhe dá uma oportunidade para explorar esse seu lado.

Exercício 5-4	Análise de Minhas Generalizações		
	Generalização 1:	*Generalização 2:*	*Generalização 3:*
Experiências em que estão baseadas minhas generalizações			
Como talvez a minha generalização esteja me limitando			
Exceções			
Como posso me comportar de modo diferente			

Combinação de omissões, distorções e generalizações

Omissões, distorções e generalizações não acontecem isoladamente. Elementos de cada uma delas estão na representação interna que você cria após filtrar a informação que absorve de seu ambiente. Pegue um exemplo de um comportamento que gostaria de analisar, ou opte por

Capítulo 5: Reconhecendo Filtros de Pensamento

nosso exemplo e observe como lê um jornal. À medida que passa os olhos pelas manchetes e avança, pare e descubra as omissões, distorções e generalizações que evitam que preste atenção àquele artigo. É porque você acha que *todos* (generalização) os políticos são ruins, porque são desonestos e *nunca* (generalização) dizem a verdade, de modo que você não irá ler seja lá o que *qualquer* (generalização) político diga? Dessa forma, você omitiu o fato de que talvez existam políticos honestos e distorceu apenas um aspecto de suas personalidades em apenas um contexto — a desonestidade —, e, assim, decidiu que qualquer um que seja político é ruim.

É fácil detectar generalizações por meio de palavras-chave tais como "todos", "nunca", "sempre", "tem que", "deveria". Você poderá identificar distorções quando se deparar com afirmações em que uma coisa é interpretada como sendo outra coisa, como no caso de os políticos serem ruins porque são desonestos ou serem desonestos porque são políticos. Algumas palavras que dão pistas para distorções são "causas", "resultar em", "se", "então", "porque". Quando estiver buscando omissões, procure escutar palavras como "superior", "melhor", "pior", "mais", "menos" e "pelo menos", porque essas palavras lhe dão o indicativo do que está sendo deixado de lado. Por exemplo, a afirmação "Políticos mentem melhor" sugere que existem mentirosos piores, mas quem são eles foi deixado de fora da afirmação. Da mesma forma, você pode ler nas entrelinhas de determinadas declarações, tal como "Políticos me deixam com raiva". Nesse caso, você pode identificar nas entrelinhas que as ações dos políticos o deixam com raiva.

Dot é uma solteira de 39 anos desesperada para achar um namorado. Algumas das palavras de sua história estão em itálico, apontando para as generalizações em sua fala do dia a dia.

> Eu *nunca* vou encontrar um homem com quem compartilhar minha vida. *Todos* os homens que encontro nos dias de hoje ou fogem de compromisso ou são viciados em trabalho, e *todos* os caras que encontro acham que sou bem feia.

A razão pela qual Dot está sendo bastante dura consigo mesma é porque, em um nível inconsciente, não acredita realmente que tenha tempo para um relacionamento. O Exercício 5-5 expõe as omissões, distorções e generalizações de Dot.

Parte I: Preparando-se para a Jornada pela PNL

Exercício 5-5	As Supressões, Distorções e Generalizações de Dot	
Omissões	*Distorções*	*Generalizações*
Não há homens que preencham meus requisitos para namorar. Eu não consigo ver os homens como amigos em potencial.	Com minha aparência, não vou conseguir um namorado.	Eu nunca vou encontrar um homem. Todos os homens são relutantes quando o assunto é compromisso ou são viciados em trabalho. Todos os caras me acham bastante feia.

Agora que você se exercitou para descobrir suas omissões, distorções e generalizações e leu as histórias e exemplos, escolha um problema de sua vida que gostaria de investigar melhor. Anote no Exercício 5-6 as omissões, distorções e generalizações que reconhece que experimenta em si mesmo.

Você encontra mais detalhes sobre como entender e trabalhar com as omissões, distorções e generalizações no Capítulo 14.

Exercício 5-6	Minhas Omissões, Distorções e Generalizações	
Omissões	*Distorções*	*Generalizações*

Transmitindo para Receber

A comunicação é um processo de mão dupla. No contexto do modelo de comunicação, você pode maximizar sua capacidade de se comunicar por meio de:

- Reconhecimento dos filtros da pessoa com a qual está se comunicando.
- Compreensão de seus próprios filtros de forma a que possa ajustá-los.
- Adaptação de sua linguagem a fim de que espelhe os filtros da outra pessoa.

O restante deste capítulo mostra como cada filtro — metaprogramas, valores, crenças, decisões e lembranças — o afetam e como você omite, distorce e generaliza em consequência da aplicação desses filtros de informação que recebe do mundo à sua volta. A seção seguinte escolhe um subconjunto de filtro do metaprograma para ilustrar como funciona especificamente na omissão, distorção e generalização dos dados que chegam e como isso afeta seu comportamento. Você pode alterar seus filtros no sentido de mudar os resultados que está obtendo ou deixá-lo como está, caso esteja satisfeito com os resultados.

Observando os metaprogramas interno / externo por dentro e por fora

Você possui filtros sob medida, chamados de metaprogramas, que filtram suas diversas experiências. A maioria dos metaprogramas funciona em uma escala variável, e você poderá se ver operando em diferentes pontos da escala, de acordo com sua situação. (Para saber mais sobre os metaprogramas, veja o Capítulo 8, "Influenciando com Metaprogramas"). Os metaprogramas internos/externos ditam se você prefere confiar em seu próprio julgamento (interno) em detrimento do julgamento de outras pessoas (externo) ou se está querendo ouvir e ceder ao ponto de vista de outra pessoa. A importância do metaprograma interno/externo está em reconhecer como você filtra a informação que está recebendo.

Em outras palavras, pode ser que você esteja omitindo informações valiosas e deixando para trás *feedbacks* por considerá-los sem importância. Quando você está consciente dessa tendência, pode ser útil se lembrar de manter a mente aberta. Um exercício simples é fazer uma anotação consciente para pesar os prós e contras da informação que está sendo apresentada, ao invés de ignorá-las. Uma maneira é usar alguém em quem confia como interlocutor e pedir para que banque o advogado do diabo, analisando os dois lados do argumento. Essa pessoa pode conseguir apontar se você está distorcendo a informação que passa simplesmente por acreditar que está sempre certo (*generalização*), o que pode levar a um mal-entendido.

Se você se encontrar na ponta do "externo" da escala, é provável que esteja regularmente buscando a opinião de outras pessoas e depende muito desse *feedback*. Assim, chegar a uma conclusão é mais difícil para você, porque está escutando demais às outras pessoas. Você pode mudar esse estado das coisas fazendo anotações sobre os momentos em que conseguiu chegar a uma decisão por conta própria e usá-los como plataforma para aumentar a confiança em si mesmo, permitindo que consiga separar o bom conselho do ruim.

Quando você está consciente de suas tendências internas/externas, pode treinar a si mesmo no sentido de ter uma mente aberta. Tente adquirir o hábito de sempre pesar os prós e contras da informação que está recebendo, em vez de descartá-las.

Quando você está em uma curva de aprendizado ou em uma situação nova, pode ser que se veja exibindo muito mais suas tendências "externas" — até que tome pé da situação e possa mudar para ter mais tendências "internas", porque aprendeu a confiar mais em si mesmo nesse novo campo de atuação.

Cassy trabalhava como secretária em um escritório de advocacia para uma grande empresa há seis meses, e apesar de se dar muito bem com seus patrões e colegas, se sentia insegura, já que não sabia realmente se estava indo bem ou não. Após ler o capítulo sobre metaprogramas em *Programação Neurolinguística Para Leigos*, Cassy percebeu que não era capaz de julgar como estava se saindo porque seu gerente não se mostrou muito disponível a lhe dar um *feedback* para que pudesse avaliar seu desempenho. Seu gerente operava mais do lado "interno" da escala e não sentia necessidade de conversar com Cassy sobre como estava se saindo, bem ou mal.

A atividade a seguir possibilita que você reconheça como os metaprogramas podem afetar seu comportamento e o que pode mudar dependendo da situação na qual você se encontra. Os exercícios 5-7 e 5-8 lhe dão a oportunidade de se autoexaminar e se compreender, e isso permite que você possa escolher sobre como se comportar.

Aproveite esta oportunidade para completar o Exercício 5-7 com:

> ✔ O contexto no qual está pensando sobre seu metaprograma interno. Por exemplo, você está no trabalho, onde sabe o que tem que fazer e se sente confiante, ou em casa, onde você é quem manda porque se sente seguro e no controle?

Capítulo 5: Reconhecendo Filtros de Pensamento — *101*

> ✔ Suas observações sobre por que acredita que seu comportamento seja mais interno. É por que vê a si mesmo não escutando ou ignorando o que lhe dizem?

Agora complete o Exercício 5-8 após refletir sobre onde "exibe" tendências mais "externas":

> ✔ Circunstâncias em que está mais na ponta "externa" da escala. Você, por exemplo, se vê operando na ponta externa da escala ao permitir que as pessoas o anulem quando está no trabalho, onde talvez tenha começado uma nova tarefa e não conheça as regras?
>
> ✔ Suas observações sobre por que acredita que é esse o caso. Reflita sobre o que faz com que se comporte de maneira diferente e como reconhece esse aspecto em si mesmo. Pode ser que esteja se comportando de uma forma mais "externa" porque se colocou em um pedestal ou porque valorize a experiência de alguém mais do que a sua própria. Você observa um comportamento diferente porque está mais quieto, já que escolhe antes ouvir a falar.

Ao fazer esses exercícios, identifique alguns dos efeitos positivos e negativos dos seus metaprogramas internos/externos na forma como processa a informação e se comporta. O modo como determina se o efeito é positivo ou negativo é medindo os resultados que obteve, em oposição aos objetivos que deseja. Por exemplo, leva mais tempo para você tomar uma decisão porque está ouvindo gente demais (negativo), ou você se desliga e simplesmente deduz o *feedback* das outras pessoas (negativo)? Talvez, se adotar um perfil mais "interno", você tome decisões mais rápido (positivo), ou quando falar, em vez de ouvir, consiga mais rápido os resultados que deseja (positivo). Assim, para cada um deles, avalie se acredita que o comportamento que está demonstrando como resultado de um metaprograma é bom ou ruim.

Exercício 5-7	Minhas Tendências Internas
O contexto:	
Onde estou na escala:	Interno Externo
Minhas observações sobre essa afirmação:	
Julgo essa tendência boa/ruim porque:	

Parte I: Preparando-se para a Jornada pela PNL

Exercício 5-8	Minhas Tendências Externas
O contexto:	
Onde estou na escala:	Interno ———————————————— Externo
Minhas observações sobre essa afirmação:	
Julgo essa tendência boa/ruim porque:	

Só por diversão e para ganhar um pouco mais de prática, escolha alguém que conheça bem e complete o Exercício 5-9, dessa vez anotando o que observa sobre a pessoa que escolheu.

Exercício 5-9	Minhas Observações de Tendências Internas/Externas
A pessoa e o contexto:	
Onde a pessoa está na escala:	Interno ———————————————— Externo
Minhas considerações:	

Se quiser que sua mensagem seja ouvida e você está falando com alguém que demonstra tendências "internas", use expressões tais como:

- "Em última instância, só você pode saber..."
- "Julgue por você mesmo"
- "Pese todos os fatos e decida"
- "A decisão recai sobre seus ombros"

Alguém que tenha uma inclinação mais para o "externo" talvez seja mais bem persuadido pelo que está sendo dito se você usar expressões tal como:

- "O consenso em termos de opinião é..."
- "Há milhares disto"
- "Os Jones acabaram de comprar uma aparelho maravilhoso"
- "Pesquisas mostram que..."

Descoberta de valores

Dina tem uma visão apaixonada sobre proteção animal e odeia a ideia do uso de animais em experimentos. Seu primo, Tim, trabalha para uma empresa farmacêutica e pratica a vivissecção. Apesar de inseparáveis quando eram crianças, as coisas mudaram entre Dina e Tim, e os encontros familiares podem ser bastante interessantes, para se dizer o mínimo, já que o debate entre os primos é com frequência acalorado e áspero. Os outros membros da família não conseguem entender por que cada um deles reage tão apaixonadamente sobre o assunto. "Valores", diria você? Sim! Dina e Tim têm valores claramente diferentes no que diz respeito a bem-estar e vivissecção de animais.

- Valores influenciam comportamentos
- Valores são usados para verificar se algo é bom ou ruim
- Valores podem motivar ou desmotivar

Seus valores são criados em diferentes etapas de sua vida por influências externas, tais como cultura, família, amigos e o que você vivencia em sua vida. Palavras que denotam valores incluem honestidade, verdade, honra, diversão e riqueza. Alguns desses valores podem mudar de acordo com o contexto, mas você carrega seus valores essenciais com você, seja lá que papel estiver desempenhando. Se diversão lhe for um valor fundamental, você desejará que ele permeie todos os aspectos de sua vida, seja no trabalho, enquanto descansa ou joga. Valores essenciais não são negociáveis, e se for forçado a encarar uma situação que não é divertida, provavelmente passará por ela profundamente infeliz. Contudo, se valoriza o divertimento, mas isso não é um valor fundamental, pode ser que esteja disposto a sacrificá-lo por um tempo a fim de atingir um objetivo em particular.

No caso de Dina e Tim, a causa do conflito entre os dois surgiu devido a uma diferença de valores. Debater-se contra seus próprios conflitos de valores pode levar a uma situação de muito estresse e infelicidade. Conflitos de valores podem aumentar quando se tenta viver segundo os valores e expectativas de outras pessoas, e que nem sempre encontram um eco em seus próprios valores.

Tara era contadora e tinha um alto salário. Ela tinha uma vida social muito agitada e perspectivas futuras sensacionais. Seus pais estavam muito orgulhosos dela e gostavam de falar a seus amigos e familiares sobre o grande potencial de sua filha. Mas logo Tara caiu doente, sentindo-se não realizada, cansada e apática, passando muito tempo chorando. Desesperada, Tara contratou um *coach*, que, entre outras coisas, ajudou-a a entender melhor quais eram seus valores com relação a trabalho e carreira. Tara acabou descobrindo que estava tentando viver de acordo com os valores de seus pais. E então decidiu tirar uma licença, durante a qual planejou uma mudança profissional. Atualmente Tara está trabalhando como contadora independente em uma instituição de caridade. Agora se sente realizada, saudável, feliz, e acredita que seu trabalho realmente faz a diferença. Ela não está mais ganhando tanto quanto ganhava antes e não tem mais tantas responsabilidades, mas como um alto salário e posição não eram fatores mobilizadores em sua vida, não se sentiu afetada. Infelizmente, já seus pais não ficaram muito impressionados e não têm muito a dizer sobre seu novo emprego e estilo de vida.

É possível que você se veja adotando valores diferentes, dependendo da área de sua vida. Por exemplo, pode ser que, para você, seja importante ser amada em um relacionamento romântico, mas não no ambiente de trabalho, onde alcançar o sucesso pode ser mais importante e a necessidade de amor nem mesmo entra na equação.

A seguir temos um método simples para detectar seus valores em uma área específica de sua vida.

1. **Pense em uma área de sua vida que você queira melhorar.**

2. **Faça uma lista do que é importante para você nesse contexto.**

Por exemplo, no contexto do trabalho, seus valores podem ser coisas tais como segurança laboral, dinheiro e perspectivas profissionais.

Determinados valores podem vir à mente muito rápido. À medida que reflete um pouco mais sobre o que é importante para você, pode ser que se depare com outro conjunto de valores emergindo.

3. **Enumere seus valores em ordem de importância.**

Pode ser que descubra que valores que emergiram mais tarde agora têm uma significação maior para você.

Se estiver com problemas para classificar cada valor na sua lista, imagine estar em um bote salva-vidas afundando rapidamente. Você precisa tornar o bote mais leve, e cada um dos valores é um saco pesado. Em que ordem você jogaria os sacos para fora?

Faça uma tentativa de trabalhar seus valores utilizando esse método anterior. Complete os sacos do Exercício 5-10 com os valores que lhe vêm à mente quando pensa no que é importante para você na área escolhida de sua vida. Você pode escrever a importância de cada um dos valores no topo do saco.

Capítulo 5: Reconhecendo Filtros de Pensamento

Exercício 5-10   **Trabalhando Meus Valores**

As áreas de minha vida:

O turbilhão de ideias que saírem do Exercício 5-10 podem acabar por formar um quadro um pouco bagunçado. Sendo assim, no Exercício 5-11 você poderá escrever seus valores ordenados dos mais importantes até os menos importantes.

Exercício 5-11   **Classificação de Meus Valores**

1. _____
2. _____
3. _____
4. _____
5. _____
6. _____
7. _____
8. _____
9. _____
10. _____

Seus valores agem como um filtro, fazendo com que suprima, distorça ou generalize acerca dos diferentes aspectos de sua vida. Dina e Tim, por exemplo, frequentemente acabam não escutando um ao outro (omissão), ou o que o outro diz pode gerar mal-entendidos (distorção). As generalizações de Dina podem soar algo como "Ah, lá vem ele com a velha ladainha sobre como as intervenções médicas podem salvar vidas", o que impede que saiba mais sobre a nova pesquisa em que Tim está trabalhando sobre o uso de ervas medicinais no bem-estar animal. Reflita sobre como os valores que você tem conduzem a omissões, distorções e generalizações em sua vida.

Ao aumentar sua compreensão sobre seus valores ou os de outra pessoa, você aumenta também as escolhas que tem na sua vida. Trabalhe naquela área de sua vida em que pode estar limitando a si mesmo e como pode inverter esse estado das coisas. Por exemplo, pode ser que você não seja extremamente amável com aquela conhecida que leva uma vida boêmia, mas ao conhecê-la melhor, e começando a respeitar seu estilo de vida, estará tecendo novas linhas em seu modo de pensar.

Utilize o Exercício 5-12 para refletir sobre seus valores e como os usa para omitir, distorcer e generalizar.

Exercício 5-12	Omissões, Distorções e Generalizações Criadas por Meus Valores
Como e o que omito por causa de meus valores:	
Como posso me comportar de forma diferente?	
Como e o que distorço em virtude de meus valores?	

Como posso me comportar de forma diferente?	
Como e o que generalizo em virtude de meus valores?	
Como posso me comportar de forma diferente?	

Reconhecendo Filtros Bloqueadores

Reconhecer o impacto que os filtros têm no modo como você processa a enorme quantidade de informações que recebe não é sempre fácil. Alguns de seus filtros podem ter um efeito fortalecedor — por exemplo, quando um sucesso recente lhe dá a confiança para abrir suas asas e subir um pouco mais alto. Mas o que se pode dizer sobre os filtros que o mantém fixado em um ponto, detendo seus sonhos e aspirações? Não seria ótimo calar a voz que diz "Da última vez que fez algo assim, você se magoou", ou mudar o foco de seu pensamento de "fracasso" para "lições aprendidas"? Esta seção pretende ajudá-lo a entender como filtros bloqueantes, tal como decisões e crenças que o limitam, podem impedir que veja o potencial de uma situação.

Alguns acontecimentos de sua vida podem fazer com que seu inconsciente elabore uma crença ou tome uma decisão por sua própria conta que pode limitar seu comportamento. Uma decisão que de alguma maneira limite seu comportamento é chamada de *decisão limitadora*. Uma crença que tenha um impacto negativo na sua vida é chamada de *crença limitadora* — por exemplo, uma frase como "o dinheiro é a raiz do mal" é uma crença que pode mantê-lo preso a uma situação de pobreza. O fato que criou a decisão ou crença limitadora está em sua memória, mas escondida de sua percepção consciente. Talvez você tenha que buscar ajuda profissional para ajudá-lo, caso a lembrança tenha criado alguns problemas. Nem todas as decisões ou crenças limitadoras precisam ser descartadas. Você acha que realmente importa se ama ou odeia jiló?

Se precisar resolver um problema, pode ajudar ler os Capítulos 10 e 13, que mostram como acessar lembranças esquecidas e livrar-se daquilo que as crenças e decisões limitadoras estiverem detendo em você.

Lena tem um método para escolher amigos. Ela tem amigos de longa data, pessoas com quem somente irá socializar quando se aposentar e amigos sem maiores consequências, que apenas estão passando por sua vida. Talvez sua decisão consciente seja ditada por uma decisão inconsciente que está escondida nas profundezas de sua memória. A questão é que pode ser que Lena esteja excluindo pessoas como amigos porque tem uma visão distorcida deles e os colocou no rol dos "amigos sem maiores consequências" devido a uma generalização. Isso pode soar bastante negativo para alguém que gosta de ter muitos conhecidos, mas talvez se adeque bem a Lena, que terá menos amigos, mas poderá apreciar um relacionamento mais significativo com eles.

Tudo neste livro tem a ver com a obtenção de uma melhor compreensão das pessoas e principalmente de si mesmo. O Exercício 5-13 o ajudará a avaliar como uma decisão que tomou tem impacto na sua vida. Se analisar conscientemente uma decisão e chegar à conclusão de que os resultados que está conseguindo não são satisfatórios, pode optar por se comportar de forma diferente, baseado em uma decisão mais empoderadora.

Exercício 5-13	**Omissões, Distorções e Generalizações Criadas por Minhas Decisões**
Minha decisão:	
Como omito em consequência dessa decisão?	
Como distorço em consequência dessa decisão?	

Capítulo 5: Reconhecendo Filtros de Pensamento **109**

Como generalizo em consequência dessa decisão?	
O efeito da decisão em minha vida é:	
Mudarei minha decisão para:	

Tara acredita que, pelo fato de a obesidade ser algo comum em sua família, não há chance de ela vir a ter um tamanho normal. Quando ouve sobre histórias bem-sucedidas de perda de peso, ela as desconsidera (omite), porque não acredita que funcionarão com ela. Sua distorção é a de que seu padrão genético a predispõe para ser gorda, e sua generalização é a de que dietas não funcionam para ela. Pelo fato de ela enxergar as mudanças de estilo de vida como dietas, omite a estas também.

Se puder reconhecer como uma crença está afetando sua vida, você terá a opção de mudar, se não estiver conseguindo os resultados que deseja (consulte o Capítulo 10 para saber mais). Use o Exercício 5-14 para refletir sobre como uma crença afeta o modo como omite, distorce e generaliza.

Exercício 5-14   Omissões, Distorções e Generalizações Criadas por Minhas Crenças

Minha crença:	

(continua)

Parte I: Preparando-se para a Jornada pela PNL

Exercício 5-14 (*continuação*)	
Como omito em consequência dessa crença?	
Como distorço em consequência dessa crença?	
Como generalizo em consequência dessa crença?	
O efeito dessa crença em minha vida é:	
Mudarei minha crença para:	

Alteração de Lembranças

Talvez você se lembre de Vincent Price, um ator que tinha uma voz maravilhosamente característica que se adequava com perfeição aos seus papéis em filmes de terror. Uma de suas jovens fãs viu todos os seus filmes e ficava arrepiada. Na verdade, o astro teve um tal efeito nela que, mais tarde, quando ela se tornou adulta, não conseguia nem mesmo assistir a programas de culinária sem que sentisse os mesmos arrepios de medo que tinha vivenciado muitos anos antes.

Lembranças podem ser filtros poderosos que afetam a forma como você vivencia o mundo, o modo como se comporta e os resultados que obtém. As memórias também estão intrinsecamente ligadas a outros filtros, tais como crenças e decisões.

Capítulo 5: Reconhecendo Filtros de Pensamento

Tal como com outros filtros, as lembranças podem também fazer com que você omita, distorça e generalize. Pense sobre viajar em um *trailer*. Se você se lembrar da sua primeira viagem em um *trailer* como sendo fria, úmida e claustrofóbica, há uma grande chance de que exclua um site sobre viagens em *trailers* da sua lista de roteiros de viagem. A distorção pode ser de que férias em *trailers* são desagradáveis, porque seu único foco é no frio, na umidade e na claustrofobia, e sendo esta uma conclusão tirada sobre uma única viagem de férias, você generaliza, assim, que todas as viagens em *trailers* deveriam ser evitadas.

Se, por outro lado, tudo de que consegue se lembrar é da camaradagem, dos jogos e do tempo passado com sua família, pode ser que exclua outros roteiros de viagem, distorcendo a lembrança ao esquecer do tempo ruim, focando na diversão e generalizando que viajar de *trailers* é divertido.

Reconhecer que sua memória afeta seu comportamento lhe dá a chance de fazer ou não uma exceção conscientemente, dependendo dos resultados que deseja em sua vida. O propósito do Exercício 5-15 é lhe dar uma oportunidade de analisar sua memória — feliz ou não — e avaliar como ela afeta o modo como omite, distorce e generaliza dados que chegam a você por meio de seus sentidos. Se sua lembrança é feliz, talvez você decida que precisa mudar seu comportamento para pensar nessa memória com mais frequência ou quando estiver estressado ou triste.

Exercício 5-15	**Omissões, Distorções e Generalizações Criadas por Minha Memória**
Minha lembrança:	
Como omito em consequência dessa lembrança?	
Como distorço em consequência dessa lembrança?	

(continua)

Parte I: Preparando-se para a Jornada pela PNL

Exercício 5-15 (*continuação*)

Como generalizo em consequência dessa lembrança?	
O efeito dessa lembrança em minha vida é:	
Mudarei meu comportamento para:	

Segundo Sir Francis Bacon, "conhecimento é poder", e neste capítulo você recebeu o conhecimento de que precisa para mudar seu modo de pensar e de se comportar. Da próxima vez que se encontrar com dificuldades para passar sua mensagem, pondere se seus filtros e os filtros das outras pessoas estão colidindo. Lembre-se, você pode tanto se permitir ser magnânimo no seu trato com os outros quanto gerenciar sua mais nova habilidade com capacidade e elegância.

Parte II
Conectando-se com o Mundo

"Sinto que você está ficando mais defensiva e inalcançável ultimamente."

Nesta parte...

Você está progredindo na compreensão de suas preferências pessoais no sentido de como cria seus pensamentos na forma de imagens, sons e sentimentos. À medida que se comunica de maneira mais eficiente consigo mesmo, incrementa suas habilidades pessoais para estabelecer rapport. Em particular, começa a ouvir com mais eficiência e a adaptar seu estilo para se conectar mais rapidamente com colegas, amigos e família.

Capítulo 6

Ver, Ouvir e Sentir

Neste Capítulo
▶ Utilizando seus sentidos para descobrir suas preferências VAC
▶ Descobrindo sua preferência VAC principal
▶ Reconhecendo as preferências VAC em outras pessoas
▶ Resolvendo problemas com pistas de VAC
▶ Acelerando sua comunicação
▶ Analisando padrões

"*É* preciso muito pouco para se ter uma vida feliz. Está tudo dentro de você, no modo como pensa", escreveu Marco Aurélio, imperador romano, em suas *Meditações*, que remontam ao ano de 161 d.C. Sábias palavras, ainda que os pensamentos possam ser um pouco escorregadios quando tentamos mantê-los sob controle.

Neste capítulo você descobrirá as melhores maneiras de controlar seu pensamento e reconhecer como pequenas mudanças podem fazer uma enorme diferença para você. Ao confrontar-se com seus pensamentos, poderá cultivar relacionamentos incríveis com as pessoas e também se sentir melhor consigo mesmo.

Também o ajudaremos a chegar ao fundo de um dos fundamentos da PNL — sua *acuidade sensorial* —, que é como você absorve informações por meio de seus sentidos e a qualidade de sua consciência sobre o que percebe.

Detectando as Preferências VAC

A PNL, que é o estudo de suas vivências interiores, pressupõe que suas experiências são o resultado do que você vê, ouve, sente, cheira, toca e experimenta pelo paladar. A PNL sugere que você cria um *sistema representacional* favorito, que provavelmente é predominantemente *Visual*

(visão), *Auditivo* (escuta) ou *Cinestésico* (sentimentos, movimentos ou toque). Na PNL eles são chamados de suas preferências VAC.

Está pronto para descobrir qual é sua preferência VAC? Comece indo para um espaço confortável, onde possa se sentar e relaxar. Neste exercício, sua missão é ampliar a consciência de seus sentidos e simplesmente aproveitar o prazer de se conectar com eles.

Utilizando o Exercício 6-1, tente se lembrar da última vez em que esteve em um lugar público movimentado. Escolha um lugar onde coisas estejam acontecendo — uma recepção de escritório, uma estação de trem ou posto de gasolina, uma sala de espera de um consultório médico ou um *shopping center*. Relembre esse lugar o mais vividamente possível, trazendo cada um de seus sentidos completamente à tona:

- **Olhe** as imagens que surgem para você. Observe as cores e as formas. Permita que as imagens ganhem vida.
- **Escute** os sons. Sintonize-se com os barulhos que escuta, tais como vozes ou música, barulho de construção e batidas, bem como o som da própria voz na sua cabeça.
- **Sinta** como é voltar para o lugar que está visualizando. Qual é a temperatura, quais são as texturas ao se sentar ou as superfícies que toca? Observe a atividade física. Você está experimentando alguma conexão emocional com esse lugar?
- **Inale** o ar para perceber os cheiros.
- **Observe** se o lugar está trazendo algum **gosto** em particular para a sua boca.

Esteja atento para o que é especial sobre cada um desses sentidos, anotando suas observações no Exercício 6-1. Em seguida, escreva qualquer outra ideia importante que lhe ocorra. Esses pensamentos adicionais desencadeiam outras lembranças ou o fazem pensar sobre tomar alguma atitude em particular?

Exercício 6-1 Meu Exercício de Consciência Sensorial

Acontecimento relembrado:	
Visões:	

Capítulo 6: Ver, Ouvir e Sentir   *117*

Sons:	
Sentimentos, toque e movimento:	
Cheiros:	
Gostos:	
Enquanto estiver vivenciando a ação que está acontecendo no lugar, observe qual é o sentido que percebe estar mais forte, se é que há algum:	
Outras sensações de que toma consciência:	

Armado com essa elevação da consciência de seus sentidos, você poderá começar a observar qual, se é que há algum, sentido é o mais fácil de acessar — este é um indicador de sua preferência VAC. Por exemplo, você acha fácil observar os sons, mas pena para perceber as visões?

O objetivo de elevar sua consciência sensorial é expandir seus poderes de observação e com isso conseguir melhorar suas experiências ao flexibilizar suas outras preferências. Você pode encontrar maneiras pelas quais pode limitar suas experiências e habilidades ao concentrar-se em um sentido para que outro seja excluído. Por exemplo, quando joga tênis, se você nunca notasse o som quando a bola bate em sua raquete, poderia perder um dos aspectos que o ajudam a melhorar seu jogo.

O Exercício 6-2 o ajudará a fazer uma rápida verificação acerca de seus sentidos VAC fundamentais para que possa decidir quais deles prefere acessar, além de armazenar informação mentalmente. Para cada pergunta, considere se responderia "nunca", "às vezes", "frequentemente" ou "sempre", e dê a si mesmo uma nota em uma escala de 0 a 10, sendo que 0 corresponde a "nunca" e 10 a "sempre". Depois que der uma nota a si mesmo em cada pergunta, totalize sua pontuação para os sentidos visual, auditivo e cinestésico.

Exercício 6-2   Minha Classificação de Preferências VAC

Visual

Ao entrar em um cômodo, o quão consciente você está com relação às cores, ao design dos móveis e aos quadros nas paredes? _____

O quanto é importante para você ter uma aparência atraente, em particular com relação a suas roupas, cabelo e cuidado com a pele? _____

Quando pensa em um amigo ou conhecido, o quão claramente consegue imaginá-lo? _____

Quando planeja seu trabalho, você gosta de ver isso no papel? _____

Nota total da preferência visual: _____

Capítulo 6: Ver, Ouvir e Sentir   *119*

Auditivo

O quão bom você é para detectar o humor de alguém somente pelo som da voz?

Você nota os níveis de som no seu ambiente?

Com que frequência gosta de trocar ideias com outras pessoas mais do que ler uma mensagem ou documento eletrônico?

Quando está trabalhando, gosta de ler relatórios, livros e documentos?

Nota total da preferência auditiva:

Cinestésico

Você costuma perceber texturas e sentir os materiais e superfícies ao seu redor?

O quanto você gosta de meter a mão na massa em projetos práticos?

Com que frequência você ouve a sua intuição sobre um problema e segue essas sensações?

O quão bom é você para reconhecer seus próprios humores e os humores das outras pessoas ao seu redor?

Nota total da preferência cinestésica:

Se por acaso descobrir que suas notas de preferências VAC são baixas em uma ou mais de três áreas VAC, pense em maneiras de desenvolver sua consciência na área em questão. Por exemplo, se perceber que não é bom ao julgar como alguém está se sentindo pelo seu tom de voz, pratique ouvindo atentamente à fala da pessoa durante sua próxima conversa. Se seu trabalho envolve conversar com as pessoas pela maior parte do dia, pense conscientemente sobre como está se movendo fisicamente — talvez possa começar a ter aulas de dança para ajudar na sua linguagem corporal.

Use o Exercício 6-3 para se programar para três ações que possam desenvolver suas preferências VAC que obtiveram notas baixas.

Parte II: Conectando-se com o Mundo

Exercício 6-3 — Exercício para Desenvolver Minhas Outras Preferências VAC

As três principais ações que visam desenvolver minhas preferências VAC menos dominantes são:

1.

2.

3.

Fortalecendo suas conexões com as preferências VAC

Você pode estar se perguntando: "Por que todo esse estardalhaço em torno do VAC?". A resposta é que assim que compreender suas preferências VAC, você irá adquirir a habilidade para formar laços com as pessoas rapidamente e se comunicar com eficiência.

Seu sistema preferido ecoa no modo como escolhe as palavras, e dessa forma a linguagem fornece pistas para as preferências VAC. Por exemplo:

- Se sua preferência for visual, é provável que diga "Deixe-me *ver* isto".

- Se sua preferência for auditiva, é provável que diga "Deixe-me *falar* sobre isto".

- Se sua preferência for cinestésica, é provável que diga "Deixe-me *sentir* isto".

Sintonizar com a VAC é o primeiro passo para entender suas próprias preferências e as das outras pessoas — suas preferências correspondentes. Você pode se tornar um especialista em comunicação ao adaptar seus padrões de linguagem para se conectar com outras pessoas. Uma das pressuposições da PNL (consulte o Capítulo 2) é a de que *a pessoa com a maior flexibilidade pode controlar o resultado de qualquer interação*.

Embora você possa ter uma preferência por um sentido sobre outro, não há nada de mal em avaliar seus outros sentidos. Ao experimentar diferentes ângulos, você obtém diferentes — e muitas vezes agradáveis e surpreendentes — resultados. Albert Eistein dizia que não resolvemos problemas com o mesmo pensamento que os criaram. Uma maneira de mudar seu modo de pensar é aumentar a consciência de seus diferentes sentidos e praticar outras preferências. Tente elevar sua consciência e assim fazer extraordinários avanços com seu pensamento.

Observando preferências de linguagem

As pistas para seus sistemas representacionais preferidos estão na linguagem que você usa em seu cotidiano. A Tabela 6-1 lista algumas palavras e frases específicamente sensoriais que podem soar familiares, conhecidos na PNL como *predicados*. Dê uma olhada na Tabela 6-1, verificando quais palavras parecem, soam ou lhe dão a sensação de serem corretas. À medida que percebe quais palavras você mesmo provavelmente utiliza, você amplia o entendimento de suas próprias preferências e também começa a notar como outras pessoas usam a linguagem.

Tabela 6-1	Palavras e Frases VAC	
Visuais	*Auditivas*	*Cinestésicas*
Brilhante, em branco, claro, colorido, turvo, focado, gráfico, iluminado, percepção, luminoso, perspectiva, visão	Argumentar, perguntar, surdo, discutir, alto, harmonia, melodia, direto, questionar, ressoar, dizer, gritar, agudo, cantar, contar, tom, expressar, vocal, berrar	Frio, pulo, entusiasmado, sentir, firme, fluir, pegar, movimento, intrometido, sólido, estalar, tocar, esmagar, peso
Parece que...	A pergunta crucial que estamos todos fazendo é...	Dirigir uma organização

(continua)

Tabela 6-1 (*continuação*)

Um vislumbre da realidade	É o que você diz	Nós reformulamos o trabalho
Nós cuidamos de nossos interesses	Escutei isso da sua boca	Movendo-se
Esta é uma nova maneira de ver o mundo	Isso fala ao coração	Bateu à porta
Agora olhe aqui	Um som muito claro e límpido	Sentir isto
Isto é nítido	Literalmente	Lidar com
Mostre-me o que quer dizer	Estamos em sintonia	Sólido como uma rocha
Visão do túnel	Sintonize com isto	Dê um passo de cada vez
Colírio para os olhos	Música para meus ouvidos	Um obstáculo

Muitas palavras em seu vocabulário são "neutras" e, portanto, não lhe dão nenhuma indicação de preferências VAC. Palavras como "pense" ou "ideia" são neutras, ainda que possam desencadear imagens, sons ou sentimentos nas diferentes pessoas com quem você fala, de acordo com o significado que elas dão às suas palavras. Pode ser que obtenha pistas para as preferências de outra pessoa ao observar como sua linguagem corporal muda em consequência do uso de determinadas palavras ou desconbrindo predicados na sua resposta, como poderá ver na seção mais adiante, "Detectando Padrões".

Uma ótima forma de se familiarizar com o vocabulário especificamente sensorial é sintonizar as notícias pelo rádio e sentar-se tranquilamente com uma caneta e papel, anotando todas as palavras e frases especificamente sensoriais que escutar. Dessa forma você aumenta sua habilidade de ouvir com mais atenção a qualquer um com quem quiser se comunicar melhor. Experimente ouvir as notícias por uma semana, ou qualquer um de seus programas de rádio favoritos, ou simplesmente escutar a televisão com seus olhos fechados (contanto que não comece a dormir!). No Exercício 6-4, escreva as palavras e frases especificamente sensoriais que observar, destacando as palavras que deseja acrescentar aos seu vocabulário para ajudá-lo a se relacionar com pessoas que tenham preferências VAC diferentes. A próxima seção, "Combinando e se Movimentando por meio de Preferências VAC", fala sobre como se relacionar com toda a gama de preferências.

Exercício 6-4	Questionário do Noticiário para Melhorar Habilidades
Palavras e Frases de VAC	**Minhas Palavras e Frases Favoritas**
Visual:	
Auditivo:	
Cinestésico:	

Use suas palavras e frases favoritas para expandir seu repertório de preferências VAC. Durante seus encontros, jogue com palavras e frases que apareçam e que estejam relacionadas com todas as preferências VAC na conversa para incluir os estilos preferidos de todos os presentes. Tente usar palavras e frases VAC quando escrever e-mails, cartas ou documentos, para variar sua abordagem. Mantenha a lista de palavras do Exercício 6-4 em um lugar de fácil acesso quando fizer telefonemas para ajudá-lo a se sintonizar e se conectar com as pessoas de uma forma produtiva.

Observe que sistema representacional aparece mais naturalmente para você e parece mais confortável. Reflita então sobre como você pode ampliar seu vocabulário VAC ainda mais, de modo que faça com que se torne um comunicador mais profundo. Continue consultando e aumentando a sua lista de palavras e frases e assim poderá usá-las em um encontro ou alguma apresentação importante, já que o uso de seu vocabulário VAC fará uma grande diferença para você.

Combinando e se Movimentando por meio das Preferências VAC

Quando você está conversando com amigos, colegas ou pessoas a quem ama, sente que algumas vezes eles estão ouvindo atentamente e respondem ao que diz, mas há momentos em que sente como se estivesse falando para uma parede? Ou se lembra daquele professor que fisgava sua imaginação, fazendo com que conseguisse entender uma questão imediatamente, enquanto um outro professor, embora um especialista na matéria, o deixava pensando que era de outro planeta toda vez que tentava passar sua mensagem? O que acontecia aqui?

A PNL coloca muita importância nos princípios de *compassar e conduzir*, o que significa que você precisa primeiro entrar em compasso com alguém no modo como se comporta antes que possa conduzi-lo ao que quer que ele escute e responda. *O compassar* diz respeito a prestar uma atenção especial não apenas ao que as pessoas estão dizendo, mas a como elas estão expressando seus pensamentos por meio de sua linguagem, padrões, gestos e tom de voz.

Uma ótima maneira de seguir o ritmo das pessoas é observando seus sistemas representacionais predominantes e responder a eles utilizando o mesmo sistema. Essa ritmização é uma forma de combinação. Você pode ler mais sobre isso no Capítulo 7, onde encontra maneiras de desenvolver suas habilidades de rapport.

Estabelecer um ritmo por meio de combinações é como usar os mesmos programas de computador que a pessoa com quem você está se comunicando. Talvez você tenha uma formação em Finanças e goste de ter seus documentos em planilhas de excel, mas já seu colega, que tem uma formação em Letras, prefere os documentos em Word. Se quiser se conectar com seu colega rapidamente, pode incialmente enviar informações em documentos do Word. Você precisará entrar no ritmo em que ele estiver antes que possa levá-lo a aceitar sua preferência pelas planilhas de excel.

Após descobrir como combinar uma preferência VAC, você pode tentar se descompassar ao olhar para as diferenças quando põe a liguagem em jogo a partir das outras preferências VAC.

Quando se descompassa alterando suas palavras para um sistema representacional diferente, pode ao mesmo tempo se manter em acordo com a pessoa com quem está falando, mas também começar a afrouxar a conexão com ele de uma forma educada. Isso pode ser útil quando quiser terminar uma conversa sem parecer rude, ou se simplesmente quiser testar se consegue adivinhar sua preferência VAC.

Por exemplo, na afirmação "O tempo está claro e ensolarado", observe as palavras visuais *claro e ensolarado.* Uma frase visual que a complementa seria: "Quando olho lá fora, posso ver que está claro" (visual).

Por outro lado, uma afirmação em descompasso seria: "Sinto como se estivesse quente demais para respirar" (cinestésico – movimento ou sentimento).

Outra afirmação de descompasso poderia ser: "Todos estão falando sobre o brilho do sol. Até mesmo as abelhas estão zunindo de felicidade" (auditivo).

O Exercício 6-5 lhe dá a oportunidade de praticar as preferências de combinação e descompasso. O exercício eleva sua flexibilidade nas diferentes maneiras de usar a linguagem VAC e alarga o escopo no qual você poderá se comunicar efetivamente.

Exercício 6-5 — Combinando e Descompassando a Linguagem

Exemplo Auditivo: Me parece que conversamos sobre todos os pontos-chave.

Afirmação para combinação:

Afirmação de descompasso 1:

Afirmação de descompasso 2:

Exemplo Cinestésico: Não consigo compreender como o sistema parou novamente.

Afirmação para combinação:

Afirmação de descompasso 1:

Afirmação de descompasso 2:

Exemplo Visual: Minha perspectiva sobre isso mudou à medida que mais evidências vieram à luz.

Afirmação para combinação:

Afirmação de descompasso 1:

Afirmação de descompasso 2:

Dessensibilização da VAC

À medida que você se aprimora na aplicação da PNL, começa a perceber que pensar levando seus sentidos em consideração é algo muito valioso. Assim que descobrir como jogar com imagens, sons e sentimentos, pode aumentar sua habilidade para resolver problemas, mudar seu comportamento, melhorar seus relacionamentos e fazer escolhas sobre como pensar cada área de sua vida.

Há alguns anos Gina vem sofrendo de uma forma leve de zumbido, uma doença que causa um tinido constante ou outros ruídos no ouvido. Essa situação faz com que ela tenha muitas noites inquietas. Como a maioria dos que sofrem da doença, Gina aprendeu estratégias para lidar com o tinido, mas não existe nenhuma cura evidente para a doença. Quando Kate pediu a Gina para descrever como o tinido a afeta, esta disse: "É pior à noite, quando tudo está *silencioso*, ou nos momentos em que há muito *barulho* ao meu redor. É melhor quando eu *finjo não ver que o problema existe* ou *ponho meu foco em outra coisa*. Assim, me *sinto* bem". (Os predicados de Gina que indicam suas preferências de VAC estão em itálico).

Observe pelos predicados que Gina usa como ela alterna entre os sistemas representacionais (para relembrar o que são predicados, volte à seção anterior, "Observando preferências de linguagem"). Ela fala sobre as piores experiências com o tinido em palavras de caráter auditivo (silencioso e barulho), que são apropriadas para problemas de audição. Mas, nos melhores dias, Gina troca para o modo visual (ver e foco) e para a linguagem cinestésica (fazer e sinto). Pistas sobre como ela pode aliviar seus sintomas estão contidas na linguagem que utiliza. Na verdade, quando Gina toma consciência de sua estratégia natural de mudar para o campo visual, passa a adotar mais atividades visuais para se dessensibilizar dos incômodos barulhos de zumbido.

Por enquanto, brinque alternando entre os três principais sistemas representacionais a fim de se dissociar ou se distanciar de um problema. Para a PNL, quando você reconhece que um problema existe, a dissociação é válida para que consiga remover a intensidade dolorosa dele e para conseguir rapidamente um sentido de melhor equilíbrio quando se sentir sobrecarregado. Não vale a pena persistir com muita intensidade ou por muito tempo nos aspectos dolorosos da situação e reforçar a experiência negativa.

Para se beneficiar da dessensibilização da VAC, pense sobre um problema que estiver enfrentando. Pode ser um problema de saúde recorrerente, tal como o de Gina, uma irritação sem grandes consequências ou alguma área de sua vida em que está empacado.

Então descreva o que está acontecendo com você, observando se está vivenciando o problema de uma maneira predominantemente visual, auditiva ou cinestésica. Depois observe qual foi a preferência menos utiizada a fim de destacar possíveis soluções sem se utilizar dos outros sentidos mais dominantes. Isso pode ajudá-lo a encontrar novas perspectivas, nas quais não havia pensado antes.

No Exercício 6-6, você poderá acompanhar a solução que Anna encontrou para se dessensibilizar de um problema. No trabalho, ela entra em pânico toda vez que seu chefe pede que coloque suas ideias no papel. Toda vez que ouve a voz dele pedindo que escreva sobre suas ideias no trabalho, começa a sentir calor e a se atrapalhar, o que faz com que não consiga escrever nem digitar nada.

Exercício 6-6   Dessensibilização do Sistema VAC de Anna

O problema: Documentar ideias no trabalho

Qual sistema representacional desencadeia o problema?

Auditivo: O som da voz do chefe de Anna e ouvir o pedido desencadeiam os sentimentos negativos, acarretando uma resposta cinestésica de sentir calor e se desconcertar e, assim, se sentir incapaz de usar seus dedos para digitar ou escerver.

O sistema representacional menos usado:

Visual: Não faz sentido que haja nenhuma imagem fortemente visual aqui.

As três possíveis soluções de Anna para o sistema representacional visual que foi menos usado:

1. *Começar desenhando um gráfico ou buscar imagens que ilustrem a mensagem.*

2. *Ir para um espaço tranquilo, colocar post-its em um flip chart e elaborar um código de cores para as notas, a fim de colocar minhas ideias em ordem.*

3. *Inventar personagens de quadrinhos com caras engraçadas e desenhar a história como se fosse uma tirinha.*

Agora use o Exercício 6-7 para elaborar possíveis soluções dessensibilizadoras para o seu próprio problema.

Parte II: Conectando-se com o Mundo

Exercício 6-7   Minha Dessensibilização do Sistema VAC

O problema:

Qual sistema representacional desencadeia o problema?

O sistema representacional menos usado:

As três possíveis soluções para o sistema representacional que foi menos usado:

1.

2.

3.

Aumentando o Entusiasmo

Você já observou alguma vez como algo interessante acontece à linguagem que as pessoas usam quando são apaixonadas com relação a um assunto e se sentem fortemente mobilizados? A linguagem da pessoa se torna automaticamente mais rica e se enche daquelas maravilhosas palavras especificamente sensoriais — tais como os verbos repletos de ação e os adjetivos vívidos — conhecidos em PNL como *predicados*.

Nosso exemplo favorito é o famoso discurso de Martin Luther King "Eu tenho um sonho", proferido por ele nas escadarias do Lincoln Memorial, em Washington, em 28 de agosto de 1963. Todos os parágrafos reúnem alguns predicados VAC. O discurso possui frases como "grandes *faróis de luzes* de esperança para milhões de escravos negros, que foram *marcados pelas chamas da injustiça desmoralizadora*" e "quando permitirmos que a liberdade *ressoe*, quando deixarmos que *ressoe* em cada vilarejo e povoado, em cada estado e cidade".

Da próxima vez que você ouvir um discurso ou assistir a um em uma reportagem de jornal, escute e observe com cuidado a linguagem. Decida você mesmo se o fato de haver muitos predicados faz com que o discurso seja mais convincente.

Jonathan é apaixonado por plantas tropicais. Ao longo dos anos, ele projetou e cultivou muitos jardins deslumbrantes para seus clientes. Recentemente, Jonathan aceitou o desafio de coordenar a implementação de um jardim de exposição para uma das mais prestigiadas exibições de horticultura do Reino Unido. Durante muitos anos ele recusou convites para se envolver com esse tipo de evento, pois tinha a sensação de que seria extremamente estressante plantar e cultivar centenas de plantas para serem exibidas em condições máximas na hora da exibição. Desta vez, Jonathan estava surpreso com a energia que ele estava ganhando com a experiência, ao se ver com a adrenalina em "alta". "Era como se eu estivesse tomando algum tipo de substância ilegal!", disse ele. "Todos os meus sentidos haviam se elevado a um nível de consciência completamente diferente após três dias de cultivo e *assistindo* aos outros jardins tomarem *forma*. Quanto mais eu *olhava* para os jardins, *mais brilhantes as cores e as formas* dos arbustos e árvores ficavam, eu estava completamente *sintonizado com todos aqueles ruídos e sons* da água correndo, e o *perfume* das rosas era *intoxicante. Ao tocar os pedregulhos, sentia* meu corpo incrivelmente *leve e estimulado*. Sim, eu faria tudo novamente. Agora fui *fisgado*, e a exibição está *firmemente fixada* na minha memória... a conquista *teve um gosto doce*."

Quando quiser passar uma mensagem de forma a que as pessoas se sintam motivadas e inspiradas pelo que você diz:

1. Rascunhe algumas frases introdutórias para o seu discurso.

Seu primeiro esforço provavelmente será incluir alguns predicados e algum linguajar neutro que não seja especificamente sensorial.

2. Reescreva o parágrafo introdutório usando uma forte mistura de predicados, assegurando-se de usar palavras visuais, auditivas e cinestésicas.

Mas se quiser acrescentar palavras que denotem gosto e cheiro, melhor ainda.

3. Escreva e desenvolva o restante de seu discurso usando o que descobriu sobre a linguagem VAC de maneira a que o discurso fique atraente.

O Exercício 6-8 permite que você sinta o gostinho de perceber como escrever uma introdução carregada por predicados é algo que funciona.

Mel quer encorajar seus colegas a reciclarem mais o lixo do escritório. O Exercício 6-8 mostra como ela revisou suas observações iniciais a fim de incluir mais predicados VAC. (Os predicados estão em itálico em ambos os rascunhos, mas observe como poucos predicados são incluídos no primeiro rascunho, em que a maior parte do vocabulário é neutro).

Parte II: Conectando-se com o Mundo

Exercício 6-8	Exercício de Articulação do Entusiasmo de Mel
Primeiro rascunho:	Meu assunto hoje é sobre *reciclagem* no escritório. A principal razão pela qual me entusiamo pela *reciclagem* é porque temo que estamos *destruindo* o planeta para as futuras gerações e acredito que temos realmente a responsabilidade de cuidar do nosso planeta. A reciclagem é muito importante para que não haja um desperdício de árvores e *gastemos* um precioso combustível em caminhões de coleta de lixo. Há um benefício para todos também quando *lavamos* nossas latas e garrafas vazias.
Novo rascunho com predicados:	Vamos olhar hoje para o tema da *reciclagem* no escritório. Acabe com o *blá, blá, blá e movimente-se* a fim de apoiar uma mudança para a *reciclagem*. Quando *enxergarmos* o que está acontecendo e *lidarmos* com isso, poderemos *nos livrar dos medos e parar de destruir* o planeta para as gerações futuras e *assumir uma responsabilidade verdadeira de cuidar dele*. É preciso parar de *cortar* árvores e *queimar* um precioso combustível em caminhões coletores de lixo. *Imagine* também os benefícios para todos se *lavarmos* nossas latas e garrafas vazias depois de *comer e beber*. Teremos até um *cheiro mais agradável* por aqui. Tudo o que foi dito até agora está *claro?*

O Exercício 6-9 lhe oferece a oportunidade de escrever sua própria mensagem e fortalecê-la com o uso de predicados.

Exercício 6-9	Meu Exercício de Articulação do Entusiasmo
Primeiro rascunho:	

Capítulo 6: Ver, Ouvir e Sentir **131**

Novo rascunho com predicados:	

Detectando Padrões

Em *Programação Neurolinguística Para Leigos* apresentamos o conceito da PNL de *pistas visuais de acesso*, que consiste na ideia de que você move seus olhos de acordo com o sistema representacional que está acessando. Prestar atenção ao movimento dos olhos lhe dará pistas tais como se a pessoa está pensando em termos de imagens, sons ou sentimentos e movimentos. (Lembre-se de que *cinestésico* se refere tanto a experiências emocionais quanto a movimentos.)

A Figura 6-1 está disposta como se você estivesse olhando para o rosto de outra pessoa e mostra como poderá ver o movimento dos olhos da pessoa em resposta a algo que você pergunta. (Isto é como você veria em geral, para uma pessoa destra, mas a imagem pode ser revertida para uma pessoa canhota.) Se perguntar à pessoa sobre seu amigo preferido, pode esperar que os olhos da pessoa se movam para cima e para a esquerda dela, demonstrando que está pensando visualmente e trazendo à mente a imagem de seu amigo. Se os olhos da pessoa se movem para baixo e para a esquerda dela, pode-se esperar que a pessoa esteja falando consigo mesma sobre a sua pergunta, realizando seu próprio diálogo auditivo interno.

Parte II: Conectando-se com o Mundo

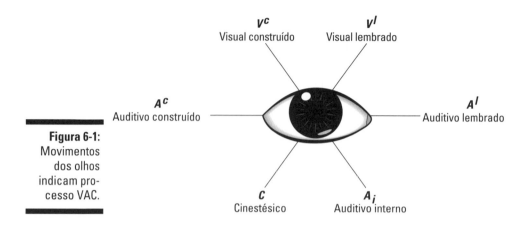

Figura 6-1: Movimentos dos olhos indicam processo VAC.

Você pode continuar com o trabalho de detetive analisando qual é o sistema representacional que alguém está usando. Observe uma pessoa dos pés à cabeça, reparando em como seus olhos estão se movimentando, o tom e ritmo da sua voz, o modo como respira e sua postura geral — utilizando as pistas de acesso.

A Tabela 6-2 é um mapa resumido de pistas de acesso. Ela estabelece os diferentes padrões associados com cada sistema representacional.

Prestar atenção às pistas de acesso permite que você tenha mais informações não verbais sobre as pessoas, em acréscimo ao que consegue detectar das palavras expressadas oralmente.

Tabela 6-2		Resumo das Pistas de Acesso	
Sistema Representacional VAC	*Olhos*	*Voz*	*Corpo e Respiração*
Visual	Olhar para cima, à direita e à esquerda.	Rápida, alta e clara.	Tenso, postura ereta. Respiração curta na parte de cima do peito.
Auditivo	No meio, olhando de lado a lado.	Olhar para baixo e para a esquerda indica que a pessoa está envolvida em um diálogo interno.	Ritmo mediano, muitas vezes ritmado e variado no colorido e no tom. A cabeça se inclina para o lado em uma "posição de falar ao telefone". Respiração uniforme desde a cavidade mediana do peito.

Capítulo 6: Ver, Ouvir e Sentir **133**

Cinestésico	Olhar para baixo — normalmente para a direita.	Com frequência lenta, suave e profunda, com pausas frequentes.	Tendência à postura caída. Respiração aprofundada desde o abdomen.

Observando sua assistente Fenella, você nota que seus olhos permanecem em uma linha mediana, sua voz apresenta muita variedade e ritmo, e as inclinações de sua cabeça para o lado fazem com que chegue à conclusão de que a sua preferência mais provável seja a auditiva.

Use o Exercício 6-10 para seguir pistas das pessoas com quem anda frequentemente, concentrando-se nas pessoas cujas preferências seriam úteis conhecer. Não as descarte caso esteja achando difícil encaixar as pessoas em uma ou outra categoria. Simplesmente use as pistas como uma forma de prestar muito mais atenção a seus amigos e família. Ao mesmo tempo, você estará aguçando suas habilidades para ouvir ainda mais primorosamente do que antes.

Exercício 6-10   Meu Exercício de Observação das Pessoas

Nome	*Olhos*	*Voz*	*Corpo e Respiração*	*Preferências VAC*

134 Parte II: Conectando-se com o Mundo

Após reunir os dados sobre seus amigos e família, reflita sobre como pode interagir de forma diferente com eles. Se perceber que uma pessoa tem uma preferência que se destaca em um sistema representacional em particular, tente se comunicar com ela utilizando esse estilo de linguagem.

Pessoas com uma preferência visual precisam ver imagens. Use desenhos, cores e formas para se relacionar com elas. Ter uma preferência auditiva significa que a pessoa precisa conversar sobre as coisas até que possa ouvir a mensagem, então você tem que ouvir com atenção. Pessoas com preferências cinestésicas necessitam consultar seus sentimentos e podem ter uma preferência por atividades físicas. Em cada caso, pratique usando as palavras e frases favoritas que enumerou no Exercício 6-4, "Questionário do Noticiário para Melhorar Habilidades".

No Exercício 6-11, elabore um plano de comunicação sobre como poderia adaptar sua maneira de interagir com pessoas-chave no seu dia a dia, com base na informação que coletou do Exercício 6-10. Escolha pessoas variadas, que tenham diferentes preferências VAC.

Por exemplo, para a sua assistente Fenella, que possui uma preferência auditiva, pode ser que se chegue à conclusão de que, acima de tudo, o que ela gosta é de conversar sobre as coisas e fazer muitas anotações. Agora você planeja dar a Fenella mais tempo para bater um papo ao início do dia, deixando que continue com suas anotações. Não me admira que ela não goste de seguir mapas!

Exercício 6-11	Planejamento de Comunicação
Nome	Ideias para a Comunicação

Capítulo 7

Desenvolvimento do Rapport

Neste Capítulo

▶ Decidindo com quem se quer estabelecer o rapport

▶ Desenvolvendo o rapport rapidamente

▶ Adaptando seu ritmo para entrar em sintonia com outras pessoas

▶ Encerrando conversas de maneira educada

▶ Enxergarndo outros pontos de vista

*V*ocê sabe como é estabelecer rapport com alguém — a conversa flui com facilidade e cada um sabe, só de olhar para o outro, que ambos estão na mesma faixa de vibração. Sem qualquer dificuldade, se interrompem uma conversa, conseguem restabelecer uma conexão do ponto onde estavam antes. A pessoa se deleita com a sensação de que tudo vai bem. Agora compare esse sentimento de rapport com o que você sente quando se vê com dificuldades para se comunicar com alguém, quando a troca é trabalhosa e a interação é um trabalho árduo. Isso não é difícil?

Estabelecer rapport com outras pessoas é uma habilidade fundamental para a vida, a base para conseguir o que se deseja. Pense em rapport como uma dança entre duas ou mais pessoas que precisam se conectar como parceiros por um certo período de tempo — seja por minutos, horas ou uma vida inteira. É necessário que haja um intenso fluxo de energia para os manter juntos. Neste capítulo observamos as pessoas-chave com as quais precisamos estabelecer rapport, e como podemos desenvolvê-lo rapidamente, de forma proativa e com integridade.

O rapport é um pilar essencial da PNL, juntamente com outros três: acuidade sensorial, pensamento de resultados e flexibilidade comportamental.

Observando Pessoas-chave

Um *mapa de relacionamento* é uma representação visual das pessoas-chave com quem você se conecta. Comece desenhando um círculo e colocando seu nome no centro, em seguida desenhe linhas a partir do centro que representem grupos-chave de pessoas em sua vida — família, amigos, colegas de trabalho e pessoas com as quais você tem contato em diferentes atividades. Pode ser que você queira dividi-los em subgrupos dentro de cada grupo, dependendo de onde estiver concentrando sua atenção nesse momento.

Se quiser se comunicar de maneira eficiente com todos os indivíduos de seu mapa, em algum momento você precisará estabelecer rapport com eles. Observe com que pessoas ou grupos você interage com mais facilidade e com quais tem mais dificuldades. Destaque qualquer relacionamento com o qual gostaria de trabalhar mais no sentido de estabelecer um rapport melhor.

O exemplo de um relacionamento-chave simples é mostrado no Exercício 7-1.

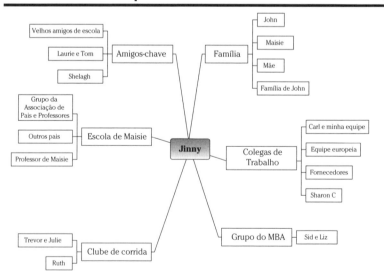

Exercício 7-1   Mapa dos Relacionamentos-chave de Jinny

Agora desenvolva seu próprio mapa de relacionamentos-chave no Exercício 7-2. Talvez você queira montar um exclusivamente para sua vida social, ou para seu trabalho, ou talvez queira ligar esse mapa de relacionamentos-chave à sua Roda da Vida do Capítulo 3, assegurando-se de mapear pessoas de todas as áreas de sua vida. Um dos benefícios de mapear sua rede visualmente é que você pode ter uma visão rápida de onde está colocando todo seu tempo e energia.

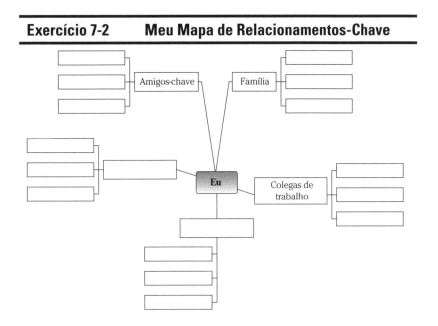

Acompanhando e Espelhando

Já notou que quando duas pessoas se dão bem juntas, tendem a se mover em sintonia? Quando uma pessoa se inclina para a frente, a outra também o faz, enfim, tendem a fazer gestos similares na mesma velocidade e ritmo. Essa dança de rapport, na qual as pessoas naturalmente se movem compassadas uma com a outra, é chamada de *acompanhar (ou combinar) e espelhar*, quando cada pessoa é um reflexo da outra. Quando você deliberadamente acompanha e espelha a outra pessoa, tem a chance de estabelecer um rapport com ela rapidamente. Acompanhar e espelhar é uma habilidade útil quando se encontra alguém pela primeira vez e se começa a conhecê-lo.

Acompanhar não é, de forma nenhuma, a mesma coisa que copiar cada detalhe da voz e gestos de uma pessoa. Se você estivesse fazendo mímica de uma pessoa, certamente não estaria desenvolvendo rapport, e provavelmente a pessoa acharia que você está debochando dela.

Escolha uma ou duas características essenciais de uma pessoa. Por exemplo, se ela faz algum movimento característico e repetitivo, tal como coçar a cabeça ou tomar ar vigorosamente antes de começar a falar. Tente fazer um movimento com suas mãos, tal como uma batidinha de leve, concomitantemente e no mesmo ritmo que ela. Essa forma mais sutil e indireta de acompanhar alguém é chamada de *espelhamento cruzado*.

Primeiro, aprimore suas habilidades de observação. Tente essa experiência a fim de identificar a situação de acompanhar e espelhar na prática entre pessoas que muito provavelmente nunca ouviram falar de PNL. Vá a uma cafeteria movimentada, a um bar ou a um restaurante e selecione duas pessoas que estejam sentadas ou em pé juntas e olhe como se tivessem criado rapport entre elas. Observe os seguintes quatro aspectos do comportamento não verbal delas e como acompanham e espelham naturalmente uma à outra, de diferentes maneiras. (É preciso fazer isso com cuidado, de modo a que não pensem que você é um detetive particular ou simplesmente uma pessoa esquisita!)

- **Vozes:** escute a qualidade do som (tonalidade) e a velocidade da fala. Ela é alta ou suave, rápida ou lenta?
- **Respiração:** observe a velocidade em que respiram. É tranquila ou ruidosa, rápida ou lenta? Preste atenção ao pescoço, ombros e torso e procure identificar os movimentos mais delicados que indicam de onde estão respirando. (Se você é um homem, esteja alerta quanto a focar na área do peito das mulheres para observar a respiração — sua atenção pode estar com seu objetivo equivocado! Em vez disso, concentre-se nos ombros.)
- **Movimento e níveis de energia:** por acaso elas parecem ter níveis similares de "ricocheteio" ou "tranquilidade"? Você as descreveria como pessoas que se movimentam rápido e com a energia em alta, ou como pessoas de baixa energia?
- **Linguagem corporal:** observe o contato visual e suas posturas e gestos. Que similaridades você nota em seus maneirismos? Elas têm algum trejeito característico?

Esteja atento a cada uma dessas quatro categorias e a qual delas você acha mais fácil e mais difícil de identificar. Então, no futuro, poderá refinar sua habilidade de observação com as pessoas que quiser acompanhar.

Da próxima vez que for ao balcão de uma loja ou cafeteria, pratique o estabelecimento de rapport com a vendedora, utilizando os quatro critérios anteriores para acompanhá-la.

Capítulo 7: Desenvolvimento do Rapport **139**

O Exercício 7-3 mostra o registro de acompanhar e espelhar de Liz após observar alguns dos novos funcionários de sua equipe no trabalho.

Exercício 7-3	Observações de Liz sobre Acompanhar e Espelhar			
Nome	*Voz*	*Respiração*	*Movimento e Energia*	*Postura e Gestos*
Anna	*Melodiosa, alta e muito rápida.*	*Respira do alto do peito e parece que sua respiração está entrecortada.*	*Movimentos rápidos e leves — dança com muita vitalidade.*	*Enruga a pele à volta dos olhos de maneira tensa quando se concentra na conversa.*
James	*Começa as frases com intensidade e então a voz vai retrocedendo.*	*Respira profundamente desde o abdômen.*	*Move-se devagar. Senta-se de forma firme, sem se mover muito.*	*Leve tique no rosto quando está nervoso. Balança seus braços e é irrequieto, principalmente quando está falando em grupo.*
Kevin	*Fala mal-humorada e cortada. Rosna instruções.*	*Muita tensão na sua respiração. Inala o ar ruidosamente.*	*Gosta de ficar de pé nas reuniões e quando fala ao telefone.*	*O rosto fica vermelho com facilidade. Põe o dedo na cara quando fala com os clientes.*

Identifique as pessoas-chave do Exercício 7-2, que fez anteriormente, com quem gostaria de estabelecer um ótimo rapport. Aproveite cada oportunidade para observar como eles soam, aparentam, usam seus corpos e seus níveis de energia. Registre suas observações no Exercício 7-4.

Parte II: Conectando-se com o Mundo

Exercício 7-4		Minhas Observações sobre Acompanhar e Espelhar		
Nome	*Voz*	*Respiração*	*Movimento e Energia*	*Posturas e Gestos*

Praticar seus poderes de observação faz com que consiga avaliar o comportamento normal daquelas pessoas com quem convive e o ajuda a notar rapidamente quando o comportamento mudar. Isso também significa que, se precisar estabelecer rapport de uma forma imediata, você poderá acompanhar e espelhar algum aspecto de seus maneirismos.

Treine a si mesmo para observar como os outros respiram e ao mesmo tempo tome consciência de sua própria respiração. A respiração afeta toda a fisiologia de seu corpo e acaba por afetar seu estado emocional. Por sua vez, seu estado emocional determina como você se sai ao acompanhar e espelhar.

Compassando e Conduzindo

Compassamento (ou acompanhamento) é uma técnica que faz com que nos tornemos dispostos a ouvir atentamente e a ter paciência para saber o que está acontecendo com uma pessoa e, dessa forma, aceitá-la. Somente assim você poderá *conduzir* outra pessoa na direção em que gostaria e fazer com que sua mensagem seja entendida. Pense em compassar como se estivesse tentando pular para dentro de um trem em movimento — você terá de correr junto com ele e ganhar velocidade antes de dar o salto (mas, por favor, nunca tente fazer isso na realidade!).

Alguma vez você já viu uma criança pequena deitada no chão, se debatendo e berrando em um ataque de raiva, quando demonstra para todos o poder de seus pulmões? Ou se deparou com um adolescente genioso ou um adulto rabugento, fixado em suas próprias necessidades e que se esquece das necessidades dos outros? Ser capaz de compassar por um longo tempo permite que ao final você consiga conduzir aquela pessoa.

Dominar a habilidade de PNL de compassar e conduzir leva você a um nível mais profundo e faz com que consiga transformar o ato de escutar em uma forma de construir pontes entre pessoas que venham de diferentes diretrizes de comunicação, cada um com seus estilos e propósitos únicos.

Madeline trabalha na Diretoria Financeira de uma empresa de manufatura multinacional e, com razão, se sente orgulhosa de seu posto, já que conseguiu quebrar um notório "teto de vidro", tornando-se a primeira e única representante feminina do conselho executivo da empresa. Nas primeiras reuniões do conselho, ela trazia muitas ideias brilhantes para mudar as coisas. Contudo, rapidamente percebeu que suas "ideias geniais" não estavam sendo ouvidas quando as oferecia. Na verdade, o que ela via acontecer em outro momento da reunião era algum outro membro do conselho apresentando exatamente a mesma ideia que ela havia proposto anteriormente, só que dessa vez a ideia era anunciada como uma solução inteligente. Madeleine achava esse comportamento cada vez mais frustrante e se perguntava se sua nomeação seria apenas um lembrete de uma presença feminina e se não estaria se deparando com uma situação de preconceito. Ela poderia ter se colocado na defensiva e ficar reclamando "injusto, injusto" para seus colegas. Ao invés disso, ao trabalhar com seu *coach*, Madeleine percebeu que não havia evidências de preconceito de gênero, ela somente tinha um estilo diferente de trabalhar, e que aquele grupo em particular precisava de tempo para refletir sobre as opções antes de tomar uma decisão. Madeleine é uma pessoa que naturalmente pensa rápido e com decisão, que analisa um problema e traz uma solução clara muito rápido. Embora essa capacidade em geral a favoreça, isso não funcionava com aquele grupo de pessoas em particular.

Ela percebeu que precisava entrar em compasso com o estilo de discussão e de tomar decisões de seus colegas. Então agora, quando ela chega àquela ideia que solucionará o problema, deliberadamente se abstém de expressar sua grande sugestão até que o grupo esteja preparado para ouvi-la. Depois de permitir que seus colegas tenham mais tempo para processar a reflexão e discutir diferentes ideias, escolhe o momento ideal para colocar suas ideias na mesa. Dessa forma, Madeleine conduz seus colegas a alguns programas inovadores que agora são ouvidos e devidamente colocados em prática.

Como Madeleine nesse exemplo, você provavelmente teve momentos em que brigou com alguém ou recebeu um *feedback* realmente negativo sobre como se relacionou com um indivíduo ou grupo. O mais provável é que não tenha compassado e conduzido com a outra pessoa de modo muito competente. O exercício a seguir lhe dará a chance de aprender com uma experiência ruim e superá-la por meio do aperfeiçoamento de suas habilidades de compassar e conduzir, e assim conseguir um rapport melhor.

1. **Relembre-se de um momento do passado em que você perdeu o rapport com alguém sem querer.** Reflita sobre como essa situação o afetou. Como se sentiu ou agiu em consequência de não ter conseguido compassar e conduzir com aquela pessoa?

2. **Que outros problemas isso lhe causou?** Talvez você tenha desperdiçado muita energia remoendo sobre o que deu errado ou talvez um relacionamento importante tenha sido prejudicado?

3. **Como especificamente você falhou em acompanhar e conduzir com a outra pessoa?** Aqui, pense sobre o estilo e as necessidades da pessoa. De que forma o seu estilo e suas necessidades eram diferentes dos dela?

4. **Se tivesse que encarar uma situação semelhante de novo, como gostaria que se apresentasse e se sentisse?** Escreva sobre como o rapport teria acontecido.

5. **Como você acha que poderá entrar em compasso com essa pessoa no futuro?** Você precisará reduzir ou acelerar o seu compasso? Ajudaria saber de mais fatos, ou seria melhor se livrar dos detalhes e ir direto ao panorama geral?

6. **Alguma outra ideia lhe vem à cabeça?** Por exemplo, agora que sabe mais sobre essa situação, há algum outro lugar onde possa acompanhar e conduzir com as outras pessoas ainda melhor?

Capítulo 7: Desenvolvimento do Rapport **143**

Lisa e sua irmã, Ângela, passaram um ano com muita dificuldade para ficar na companhia uma da outra devido a um equívoco ocorrido anteriormente, quando nenhuma das duas praticou a técnica de acompanhar e conduzir. Dê uma olhada na experiência com o acompanhar e conduzir de Lisa no Exercício 7-5 antes de registrar seu próprio exemplo no Exercício 7-6.

Exercício 7-5	Experiência de Lisa em Acompanhar e Conduzir
Incidente que você está analisando e os nomes das pessoas/grupos envolvidos.	Minha irmã, Ângela — nós brigamos quando eu rompi com meu namorado, Richard, e ela insistiu em convidá-lo para um chá de casa nova no seu apartamento.
Como o que aconteceu lhe afetou?	Senti-me contrariada e frustrada por não poder impedi-la de fazer isso.
Que outros problemas o incidente lhe causou?	Isso tornou as coisas difíceis para meus pais, e eu também me apavorava com as grandes reuniões familiares. Os parentes se sentiam muito constrangidos quando queriam convidar a mim e a Ângela às suas casas. Ambas perdemos muita diversão que poderíamos ter tido por vários meses.
Como foi que falhou em acompanhar e conduzir?	Eu estava tão fixada na minha própria visão que não ouvi realmente o seu ponto de vista por tempo suficiente. Eu agi no modo de "transmissão", dizendo a ela exatamente o que pensava e não lhe dando espaço suficiente para ouvir o seu lado da história.
Se passasse por aquela situação novamente, como gostaria que ela acontecesse?	Eu gostaria de ver um diálogo de mão dupla entre dois adultos que se importam profundamente um com o outro.
Como poderá entrar em compasso com a outra pessoa no futuro?	Ficarei mais calma quando me sentir frustrada e lhe darei bastante espaço para expressar suas opiniões.

(continua)

Parte II: Conectando-se com o Mundo

Exercício 7-5 (continuação)

Alguma outra ideia lhe vem à cabeça em consequência deste exercício?	Posso praticar com minha irmã, e isso poderia me ajudar a me relacionar melhor também com meu novo namorado, Ben. Posso pensar em vários amigos com quem eu entro em compasso suficientemente bem. Isso tudo diz respeito a ser um ouvinte melhor. Tenho a tendência a ser teimosa.

No Exercício 7-6 você fará uma volta ao passado, quando encontrou alguém que tinha um propósito e uma forma de atuar completamente diferentes da sua, um tempo em que sabia muito bem que estava lutando para estabelecer rapport e não conseguia acompanhar e conduzir com a outra pessoa. Talvez vocês tenham até mesmo brigado muito. A situação pode ser realmente difícil, e pode ainda o deixar chateado, ou se trata de um simples equívoco, um ruído na comunicação que você prefere evitar no futuro e então seguir para o caminho correto mais rápido. Você pode escolher um membro da sua família, um colega de trabalho ou talvez alguém que tenha conhecido em um clube, instituição de caridade ou atividade comunitária. O exercício funciona tanto com um único indivíduo quanto com um grupo de pessoas.

Exercício 7-6 Minhas Experiências em Compassar e Conduzir

Incidente que está analisando e nomes das pessoas/grupos envolvidos.	
Como o que aconteceu lhe afetou?	
Que outros problemas o incidente lhe causou?	

Capítulo 7: Desenvolvimento do Rapport

Como foi que falhou em acompanhar e conduzir?	
Se você passasse por aquela situação novamente, como gostaria que acontecesse?	
Como poderá entrar em compasso com a outra pessoa no futuro?	
Alguma outra ideia lhe vem à cabeça em consequência deste exercício?	

Interrompendo o Rapport

É ótimo conseguir estabelecer um rapport, mas o que dizer dos momentos quando se consegue um rapport tão bom que ficamos de papo a manhã inteira e não conseguimos fazer mais nada? Em outros momentos você está ocupado, e não é conveniente ficar conversando, então é preciso interromper o rapport. Ou talvez você tenha tanto talento para construir rapport que atrai todo o tipo de gente que deseja se conectar com você, e você não quer se relacionar com eles!

Nesta seção tratamos de como interromper deliberadamente o rapport sem desrespeitar a outra pessoa. Os métodos descritos aqui funcionam bem tanto pessoalmente quanto com quem está longe.

Aqui temos um jogo divertido com uma abordagem para acompanhar e diferenciar. Tudo o que você precisa é de um companheiro amistoso para o jogo.

1. **Encontre um parceiro e sentem-se um de frente para o outro.**

2. Comece uma conversa sobre algum assunto inofensivo com o qual possam concordar.

3. Acompanhe e espelhe a linguagem corporal da outra pessoa.

4. Agora, à medida que continua a conversa, comece a mudar seus gestos e o tom da sua voz para algo bem diferente da outra pessoa.

> Por exemplo, fale bem alto ou com suavidade. Se coloque de pé quando ela estiver sentada. Mas ao mesmo tempo, continue concordando com o que ela está dizendo.

Você imediatamente verá o quão difícil é estar em acordo com alguém quando o tom da sua voz e seus gestos não estão em compasso com os dela.

Bob é um mestre em se desconectar elegantemente de pessoas com quem não deseja interagir. Mesmo assim, uma vez foi pego em uma situação desagradável, quando convidou algumas pessoas de seu clube para sair e descobriu que o acompanharam com a intenção de fazer negócios, planejando vender a Bob uma forma rápida de fazer dinheiro de tirar o fôlego e que nem de longe despertava seu interesse. Logo que começaram com sua conversa de vendedor, Bob se levantou e disse com um sorriso: "Posso entender que essas coisas realmente agradam a algumas pessoas e definitivamente não agradam a outros. Eu estou entre estes últimos". Aceitando a condução de Bob, os rapazes encerraram sua apresentação de vendas e, no lugar dela, concordaram em tomar uma cerveja.

Para começar a se desconectar de pessoas com quem queira passar menos tempo, observe a pessoa com quem tem uma grande disparidade de opinião e que o faz perder tempo. Você está preso a uma conversa com alguém em quem não tem nenhum interesse ou é o representante de alguma empresa que está tentando lhe vender seus produtos ou serviços e você não sabe como dizer "não, obrigado" e simplesmente seguir a vida? Talvez ache muito difícil dizer "não" às demandas de alguém no trabalho? Fique alerta para qualquer coisa que essa pessoa faça ou diga que o leve a se manter conectado. Será que algumas de suas atitudes não estariam, na verdade, atraindo essas pessoas até você? Talvez você se compadeça delas e esteja disposto a ouvi-las quando ninguém mais se interessa? Será que está sendo afável ou simpático demais para o seu próprio bem?

Pense no que dizer e fazer que faça com que a pessoa possa partir elegantemente com uma mensagem clara, sem que sinta como se fosse um ataque pessoal a sua identidade. Definitivamente, esse é o momento para se diferenciar da voz e dos gestos de alguém, não acompanhá-lo e se manter conectado com ele. Por exemplo, você pode reconhecer que é admirável que tal pessoa esteja trabalhando duro para ganhar seu sustento ou encontrar um parceiro mesmo que você não goste de fazer coisas com essa pessoa? Tenha em mente antes ser honesto a dar desculpas esfarrapadas e insinceras. Lembre-se de que você não precisa dar uma justificativa inteira ou explicações detalhadas de suas próprias visões e correr o risco de ser arrastado a uma longa discussão.

Adquira o hábito de expressar suas próprias necessidades de forma clara. Pratique o uso de expressões e frases que permitam que você se desconecte das pessoas rapidamente, tais como:

- "Obrigado por seu interesse. Estou economizando todo o dinheiro extra que tenho, então não vou comprar nada em um futuro próximo."
- "Preciso de mais tempo com a minha família, então não poderei aceitar o seu convite."
- "Tenho um prazo para cumprir, então te ligo quando estiver livre."

Pode ser bom também:

- Estabelecer uma expectativa ao início de uma reunião ou apelar para o quanto de tempo você tem para que seja fácil encerrar com um educado "Bem, esse é todo o tempo de que disponho por hoje".
- Dar um alerta antecipado quando o tempo estiver acabando — "Ok, então precisamos terminar em cinco minutos — como gostariam de usar esse tempo?".
- Olhe para o seu relógio discretamente e faça uma cara triste ao dizer: "Puxa vida! Por que será que o tempo voa quando estamos nos divertindo?".
- Mude seu tom de voz: "Obrigado. Foi ótimo conversar com você ou te ver."
- Faça um movimento físico, levante-se ou caminhe em direção a uma porta, diferenciando-se da pessoa lentamente no início e depois acelerando.
- Consiga alguém para ir até onde está ou telefonar e, assim, interromper a conexão.

A linguagem corporal ou tom da voz podem transmitir muito mais do que as próprias palavras. Em média, 93% de sua comunicação é não verbal. Assegure-se de que sua linguagem corporal passe a mesma mensagem de desinteresse educado para que possa reforçar suas palavras.

Pense sobre "interromper o rapport" como se apagasse uma luz ou retirasse da tomada um aparelho elétrico que não está mais usando, sabendo que pode reconectá-lo de novo quando quiser.

148 Parte II: Conectando-se com o Mundo

Sarah é uma enfermeira simpática que trabalha em um movimentado consultório médico em uma área rural, com uma fiel lista de seguidores da comunidade, que sempre preferem agendar suas consultas nos dias em que ela está trabalhando por lá. Dessa forma, as consultas de quinze minutos facilmente se estendem para trinta minutos, e ela sente que está sempre atrasada e tentando correr atrás do prejuízo. Qual o problema dela? Ela é ótima para estabelecer rapport com as pessoas, mas odeia interrompê-los. Ela convida os pacientes para "apenas aparecer de novo e nos encontrarmos na semana que vem", mesmo quando não há nenhuma justificativa clínica para uma nova consulta.

À vezes pode ser mais fácil ver o que as outras pessoas deveriam estar fazendo do que o que você mesmo precisa. Imagine como se fosse o gerente, o *coach* ou um amigo de Sarah e que consiga ver maneiras de ela poder interromper o rapport com seus pacientes e, ainda assim, continuar sendo profissional e respeitosa com eles. Pense em como Sarah poderia usar o espaço físico, administrar seu tempo ou pedir a outras pessoas que a ajudem. Que mudanças ela poderia fazer no que diz, faz e como vê os pacientes? O Exercício 7-7 começa com três ideias para que você dê o pontapé inicial e comece a pensar.

Continue assim até que consiga espremer tudo do seu cérebro. Então deixe o exercício de lado por um tempo, talvez durante a noite, e volte a ele com a cabeça fresca, com mais uma ou duas ideias.

Exercício 7-7	Maneiras pelas quais Sarah Pode Interromper o Rapport em Situações em que Está Frente a Frente com as Pessoas
Dizer "Temos quinze minutos hoje" já ao início da consulta.	
Quebrar o contato visual e concentrar-se em fazer anotações na tela do computador quando precisar terminar a consulta.	
Perguntar à gerente da clínica se poderia organizar um café da manhã de caridade para os pacientes como um evento social à parte, para que pacientes e funcionários possam conversar.	

Capítulo 7: Desenvolvimento do Rapport   149

Um dos meios mais eficientes para se interromper o rapport (se diferenciando de alguém) é virando as costas para a pessoa. Então tenha muito cuidado para não fazer isso por equívoco, senão corre o risco de estragar o mais promissor dos encontros.

Quando terminar o Exercício 7-7, reflita por um momento sobre o que você pode aprender sobre a situação de Sarah e aplicar a si mesmo. Quais as ideias do Exercício 7-7 que podem funcionar para você nos momentos em que está muito ocupado? Você, por exemplo, tem algum amigo ou cliente que toma muito do seu tempo e acaba por tirar seu tempo de lazer?

Desenvolva a habilidade de desconectar delicadamente: devagar ao início, e depois acelerando. Quando você é abrupto demais, pode perder amigos e reduzir sua capacidade de influenciar com integridade. A linguagem corporal pode ser uma maneira sutil de fazer isso. Se estiver sentado inclinado para a frente, demonstrando interesse, aos poucos volte para trás na cadeira ou coloque os óculos na cabeça. Espreguice-se ou levante. O mesmo pode ser feito com sua voz: aumente a velocidade ou eleve o volume acima do da outra pessoa, caso ela esteja justamente falando com tranquilidade, ou pouco a pouco vá se calando se a pessoa for barulhenta e animada.

Você pode bloquear intromissões irritantes a seu tempo, espaço e energia de várias maneiras, e ao mesmo tempo ser respeitoso com seus companheiros. O Exercício 7-8 o ajuda a detectar o quanto você é vulnerável a visitas chatas — tanto de estranhos quanto de pessoas que conhece — e as formas pelas quais pode se desconectar delas.

Exercício 7-8   Desconectando-se com Elegância

Quem é a pessoa mais provável a me pegar? Aquela com quem não quero passar tempo no momento?	
Há alguma coisa que eu faça ou diga que atraia essa pessoa para perto de mim?	
O que essa pessoa faz especificamente que acho mais difícil de me desconectar?	

(continua)

Exercício 7-8 (*continuação*)	
Que frases úteis eu poderia dizer nessa situação?	
Como posso usar minha linguagem corporal e tom de voz para transmitir os sinais corretos de desconexão?	

Colocando-se no Lugar do Outro

Nos velhos tempos, quando trabalhamos juntas na Hewlett-Packard, estávamos imersas em uma cultura que Bill Hewlett and Dave Packard instituíram há cinquenta anos e que aconselhava (nas palavras de Dave) a: "Pense primeiro no outro companheiro. Essa é *a* base — o primeiro requisito — para se dar bem com os outros. E essa é uma tarefa realmente difícil que você precisa realizar. Se conseguir isso, o resto será simples".

Imagine por um instante que precisa negociar um contrato ou fazer um acordo com uma pessoa. Ou, talvez seu parceiro tenha uma ideia para decorar um cômodo e você tenha uma visão bem diferente da dele. Nesse caso, você está trabalhando com alguém que tem uma abordagem bastante diferente da sua. Há muitos momentos em situações do cotidiano quando é útil adotar uma perspectiva alternativa. Contudo, se quiser considerar apenas dois posicionamentos, estará lidando com um dilema — aceitar a sua visão ou a da outra pessoa? A fim de abrir o leque de opções ainda mais, a abordagem da PNL é explorar a situação de muitos ângulos perceptivos diferentes — talvez três, quatro ou mais posicionamentos. Quando você procede dessa maneira, começa a separar sua perspectiva de um apego emocional com relação a qualquer posicionamento e é capaz de observar uma dada situação de forma muito mais objetiva.

No exercício de ensaio mental que segue, pense em alguém com quem gostaria de estabelecer um rapport maior. Essa pessoa não estará aqui com você fisicamente, somente a imagine. Se necessário, volte ao Exercício 7-2 para relembrar seus relacionamentos importantes. Ou talvez

Capítulo 7: Desenvolvimento do Rapport

alguém provou ser digno de importância para você desde que começou a ler este capítulo. Registre suas observações no Exercício 7-9.

Comece o exercício colocando três pedaços de papel no chão a fim de formarem um triângulo ou posicione três cadeiras onde possa se sentar. Os papéis ou as cadeiras representam os três posicionamentos perceptuais diferentes para que possa entrar seguindo a sequência adiante. É importante que você mova seu corpo fisicamente até um espaço diferente à medida que adota cada posicionamento.

Quando for pedido que você "quebre o estado" no exercício, faça isso movimentando-se fisicamente — sacudindo seu corpo delicadamente ou pensando em algo que seja bastante diferente, tal como aonde foi em suas últimas férias ou qual foi a última camiseta colorida que passou!

1. **No primeiro posicionamento, simplesmente seja você mesmo e olhe (na sua imaginação) para a pessoa que está no segundo posicionamento e com quem gostaria de estabelecer um rapport maior.**

   Preste atenção em que está pensando e experimentando ao imaginar que está olhando para a pessoa que está olhando para você. Por exemplo, você pode estar se sentindo nervoso, entusiasmado ou curioso acerca do que está acontecendo com a pessoa para quem está olhando.

2. **Registre suas ideias no Exercício 7-9. Então saia daí (a PNL chama isso de *quebrar o estado*) e entre ou se sente no segundo posicionamento.**

3. **No segundo posicionamento, imagine ser a outra pessoa e olhe (na sua imaginação) de volta para si mesmo a partir dessa perspectiva.**

   Observe o que está pensando e experimentando ao imaginar ser a outra pessoa que está olhando para você. Por exemplo, como a outra pessoa, você pode também estar se sentindo nervoso, entusiasmado ou curioso sobre o que está acontecendo com você no primeiro posicionamento para onde está olhando.

4. **Registre suas ideias no exercício. Saia daí e entre ou se sente no terceiro posicionamento.**

5. **No terceiro posicionamento, imagine ser um observador imparcial.**

   Dessa perspectiva, olhe (na sua imaginação) de volta a si mesmo e à outra pessoa e observe o que está pensando e experimentando ao imaginar o que está se passando com essas duas pessoas.

152 Parte II: Conectando-se com o Mundo

Por exemplo, como observador, pode ser que tenha intuições sobre as coisas que ambas as pessoas têm em comum e ter ideias sobre como poderiam aproximar suas diferenças.

6. **Volte para o primeiro posicionamento.** Levando com você as percepções que reteve ao caminhar pelos diferentes posicionamentos, pergunte a si mesmo: "Como isso é diferente agora?".

7. **Planeje a ação.** A etapa mais importante é agir. Pergunte a si mesmo: "Qual é o primeiro passo que preciso dar na prática?". Isso é tão importante que criamos o Exercício 7-10 para que você possa registrar suas intuições principais e se comprometer com o próximo passo.

Exercício 7-9   Colocando-se no Lugar da Outra Pessoa

Posicionamento	Observações a partir deste posicionamento. O que estou experimentando, pensando e sentindo?
Primeiro posicionamento	
Segundo posicionamento	
Terceiro posicionamento	
Primeiro posicionamento (pela segunda vez)	

Capítulo 7: Desenvolvimento do Rapport   *153*

Use o Exercício 7-10 para registrar suas principais intuições e como irá colocá-las em prática.

Exercício 7-10	Minhas Principais Intuições e Passos para Ação
Quais foram as principais intuições que obtive ao me colocar nos diferentes posicionamentos?	
Como as coisas estão diferentes agora?	
Que ideias obtive?	
O que mudou para mim?	
Qual é o primeiro passo?	

154 Parte II: Conectando-se com o Mundo

Capítulo 8

Influenciando com os Metaprogramas

Neste Capítulo

▶ Identificando os metaprogramas

▶ Buscando combinações viáveis

▶ Aprofudamento do rapport ao combinar metaprogramas

*N*oite e dia, você é bombardeado com mensagens que demandam sua atenção — o detalhe na vista da sua janela, um estouro de pneu na estrada, ruídos de fundo no escritório, o roçar das suas roupas. Você só dá conta desse dilúvio de informações filtrando muitas das mensagens que recebe. Em termos de PNL, um desses filtros é o *metaprograma*.

Seus metaprogramas afetam seu comportamento de tal maneira que se transformam em uma das maneiras de ajudá-lo a decidir em que prestar atenção e como se comportar em resposta às informações que recebe pelos seus sentidos. Por exemplo, um dos metaprogramas que introduzimos neste capítulo é o *filtro de metaprograma de interesse primário*, que influencia se você presta atenção a pessoas, lugares, coisas, atividades ou informações. Se você tem uma preferência por pessoas e está caminhando pela rua com alguém que tem uma grande necessidade de informação, pode ser que faça um comentário sobre o casaco de alguém, o modo como ela caminha ou seja lá o que for que lhe venha à cabeça sobre a pessoa. Contudo, a pessoa que está com você pode olhar as vitrines para observar os produtos que estão expostos e comentar sobre as informações que tem à sua frente.

As pessoas são diferentes. A maioria desempenha mais de um papel no cotidiano. Da mesma forma, cada um possui metaprogramas diferentes para cada papel em que atua. Como pai ou mãe, acham-se colocando em curso uma série de metaprogramas que são diferentes dos que coloca em prática como parceiro romântico, que por sua vez são diferentes dos que funcionam para um chefe ou colega.

Para interagir e se comunicar de forma bem-sucedida com as pessoas, seja lá qual for o contexto, você precisa estabelecer rapport, estar no mesmo comprimento de onda. Neste capítulo mostramos como os metaprogramas podem ajudá-lo a passar a mensagem que está tentando comunicar de modo a que a outra pessoa possa interpretar imediatamente e possa, assim, lhe dar uma resposta.

Os metaprogramas funcionam em uma escala variável e talvez possam ir para além da escala de acordo com as circunstâncias. Tenha em mente que você, assim como as pessoas com quem está se comunicando, funciona sob a influência de diferentes metaprogramas, em diferentes graus e em diferentes situações. Adquira o hábito de fazer perguntas e ouvir atentamente a fim de descobrir qual é o metaprograma da outra pessoa numa dada situação.

Escutando para Descobrir Metaprogramas e Filtros

Nesta seção apresentamos uma visão geral dos metaprogramas da PNL e sugerimos que tipo de perguntas podem ser feitas para se descobrirem os metaprogramas das outras pessoas. Não entraremos em discussões muito prolixas sobre isso porque você entenderá muito mais sobre eles praticando nos exercícios.

Coloque a bola em jogo ouvindo a seus próprios metaprogramas e fazendo algumas observações. O lado bom disso é que, pelo fato de saber o que o motiva e como vivencia seus sentimentos, você poderá usá-los de uma forma segura para embasar suas ideias.

Você pode se tornar ainda mais habilidoso ao usar os metaprogramas pensando para além dos exemplos dos exercícios e decidindo onde pode fazer um melhor uso do que está descobrindo. Por exemplo: no seu escritório, em casa com seu parceiro, com seus pais, com seus adoráveis adolescentes ou até mesmo com seus amigos de quatro patas, a menos que você seja uma daquelas pessoas que tem um cachorro ou gato sem personalidade alguma!

Você é uma daquelas pessoas que adora tecnologia, mas que precisa fazer um esforço enorme quando tem que conversar com as pessoas? Ou quando lhe perguntam sobre suas férias, consegue falar sobre a arquitetura nos mínimos detalhes, mas não se lembra da atmosfera do

Capítulo 8: Influenciando com os Metaprogramas **157**

restaurante onde jantou? A maneira como vivencia seu mundo depende do seu *metaprograma*, que é um dos diversos filtros de que você se utiliza para peneirar as informações que chegam e também a informação que você expressa, tal como descrever uma experiência, fazer uma apresentação ou escrever sobre alguma coisa. É provável que a "pessoa que adora tecnologia" filtre mais as coisas, e a pessoa que fala sobre a arquitetura pode observar onde está um pedaço de terra porque tem um metaprograma que nota mais os lugares do que as demais pessoas. Algumas pessoas podem focar nos mínimos detalhes de uma tarefa, mas não conseguir ter a visão geral, porque têm uma peneira que deixa o plâncton entrar, mas deixa de fora tudo o que for maior que ele.

Provavelmente você já tem uma idea sobre como os metaprogramas funcionam, mas nesta seção lhe damos uma visão geral. Selecionamos quatro metaprogramas (mostrados na tabela a seguir) e detalhamos como você poderá aprender a reconhecer as tendências de outra pessoa e então usar essas tendências para melhorar suas habilidades de comunicação com ela.

O Filtro da Direção	Em Direção a e Afastando-se de
Filtro da Segmentação	Do Global (ou Geral) ao Específico
O Filtro do Motivo (também conhecido como Operador Modal)	Opções para Métodos
O Filtro do Interesse Primordial	Pessoas, Lugares, Coisas, Atividade e Informação

O filtro da direção: "em direção a" ou "afastando-se de"

O *filtro da direção* é o metaprograma que conduz as pessoas na direção do prazer e as afasta do sofrimento. As pessoas são motivadas pela "cenoura", que representa o prazer e a recompensa, o que é conhecido como *em direção a*, no jargão da PNL, ou pelo "bastão", representando a dor e o castigo, o que é conhecido como *afastando-se de*.

Uma pessoa que demonstre ter tendências *em direção a* provavelmente estará mais concentrada em seus objetivos e no que deseja. Alguém com uma tendência bem elevada em uma escala "em direção a" tende a correr em direção às coisas, inconsciente dos problemas que podem surgir. Uma pessoa com tendências de *afastando-se de* coloca sua energia em evitar situações que considere serem arriscadas e podem ser consideradas bastante prudentes.

Parte II: Conectando-se com o Mundo

Uma pessoa com uma elevada tendência "em direção a" pode facilmente deixar uma pessoa com tendências "afastando-se de" louca por seu entusiasmo. Dito isto, uma pessoa que "se afasta de" pode ter o mesmo efeito sobre uma pessoa "em direção a", porque ela pode estar relutante em agir!

No mundo do trabalho, tanto as pessoas com um perfil "em direção a" quanto as pessoas com filtros direcionais "afastando-se de" têm seu valor. Mas pobre da empresa que coloca uma pessoa com tendências "em direção a" no controle de qualidade ou saúde e segurança — embora uma pessoa com uma tendência "em direção a" possa ser excelente para administrar e conduzir uma mudança. Uma pessoa "afastando-se de" pode ser uma verdadeira bênção quando se quer saber quais os perigos que um projeto pode apresentar. Contudo, pode ser que ele precise ser pressionado para lhe dar respostas, caso esteja com pressa e ele não tenha terminado de avaliar todas as possíveis áreas problemáticas. Muitas das palavras usadas pelas pessoas dão uma indicação de seus filtros, e a Tabela 8-1 mostra alguns dos termos associados aos filtros direcionais.

Tabela 8-1 Termos Indicando um Filtro Direcional

Termos "Em Direção a"	Termos "Afastando-se de"
Vamos nessa	Cuidado com...
Eu quero, eu queria	Eu não quero
Fácil	Sem pressão
O valor de, valor	O custo de, custos
Vantagens	O lado negativo
Seguro	Arriscado
Conquista, fazer as coisas andarem	Segurar até...
Soluções	Problemas
Satisfação	Insatisfatório, não cumprir, falta
Pagar	Não posso pagar, falta de fundos

Para descobrir o filtro direcional de uma pessoa (as coisas que fazem com que tome atitudes), a pergunta a ser feita é: "O que quer de X?" ou "O que receberá tendo X?" — sendo que X pode ser um relacionamento, um emprego, um novo computador ou alguma coisa mais criativa.

Capítulo 8: Influenciando com os Metaprogramas

Descobrir o que motiva as pessoas é útil, especialmente se você estiver tentando obter um resultado tal como conseguir que um gerente de banco empreste mais algum dinheiro a você ou que seus filhos se envolvam mais na arrumação da casa.

Pode ser que você precise formular pelo menos três versões de uma mesma pergunta para descobrir uma tendência "em direção a" ou "afastando-se de" de uma pessoa, já que as tendências são passíveis de se manter ocultas se apenas uma pergunta for feita.

Na conversa a seguir, Jill faz várias perguntas a Harry, em um esforço para descobrir os filtros direcionais que ele favorece. Os termos em **negrito** indicam os filtros direcionais de Harry, e as interpretações de Jill sobre os filtros direcionais de Harry estão entre parênteses.

> Jill: Por que você se tornou um agente de viagens?
>
> Harry: Porque eu **queria** ver o mundo. (Em direção a)
>
> Jill: Você poderia reservar seu próprio pacote de viagem sem condições preestabelecidas.
>
> Harry: Mas então teria **eu mesmo que pagar**, e não tenho como pagar para viajar. Além disso, desse modo **demoraria mais**, e **eu quero** me divertir enquanto ainda sou jovem. ("Afastando-se de" com um pouco de "Em direção a")
>
> Jill: Mas você não teria tantos problemas ao lidar com essas pessoas.
>
> Harry: Eu **adoro conhecer pessoas novas** e **me dá muita satisfação** resolver seus problemas. ("Em direção a")

Nessa conversa, inicialmente Harry deu uma resposta "em direção a" ao dizer "Eu queria". Se ele tivesse dito "Eu não quero ficar em um único lugar", teria revelado uma tendência "afastando-se de". Ao cutucar um pouco mais, Jill conseguiu identificar algumas tendências "afastando-se de" quando Harry sugeriu uma falta de dinheiro: "eu não tenho como pagar para viajar".

Muitas das palavras que as pessoas se utilizam dão evidências de seus valores: "divertir" e "satisfação" são exemplos dessas palavras na conversa entre Harry e Jill. (O Capítulo 5 fala sobre como você filtra seu pensamento.) Os valores (para saber mais sobre valores, consulte o Capítulo 5) são outro filtro profundo que você poderá usar para melhorar sua comunicação. Observe a forma como Harry avalia a si mesmo no Exercício 8-1. Algumas das palavras que ele utiliza são de outras conversas que ele teve com seus colegas e clientes.

Exercício 8-1	Tendências de Harry "Em Direção a" e "Afastando-se de"
Contexto:	Trabalho
Palavras "em direção a" que ouvi de mim mesmo:	Eu quero; Diversão; Ajudar; Satisfação; Eu vou resolver; Adoro
Palavras "afastando-se de" que ouvi de mim mesmo:	Não conseguirei pagar; Não terei tempo; Problemas; Pressões de tempo
Onde estou na escala:	⊢⊥⊥⊥⊥⊥⊥X⊥⊥⊥⊥⊥⊥⊥⊥⊥⊣ Em direção a Afastando-se de
Minhas observações:	Eu acho que sou mais cuidadoso no trabalho porque tenho que me responsabilizar por meus clientes. Acabei de me dar conta do porquê de eu estar sem dinheiro. É porque tenho a tendência a me divertir gastando e estou demonstrando uma grande tendência para gastar. Eu sou mais cuidadoso quando gasto em nome da empresa do que nas minhas próprias viagens. Eu preciso mudar minha estratégia!

Você precisa compreender sua própria forma de pensar antes que comece a entender a forma de pensar de outra pessoa. Como diz o autor Stephen R. Covey, "O princípio mais importante no campo das relações interpessoais é: procure entender antes, para então ser compreendido. A maioria das pessoas escuta não com a intenção de compreender, mas com a intenção de responder".

Com a sabedoria de Stephen R. Covey em mente, use o Exercício 8-2 para começar a avaliar suas próprias tendências para a cenoura, como um incentivo suculento, (em direção a) ou para o bastão, como uma lembrança dolorosa (afastando-se de) (leia mais sobre cenouras e bastões no artigo A Mente Milionária e os seus 7 segredos, no site: www.edmundoisidro.com). Você poderá então começar a montar um padrão de sua própria composição à medida que trabalha com os outros metaprogramas.

Capítulo 8: Influenciando com os Metaprogramas

Exercício 8-2	Minhas Tendências "em Direção a" e "Afastando-se de"
Contexto:	
Palavras "em direção a" que ouvi de mim mesmo:	
Palavras "afastandos-se de" que ouvi de mim mesmo:	
Onde estou na escala:	⊢┴┴┴┴┴┴┴┴┴┴┴┴┴┴┴┴┴┴┤ Em direção a Afastando-se de
Minhas observações:	

Chegar à fase em que consegue reconhecer suas próprias tendências é ótimo, mas isso se torna realmente útil quando você consegue apreender o que uma pessoa está dizendo e ajusta sua linguagem e comportamento para obter os resultados que deseja. No Exercício 8-3, pense em uma pessoa com quem talvez não esteja se comunicando tão bem quanto gostaria e solucione o provável descompasso que esteja ocorrendo. Depois pode planejar o que precisa mudar no que está dizendo e fazendo. Você terá a sensação de que o exercício foi feito só para você quando preencher o nome da pessoa de quem está falando no espaço em branco.

Parte II: Conectando-se com o Mundo

Exercício 8-3	Reconhecimento das Tendências "em Direção a" e "Afastando-se de" de uma Pessoa
Pessoa e contexto:	
Palavras "em direção a" que ouvi essa pessoa usar:	
Palavras "afastando--se de" que ouvi essa pessoa usar:	
Onde acho que essa pessoa está na escala:	Em direção a Afastando-se de
Minhas observações e o que posso fazer de diferente:	

O filtro da segmentação: Observando o tamanho da segmentação que se vê

A *segmentação* diz respeito ao tamanho da informação sobre um objeto ou situação que você recebe ou transmite. Quando você vê as imagens de um belo globo azul flutuando no espaço, na verdade está olhando para uma versão muito "compactada" do planeta Terra. À medida que se aproxima, consegue mais informações detalhadas na forma de pessoas, carros, flora e fauna, e se descermos ainda mais, chegaremos ao nível das pulgas nos cães, bactérias nas pessoas, e assim por diante.

Este metaprograma é relativo aos *filtros globais* e filtros *específicos* que as pessoas têm. As pessoas "globais" veem a visão geral, a grande visão ou o panorama global, e acham um fardo fazer coisas que exijam detalhes. As pessoas "específicas" são aquelas que apreciam ir até o âmago das coisas, mas ter uma visão global é um problema para elas. "Global" e "detalhado" não são bem uma preferência de "um ou outro", mas alguém que está mais adiante de um lado ou de outro de uma preferência contínua.

Uma pessoa global não se incomoda com interrupções. Ele *consegue* "ver a árvore que a floresta esconde" e continua do ponto em que foi interrompido ou vai direto para um assunto relacionado. Uma pessoa detalhista não vê os problemas principais e não gosta de interrupções, pois interrompem seu raciocínio. Ela está tão concentrada nos detalhes e coberta pelas árvores que talvez tenha que recomeçar sua conversa do zero.

Tim é gerente de John e realmente gosta dele. Contudo, após trabalharem juntos por um tempo, Tim começou a temer as reuniões semanais para avaliação de avanços, porque parecia que sempre demoravam o dobro do tempo do que as outras reuniões. Tim se via irritado com John se repetindo. Mas quando descobriu que John não sabia lidar com interrupções porque saía dos trilhos, metaforicamente falando, Tim simplesmente perguntou: "O que aconteceu depois do X?" — sendo X o ponto em que John foi interrompido.

Uma pessoa que consegue focar nos detalhes de um projeto acha trabalhos como contabilidade, manutenção e produção mais fáceis do que uma pessoa com tendências globais. Da próxima vez que estiver viajando de avião, descobrir que seu piloto tem uma elevada tendência para o "detalhe" pode bem ser um alívio: você fica seguro de que ele não ficará entediado em levar a cabo a checagem de voo e dizer: "Checado, checado, checado, mas não importa, sabemos que o resto deve estar bem também". Poderia ser bem pior para você se o piloto tivesse uma tendência "em direção a" e, ao mesmo tempo, uma tendência global. Bem, ao menos você não ficaria esperando na pista por muito tempo!

Quando quiser descobrir onde alguém está na continuação "global" ou "detalhada", a pergunta a ser feita é: "Quando você assume um novo projeto, precisa ter uma visão geral ou precisa saber dos detalhes do que precisa fazer?". E também ao ouvir as palavras que foram listadas na Tabela 8-2, observe a estrutura da resposta. Uma pessoa que seja mais "global" pode mover seus braços em um arco para "pintar" o panorama completo e dizer algo como "Eu preciso conhecer os termos gerais, assim posso ter uma ideia sobre que direção estamos tomando". Uma pessoa com tendências mais "específicas" relata uma história direta, do começo ao fim. Por exemplo, a resposta de John à pergunta poderia ser: "Bem, preciso saber dos passos detalhados porque assim sei que estou no caminho certo. Eu aprendi esta importantíssima lição quando nos mudamos de escritório. Eu simplesmente não conseguia acompanhar o que estava acontecendo, porque Tim estava no comando e ele não parecia saber o que estava fazendo. Ele estava sempre borboleteando de uma coisa para outra, e meus arquivos desapareceram, e eu simplesmente me perdi e levei muito tempo para me organizar de novo e arrumar as coisas na ordem correta quando eles apareceram".

A reação de Tim poderia ser: "Ah, não... visão geral, é claro. Eu tentei fazer da maneira de John, mas simplesmente me atolei com os detalhes".

Trabalhar com pessoas que estejam em pontas opostas à sua na escala do global e do específico pode causar muita discórdia. Uma forma de aproximação é fazer a uma pessoa "global" perguntas com respostas que lhe deem os passos detalhados. Por exemplo, uma pergunta para uma pessoa com um grande plano de coordenar oficinas pode ser: "Qual é o seu público?". Para ajudar uma pessoa "específica" que está tendo dificuldade para entender o panorama geral, tente retirá-la da conclusão do projeto. No caso da mudança de escritório, Tim poderia ter dito a John: "Só imagine ter um escritório todo para você, assim como suas próprias gavetas de arquivos e a paz de não ter que dividi-las com Janice e seu telefone", ajudando, assim, a aliviar a ansiedade de John acerca da mudança.

Tabela 8-2	Termos Indicando Filtros de Segmentação
Termos Globais/Gerais	*Termos Específicos*
Visão geral	Preciso
Perspectiva global	Etapas
Quadro completo	Passos, passo a passo, plano detalhado

Capítulo 8: Influenciando com os Metaprogramas

Nós preencheremos as lacunas mais tarde	É o colapso do plano
Vago	Exato
Visão holística	Imagem detalhada
Traços gerais	Ajustar, preencher as lacunas

Avalie suas tendências de filtros globais a específicos no Exercício 8-4.

Exercício 8-4 — Minhas Tendências, de Globais a Específicas

Contexto:	
Palavras globais que escutei de mim mesmo:	
Palavras específicas que escutei de mim mesmo:	
Onde estou na escala:	Global ⊢┴┴┴┴┴┴┴┴┴┴┴┴┴┴┴┴┴┴┤ Específica
Minhas observações:	

Ah, a propósito, se você trabalha para alguém que tem um estilo de microgestão e que se estressa porque prefere fazer tudo sozinho do que delegar, é possível que ele provavelmente esteja em algum ponto mediano na escala do global ao específico. Por conseguir ver os dois lados da escala, ele tenta fazer tudo sozinho. Mostre ao seu chefe com estilo microgerencial que você entende a visão geral e então lhe dê os detalhes sobre como irá empreender o projeto. Em seguida, se você chegar à conclusão de que ele prefere a cenoura (*em direção a*), explique como será melhor para você que desenvolva seu próprio projeto, assim ele terá mais tempo para planejar. Com o bastão (*afastando-se de*), saliente como o estresse o está prejudicando.

A prática leva à perfeição, por isso estamos lhe oferecendo o Exercício 8-5. Pense em alguém com quem trabalhe ou mesmo uma pessoa com quem bateu um papo na fila do supermercado. Liste especificamente as palavras que lhe dão uma indicação de suas tendências do global ao específico. O truque aqui é ouvir às palavras e não se prender ao conteúdo da conversa.

Exercício 8-5	Reconhecer as Tendências Globais e Específicas de Alguém
Pessoa e contexto:	
Palavras globais que escutei a pessoa usar:	
Palavras específicas que escutei a pessoa usar:	

Capítulo 8: Influenciando com os Metaprogramas 167

Onde acho que a pessoa está na escala:	⌐+++++++++++++++++++⌐ Global Específica
Minhas observações e o que farei diferente:	

O filtro do motivo: optando pelo método

O metaprograma do *filtro do motivo* é feito de "opções" em uma ponta da escala e de "método" na outra ponta. Se pedir a uma pessoa que tenha um lado de "opções" elevado, para estacionar em lugar cheio de espaços vazios, ele vai experimentar cada um dos espaços antes der se decidir por um! Uma pessoa de "opções" age a partir da escolha, mas uma pessoa que esteja mais na ponta do "método" simplesmente estacionaria na primeira vaga que encontrasse. Uma pessoa com tendências de "método" é boa para seguir regras, enquanto que uma pessoa com tendências para "opções" provavelmente é boa para reinventar a roda, porque tentará as coisas de todas as maneiras para descobrir se testou todas as opções.

Marque as afirmações com as quais concorda na lista a seguir.

- ❑ Adoro o desafio de resolver um problema.

- ❑ Gosto de criar uma série de métodos para resolver um problema.

- ❑ Depois eu acho difícil seguir um método que elaborei.

- ❑ Eu quero ir para o próximo problema.

- ❑ Sempre encontro maneiras de "consertar o que não está quebrado".

Você marcou muitas afirmações? Provavelmente você segue a direção da ponta das "opções" na escala de motivos.

Se, contudo, acha a vida desafiadora se nada segue um padrão, a mudança é desconcertante, seguir métodos é prazeroso e não se

168 Parte II: Conectando-se com o Mundo

importa com repetições, você pode ser descrito como tendo uma inclinação para o "método".

Se quiser saber se alguém está na escala de *opções* ou *método*, faça a pergunta "Por que escolheu X?", em que X é trabalhar no seu atual trabalho; comprar o carro que dirige; morar onde vive; montar um negócio com seu sócio ou viver com seu parceiro de toda a vida, caso esteja se sentindo bem intrometido. Uma pessoa com tendências para as "escolhas" lhe dará uma lista de razões e seus valores para fazer um esolha em particular, talvez algo como o que segue:

> Bem, eu não estava muito **satisfeito** com meu último carro. Ele não era muito **confiável**. Como **estou viajando mais** por causa de meu novo emprego, decidi segurar as pontas e investir em um carro melhor. Além disso, ele tem **muitas maçanetas e botões** e **vai muito bem** quando quero um pouco de **diversão**, mas é também econômico quando preciso dirigir por qualquer distância.

Nesse exemplo, os *valores* são indicados por palavras como "satisfeito", "confiável" e "diversão", enquanto que os *motivos* são que ele está viajando mais, então precisa de um carro melhor, e esse carro tem montes de maçanetas e botões e pode alcançar altas velocidades.

Um pessoa de "método" conta uma história que inclui os passos de como chegou à sua decisão, talvez como a que segue:

> Você sabe que eu não estava muito contente com meu último carro. Você se lembra do projeto em que trabalhamos em Dusseldorf, quando você teve que me levar para casa no seu carro porque o meu motor de arranque pifou? O problema tem persistido, e quando Jack veio jantar no mês passado, ele disse que estavam tendo muitos problemas para escalar um gerente de projeto de TI no trabalho — você se lembra do Jack, não lembra? Ele estava no meu churrasco de despedida e me perguntou se gostaria de aceitar o posto interinamente. As entrevistas correram bem, e vou começar em duas semanas, então decidi me aguentar firme e investir em um carro novo, mas não tinha certeza se queria um carro japonês ou europeu, então andei analisando as revistas de carros para ver qual deles se adequa à minha lista de critérios.

A Tabela 8-3 mostra algumas das palavras que você pode ouvir para decidir se uma pessoa tem uma tendência para as "opções" ou para o "método".

Capítulo 8: Influenciando com os Metaprogramas

Tabela 8-3	Termos que Indicam Filtros de Motivo
Termos de Opções	*Termos de Método*
Possibilidade	Apenas isto
Escolha	Requisitado
Posso fazer	Tenho que seguir as regras
Quem diz	O regulamento diz
Tente isto, se não funcionar, tente outra coisa	Quando tudo falhar, leia o manual
Palavras que denotam valor tais como *valor*, *diversão* e *independência ilimitada*.	Palavras que denotam classificação, tais como *diversão* e *independência ilimitada*

O Exercício 8-6 o ajuda a praticar — você adivinhou — suas tendências na escala opções-métodos. Resolver onde você está na escala é algo que talvez não aconteça da noite para o dia, mas se você programar um dia em que queira focar em um conjunto de metaprogramas, pode começar observando as palavras que usa. O engraçado é que, ao escrever suas palavras no seu livro de exercícios, você começa a observar outras palavras e frases, já que seu inconsciente começa a jogar junto com você.

Exercício 8-6	Minhas Tendências, de Opções a Método
Contexto:	
Palavras de "opção" que escutei de mim mesmo:	

(continua)

170 Parte II: Conectando-se com o Mundo

Exercício 8-6 (*continuação*)

Palavras de "método" que escutei de mim mesmo:	
Onde estou na escala:	Opções ⊢—┴—┴—┴—┴—┴—┴—┴—┴—┴—┴—┴—┴—┴—┴—┴—┴—┴—┤ Método
Minhas observações:	

Uma das formas como alguém pode ser como você é pelo fato de ambos usarem metaprogramas parecidos. O desafio é compreender e aprender a lidar com os metaprogamas que não são naturais para você. Muitas vezes você pode ter dificuldades para lidar com alguém que você não consegue entender, mas se quiser fazer um esforço para entender e utilizar os metaprogramas de outra pessoa, pode descobrir que tem uma maior influência e pode se dar realmente bem com as pessoas que, de outra forma, teria ignorado. O Exercício 8-7 pode ajudá-lo com isso.

Exercício 8-7   Reconhecendo as Tendências de Opções a Método de uma Pessoa

Pessoa e contexto:	

Palavras de "opções" que escutei a pessoa usar:	
Palavras de "método" que escutei a pessoa usar:	
Onde acho que a pessoa está na escala:	Opções ————————————— Método
Minhas observações e o que posso fazer diferente:	

O filtro do interesse fundamental: onde o foco é colocado

O metaprograma do *filtro do interesse fundamental* (ou *primordial*) é constituído das coisas que as pessoas mais se interessam e para as quais são atraídas. Provavelmente você encontra gente que é apaixonada por seu *hobby*, aparentemente o colocando em primeiro lugar e as pessoas em segundo. Esse tipo de pessoa muitas vezes acha as pessoas "sociáveis", íntimas e carinhosas demais. Já outras pessoas têm seu filtro de interesse fundamental focado nas pessoas e se concentram antes no "quem" do que no "onde" ou "o quê".

Você pode descobrir o "filtro de interesse fundamental" de uma pessoa ao pedir que ela lhe fale, por exemplo, sobre suas férias, restaurante ou passatempo favoritos. Seu filtro de interesse fundamental aparecerá no modo como ele dá suas respostas:

- **Filtro de pessoas:** uma pessoa com esse filtro fala sobre gente. Ao responder a essa pergunta, ele contará sobre com *quem* vivenciou a situação. Uma pessoa que opera com um filtro de pessoas desempenha bem trabalhos que requerem interação com outras pessoas.

- **Filtro de lugar:** uma pessoa com um filtro de lugar como seu filtro fundamental tende a se concentrar nos lugares e tem seu ambiente como muito importante para seu bem-estar. Com um filtro de lugar, você ouve muito sobre o "onde".

- **Filtro de informação:** gente com esse filtro adora um *porquê*. Essa é a pessoa que consegue responder a praticamente qualquer pergunta que você faça.

- **Filtro da atividade:** provavelmente você conhece um ou dois "doadores", como a pessoa que nunca se senta e o deixa exausto só de vê-lo passando feito um furacão. Esse tipo de pessoa lhe diz "como" está passando seu tempo e o que está fazendo. Ele pode causar muito estrago se lhe for dada a chance de se entediar em um trabalho ao se precipitar com as coisas.

- **Filtro das coisas:** esse tipo de pessoa compra aparelhos e dispositivos eletrônicos porque seu foco fundamental é ter e aparecer para os outros com produtos e brinquedos de última geração. Uma pessoa com um filtro de coisas pode lhe dar todo o "para que" sobre aparelhos, carros e geringonças. Ele é aquela pessoa que vive para acumular posses, tal como essas celebridades sobre quem lemos nas revistas reluzentes.

A Tabela 8-4 lista algumas das palavras que as pessoas com os diferentes filtros fundamentais tendem a utilizar.

Tabela 8-4   Termos Indicando Filtros de Interesse Fundamentais

Termos de Pessoas	Termos de Lugares	Termos de Informação	Termos de Atividade	Termos de Coisas
Eles	Local	Dados	Não consigo me manter quieto	Alvo
Sentir	Distância	Conhecimento	Tenho que fazer alguma coisa	Livros
Nós, nosso, meu	Perto	Por quê	Não tenho tempo a perder	Roupas

Capítulo 8: Influenciando com os Metaprogramas

Equipe	Casa	Eu adoraria saber	Tenho que ir	Empresa
Família	Cômodo confortável	Processo	Vamos nessa!	Aparelho

No Exercício 8-8, pedimos que você escolha um de seus assuntos favoritos e escreva um parágrafo curto, mudando as palavras para cada um dos filtros de interesse fundamentais com o intuito de tornar o tema mais interessante para uma pessoa com aquele filtro. Quanto mais você praticar a troca das diferentes preferências, mais fácil será para você se movimentar pelos filtros de interesse fundamentais até o dia em que diga a si mesmo "Nossa! Consegui!", porque percebe que já não se move pelos filtros de interesses fundamentais automaticamente, mas sim respondendo a um reconhecimento inconsciente do que a outra pessoa está dizendo.

Exercício 8-8   Modificação da Linguagem para Combinar com Filtros de Interesse Fundamentais

Assunto:	
Filtro de interesse fundamental: Pessoas	
Filtro de interesse fundamental: Lugar	
Filtro de interesse fundamental: Informação	

(continua)

Parte II: Conectando-se com o Mundo

Exercício 8-8 (*continuação*)	
Filtro de interesse fundamental: Atividade	
Filtro de interesse fundamental: Coisas	

Combinações Vencedoras

Na seção anterior, "Escutando para Descobrir Metaprogramas e Filtros", lidamos com metaprogramas únicos. Contudo, na verdade, as pessoas são muito mais complexas e não funcionam com apenas um metaprograma isoladamente. Por exemplo, médicos e enfermeiras são treinados para seguir procedimentos, mas em uma emergência, suas tendências por "opções" vêm à tona, a fim de que consigam lidar com a emergência. Ou talvez você esteja procurando um contador criativo que encontre maneiras de manter seu dinheiro longe das mãos da receita federal sem deixar de seguir os métodos corretos e se manter na legalidade, de modo a que consiga evitar tanto a receita federal quanto a polícia.

Você pode exercitar seus músculos de metaprogramas analisando as combinações de metaprogramas que podem ser úteis para as pessoas em algumas profissões em particular. Por exemplo, um gerente de marketing talvez precise:

- Ter a capacidade de enxergar o panorama geral (global).
- Pôr em prática objetivos de marketing a fim de que a empresa alcance seus objetivos (método).
- Vislumbrar como o departamento de marketing se adequa à estrutura geral da empresa (global).
- Ser capaz de implementar e monitorar os procedimentos necessários para fazer com que o marketing seja bem-sucedido, assim como criar um plano de ação (atividade).

Capítulo 8: Influenciando com os Metaprogramas

- Ter uma tendência "em direção a" para que consiga cumprir os objetivos de marketing para a organização.
- Gostar de trabalhar com pessoas, para entender como liderar sua equipe (pessoas), mas também ter a consciência dos passos necessários para gerar os resultados (método, informação).

Tome o exemplo de um professor em uma escola. Em termos ideais, um professor pode apresentar uma visão geral da matéria ou lição a fim de conseguir a atenção dos alunos que têm uma preferência "global". Um professor precisa não somente entender dos detalhes da matéria que está ensinando e ter a capacidade de seguir um padrão (método), mas também precisa ter a flexibilidade de adaptar seus ensinamentos para atingir os estudantes que não são capazes de compreender a lição. Dependendo da matéria, os filtros de interesses fundamentais são diferentes (geografia – lugares; psicologia – pessoas). O ponto fundamental deste exemplo é reconhecer que se você tem certas preferências, tem de estar consciente de outras tendências e ter o conhecimento para adaptá-las quando necessário. No caso do professor, ele teria de ter em mente que seu papel é educar e manter o foco em seu objetivo (em direção a), antes de pensar sobre o que ele não tem a intenção de ensinar. Os filtros de interesse fundamentais que provavelmente são comuns aos bons professores são a atividade (como manter os alunos envolvidos) e a informação (ser capaz de absorver grandes quantidades de informações a fim de que possa acompanhar as mudanças no seu campo de estudo).

Colocando Metaprogramas em Prática

Reconhecer e acompanhar o metaprograma de alguém o ajuda a desenvolver o rapport com essa pessoa.

Tenha em mente que imitar os maneirismos e a linguagem de uma pessoa é um assunto delicado que exige o máximo respeito!

Roteiro para obter resultados

O provérbio já diz: "As pessoas gostam de pessoas que são como elas". Quando alguém é parecido com você no linguajar que usa você, não é necessário tentar traduzir nada, e o rapport acontece mais rapidamente.

Se quiser aprofundar o rapport com pessoas que não são como você, escute as expressões que usam e que apontam para seus metaprogramas e use as mesmas expressões. Se tiver o luxo de ter tempo para se preparar, pode usar o mesmo processo na próxima seção para idealizar e ensaiar um roteiro que possa ser usado ao telefone ou pessoalmente.

Parte II: Conectando-se com o Mundo

Por hora, apenas selecione quantas palavras ou frases puder das que uma pessoa se utilizar e pratique incorporando-as a respostas que façam sentido.

Burilar o que quer passar em suas mensagens pode ser útil. Você pode então dizer ou escrever de uma forma que quem receba não possa ficar sem responder. E o que pode ser mais irresistível do que conseguir se comunicar bem com a pessoa que está interagindo com você?

Até que adquira experiência suficiente para que saiba utilizar os metaprogramas de memória, você poderá sempre preparar um roteiro. Para que possa fazer isso de forma eficiente, você precisa manter os pontos a seguir em mente

- **Saber o que escutar.** A seção anterior neste capítulo "Escutando para Descobrir Metaprogramas e Filtros" traz exemplos de expressões usadas por pessoas com diferentes metaprogramas. Você pode começar elaborando uma lista das palavras utilizadas por pessoas sobre as quais gostaria de exercer influência.

- **Pense na mensagem que deseja passar.** Transformar os padrões de metaprogramas em um roteiro para pedir um aumento ao seu chefe é bem diferente do que chamar alguém para sair.

- **Ensaie seu roteiro em voz alta, de preferência em um lugar reservado.** Dessa maneira, o que você disser não soará como algo de outro mundo quando você começar a usá-lo na realidade, e sua fala transmitirá sinceridade.

Isso é o que Tom, nosso gerente, teve que fazer quando quis que sua namorada dissesse "SIM!". E antes que você chegue à conclusão de que ele é um cara controlador, complacente e calculista, saímos em sua defesa dizendo que ele e Sue estão muito bem casados há cinco anos. Sue recusou seu pedido pelos menos uma meia dúzia de vezes, porque estava com medo de se amarrar, e esse foi seu esforço derradeiro para convencê-la de que realmente queria se casar com ela.

Capítulo 8: Influenciando com os Metaprogramas **177**

Exercício 8-9 **Roteiro de Tom para Fazer com que Sue se Case com Ele!**

Resultado desejado: *Que Sue aceite se casar comigo*

Metaprograma de Sue	Comportamento Indicador	Palavras e Frases a Serem Usadas
Detalhes	Sue é contadora. Ela é capaz de encontrar as peças que faltam até mesmo nas mais detalhadas instruções. Ela é genial para checar contratos. Sua pontualidade é impecável. Quando saímos para jantar, ela quer saber exatamente em que consiste cada prato.	EU TE AMO. Imagine só todo o planejamento que você terá que fazer para organizar todos os detalhes do casamento. Lembre-se do quanto o tio Peter ficou chateado no casamento do meu irmão porque minha mãe não encomendou arranjos de flores suficientes para todos e ele ficou sem. É claro, se achar que planejar todos esses detalhes é demais para você, nós também podemos pedir à minha mãe para ajudar.
Opções com alguns procedimentos	Ela está sempre dizendo que precisa manter suas opções abertas. Ela sempre precisa ter um gostinho de tudo. Ela é muito boa em manter seus gastos sob controle porque tem um programa de computador muito eficiente, que usa religiosamente.	Quando nos casarmos, pense em todas as coisas que poderemos fazer. Todo um mundo de oportunidades se abrirá para nós.

(continua)

Exercício 8-9 (*continuação*)

Bem distante de...	Eu sei que ela se preocupa com a segurança financeira e quer um pouco de liberdade para explorar outros caminhos de trabalho.	Podemos alugar um de nossos imóveis e você poderá ficar como responsável por isso. Podemos ir morar juntos e não teremos mais que dirigir para a casa um do outro.
Localize o filtro de interesse fundamental	Ela está sempre falando sobre como a Escócia é linda, que construções fantásticas existem em Viena, como ela quer ver o mundo e o que ela fará quando a empresa se mudar para um escritório maior.	Quando nos casarmos, não seria legal irmos para Belize em lua de mel? Lá é tão verde, exuberante e quente, além de haver muita flora e fauna para se ver.

O Exercício 8-10 lhe dá a oportunidade de executar um exercício similar ao de Tom para conseguir alguma coisa que realmente queira. Pense em uma pessoa que está se mostrando difícil e que se recusa a ver o seu ponto de vista. Tente exercitar como você poderá passar sua mensagem. (Você pode deixar o "EU TE AMO" de fora, especialmente se estiver em uma situação de trabalho!)

Exercício 8-10 — Meu Roteiro para Alcançar o Resultado Desejado

Resultado desejado:

Metaprograma da Pessoa	Comportamento e Palavras Indicadoras	Palavras e Frases a Serem Usadas

Quando você quiser estabelecer rapport, tente *acompanhar* a pessoa. Se você estiver confuso e não conseguir definir se a pessoa é "global" ou "específica", "em direção a" ou "afastando-se de", ou seja lá qual for a combinação, apenas traga à mente algumas das expressões favoritas da pessoa e as repita de volta para ela — no contexto apropriado, é claro.

180 Parte II: Conectando-se com o Mundo

Parte III
Aperfeiçoamento das Ferramentas de PNL

"Vamos ver se podemos identificar algumas das causas do estresse em sua vida. Você mencionou qualquer coisa sobre um grande lobo que aparece regularmente e tenta derrubar sua casa soprando-a..."

Nesta parte...

Aqui o ajudamos a administrar seu estado emocional, até mesmo nas situações que estão fora do seu controle, possibilitando que mude o modo como percebe as situações difíceis de seu passado. Ao trabalhar suas crenças e valores você adquire um sentido maior sobre o que o motiva em particular, que por sua vez pode impulsionar seu próprio desenvolvimento em termos do alinhamento com um sentido de propósito mais forte.

Também nesta parte você descobre como os conceitos fundamentais da PNL realmente fazem diferença à medida que você os incorpora à sua vida — a partir de ferramentas como a ancoragem, os níveis lógicos, as submodalidades, a modelagem e as linhas de tempo. Todos esses conceitos o ajudam a mudar os hábitos irritantes e fazer com que seus objetivos sejam excepcionalmente convincentes.

Capítulo 9

Administrando suas Emoções

Neste Capítulo

▶ Analisando âncoras

▶ Mudando seus estados emocionais

▶ Superando desafios

▶ Tirando partido dos bons tempos

▶ Contornando pensamentos negativos e críticas

▶ Transformando críticas em *feedback*

*A*o andar pela rua, de repente você sente o cheiro de um perfume e no mesmo segundo se transporta para outro lugar no tempo e no espaço. Ou vê alguém que imediatamente o faz lembrar de algum amigo querido ou algum colega chato. Ou talvez seu coração pula ao ouvir o som de uma voz em especial ao telefone ou na secretária eletrônica.

Visão, audição, olfato, paladar e tato — seus cinco sentidos — possuem a capacidade de desencadear lembranças e mudar seu estado emocional. Na teoria, sua capacidade intelectual humana para pensamentos racionais complexos o tornou mais inteligente do que os demais seres do reino animal. Contudo, como um maravilhoso ser perfeitamente humano, você também tem uma tendência natural para responder a estímulos da mesma forma que os cachorros de Pavlov nos primeiros experimentos comportamentais. Há momentos em que você é governado por suas emoções — tal como amor, ódio, raiva e medo. Quando isso acontece, sua respiração e seu coração se aceleram e ameaçam fugir de seu controle.

Então imagine um mundo no qual você possa mudar instantaneamente como pensa, sente e reage às situações apenas com um estalar de dedos. Esse é o mundo controlado que você criará para si mesmo assim que dominar o uso das técnicas de ancoragem da PNL. Neste capítulo o guiaremos ao longo das etapas para controlar e administrar suas emoções.

Valorizando as Âncoras

Uma *âncora* é um ativador que desencadeia uma ação ou estado emocional. O processo de ancoragem funciona por meio de uma associação a uma experiência com um estado específico, que por sua vez gera esse estado em você.

Para que você dê o melhor de si, precisará ser capaz de criar um estado de excelência para si mesmo, e a PNL demonstrará como você poderá fazer isso. O processo de ancoragem de PNL ensina que você pode deliberadamente lançar uma âncora quando estiver sob pressão, para com ela mudar seu estado emocional. Em todas as áreas de sua vida, é bom ter tenacidade mental, ou seja, possuir resiliência para lidar com qualquer coisa que a vida escolha jogar em cima de você. As âncoras permitem que você faça isso instantaneamente. Ter o domínio das âncoras o coloca mais firmemente em uma posição "sob causa" do que em um posicionamento "sob efeito", tal como no Capítulo 2.

Felizmente, você deve ter naturalmente criado *âncoras* que o mantêm firme, da mesma forma que um barco possui uma âncora que o detém de navegar. Essas âncoras são seus sentidos, que possuem um efeito no seu estado emocional. Alguns de seus sentidos trazem à tona bons sentimentos e outros não tão bons. Por exemplo, no escritório de Kate, em cima de sua mesa há uma bela fotografia do mar que foi tirada por uma amigo próximo. A visão daquela foto deixa Kate de bom humor e faz com que pense com clareza e goste de seu trabalho. É uma visão de boas-vindas toda as vezes que ela volta para o escritório.

Há um momento no filme *Operação Cupido*, de 1961, em que Harvey Mills põe seu rosto no casaco de seu avô, Charles, e diz: "Eu estou construindo uma lembrança. Daqui a alguns anos, quando eu já for um adulto, vou me lembrar de meu avô e como ele sempre cheirava a bala de hortelã e a tabaco". Pode ser que você não ache tão fácil fazer com que um cheiro apareça quando você quiser, ainda que muitas vezes um cheiro característico funcione como uma âncora poderosa que lhe transporta de volta a uma experiência anterior. Você está curioso sobre como seus perfumes favoritos e outros aromas podem afetar seu estado e quais deles o fazem sentir bem? Uma passada na sua cafeteria favorita ou um spray de perfume podem fazer toda a diferença para lhe proporcionar uma sensação de bem-estar antes da próxima entrevista de emprego.

Capítulo 9: Administrando suas Emoções

O que você poderá observar à medida que domina a ancoragem é que ela faz um uso fantástico das suas boas memórias para aqueles momentos em que precisa manter o autocontrole quando está sob pressão. Você consegue uma fonte contínua de boas experiências proveniente dos bons tempos.

Outros sentidos podem ter um efeito negativo. Quando Richard vê os formulários de seu imposto de renda deixados no tapete da sua porta, se lamenta quando sente o cheiro do envelope pardo, e deixa os formulários bem longe dos olhos, em uma gaveta, até que seu contador o persiga pedindo que os preencha.

As âncoras também desencadeiam hábitos. (Os publicitários sabem disso e por isso elaboram *jingles* e imagens para uma marca que se mantém na nossa memória e nos incitam a comprar seu produto da próxima vez que formos nos mimar com um pouquinho de terapia de compras.) Essa é a razão pela qual, se quiser mudar o hábito, terá de mudar sua âncora. Se toda vez que você toma uma xícara de chá você pega um biscoito, talvez queira quebrar essa cadeia de reação. Contudo, se toda vez que saborear uma bebida quente se sentir relaxado e ficar com vontade de sair dançando pela cozinha, essa bebida pode ser uma âncora positiva que preferirá manter, especialmente se sua cozinha for espaçosa para que possa se soltar e se divertir perdendo algumas calorias!

Use o Exercício 9-1 para fazer pequenas anotações de coisas que acontecem em seu cotidiano e que o fazem se sentir bem ou mal imediatamente. Observe as visões, os sons, os cheiros, as sensações e os gostos que funcionam como âncoras para estados emocionais bons ou ruins. Dessa forma você perceberá mais de perto as mudanças sutis no seu estado emocional de ansioso e tenso a feliz e relaxado. Anote suas ideias iniciais, prestando atenção a todos os seus sentidos. Anote coisas tais como objetos, pessoas, atividades e lugares que o afetam e identifique os que acha que devam ser mantidos e os que prefere descartar. Pode ser que haja muitas coisas que o fazem se sentir bem a curto prazo, mas que não são tão saudáveis a longo prazo.

A maioria das âncoras que o fazem se sentir mal provavelmente são dignas de serem jogadas fora, mas esteja ciente de que algumas delas podem ter uma finalidade útil para motivar um bom hábito importante, tal como preencher os formulários de seu imposto de renda. Uma pessoa que conhecemos deixa uma foto desagradável de pulmões enegrecidos no seu mural do trabalho como um lembrete dos efeitos danosos do fumo. Ela tem um forte metaprograma "afastando-se de" (o Capítulo 8 trata com maiores detalhes sobre os metaprogramas) que a motiva a se manter saudável.

Parte III: Aperfeiçoamento das Ferramentas de PNL

Exercício 9-1	**Minhas Âncoras do Cotidiano**

Âncoras que trazem bem-estar:

_____

_____

_____

_____

_____

Âncoras que trazem mal-estar:

_____

_____

_____

_____

_____

Quais delas desejo manter?

_____

_____

_____

_____

_____

_____

_____

Estabelecendo Âncoras

Nesta seção mostramos os caminhos que podem ser seguidos para se estabelecer uma âncora a fim de mudar um estado emocional —

tendo como base uma lembrança mais antiga em que se está naquele estado emocional.

Criando um círculo de excelência

A *técnica do círculo de excelência* consiste na técnica clássica de ancoragem para estimular sua confiança durante uma crise ou para proporcionar um melhor desempenho em público. Você poderá usar seu círculo de excelência, por exemplo, quando for fazer uma apresentação em público, tiver que lidar com uma negociação difícil ou reforçar seu desempenho em uma corrida ou evento esportivo. O círculo de excelência permite que você utilize algo que aja como um desencadeador — por exemplo, o ato de ingressar em um círculo imaginário, normalmente acompanhado de um gesto manual — para estimular um estado mental positivo quando estiver sob pressão.

Exercite-se por meio dos passos seguintes a fim de criar seu próprio círculo de excelência.

Facilita fazer este exercício com um *coach* ou colega que leia para você ao longo das etapas. Seu companheiro também pode escrever suas ideias para você em uma folha de exercícios.

Comece se colocando de pé e desenhando um círculo imaginário no chão, à sua frente. Imagine-o grande o bastante para que você possa entrar nele.

1. **Ainda fora do círculo, identifique o estado mental que deseja ancorar e relate-o com suas próprias palavras para seu colega.**

   Por exemplo, você pode desejar um estado de "confiança". Se fosse descrever isso de forma mais ampla em suas próprias palavras, poderia ser algo como "lúcido" ou "no controle da situação".

2. **Entre no círculo e lembre-se de um momento quando se viu nesse estado em particular. Reviva essa experiência vividamente, como se estivesse lá. Observe as visões, os sons, os cheiros e seus sentimentos.**

   É provável que essa experiência que está sendo trazida de volta à memória esteja em um contexto completamente diferente daquele de alguma outra que seja problemática para você agora, e não há problema nenhum nisso.

3. **Quando a experiência na sua cabeça estiver com força total, mantenha-a à mente e então ancore-a com algum outro movimento de mão distinto dos que usa normalmente ao longo do dia.**

Por exemplo, você poderia juntar seu polegar e o dedo indicador, formando um círculo, ou juntar seus dedos menores.

4. **Saia do círculo e repita o segundo e o terceiro passos, trazendo à mente uma segunda experiência quando estava no mesmo bom estado. Saia do círculo.**

5. **Pense em uma situação futura no qual esse estado será útil a você.**

6. **Entre no círculo imaginando o sucesso dessa situação no futuro ao mesmo tempo em que lança a âncora do movimento de mão característico que você criou.**

Observe o quão mais fácil essa situação pode ser para você e a intensidade da experiência futura. (Em PNL a chamamos de *ponte para o futuro*.)

Você pode repetir o processo do círculo de excelência se quiser fortalecer a âncora.

O Exercício 9-2 traz o exemplo de um conjunto de âncoras de mão positivas que Teresa está criando para si mesma.

Exercício 9-2	Lembranças Positivas e Âncoras de Mão de Teresa	
Estado Emocional que Desejo Criar	*Lembrança que Desencadeia o Estado — Incluindo Visões, Sons e Sentimentos*	*Minha Âncora de Mão*
Energético	Estou em uma viagem, esquiando em Chamonix e posso sentir o ar frio no meu rosto enquanto me progamo para um dia escalando a montanha. O céu está azul e me sinto no topo do mundo.	Colocar uma mão firmemente sobre a outra como se tivesse colocado naquele momento minhas luvas de esqui e estivesse pronta para sair.

Capítulo 9: Administrando suas Emoções

Forte	Estou explicando como o programa dos gráficos funciona para a equipe. Posso vê-los balançando a cabeça e realmente sei sobre o que estou falando.	Meu polegar esquerdo firmemente pressionado a minha palma direita.

Estabelecendo suas próprias âncoras

O Exercício 9-3 contém espaços em branco para que você também registre suas próprias diferentes âncoras. Você pode fazer duas agora e retornar ao exercício à medida que seu grupo de âncoras aumentar.

À medida que você exercita sua habilidade na ancoragem de estados positivos, comece a formar uma coleção delas, de modo a que consiga desencadear suas lembranças positivas toda vez que precisar delas. Experimente mudar seu estado quando quiser utilizando suas âncoras pessoais de mão.

Pratique o desenvolvimento de seu círculo de excelência antecipadamente ao momento em que irá precisar dele, para que assim consiga evocar o estado positivo quando quiser. Continue fortalecendo suas habilidades. Você pode utilizar a âncora de mão tão discretamente que ninguém mais perceba o que você está fazendo.

Exercício 9-3	Minhas Lembranças Positivas e Âncoras de Mão	
Estado Emocional que Desejo Criar	*Lembrança que Desencadeia o Estado — Incluindo Visões, Sons e Sentimentos*	*Minha Âncora de Mão*

(continua)

Exercício 9-3 (*continuação*)

Debbie estava planejando seu casamento com a mesma atenção impecável aos detalhes que dedica em seu trabalho como assistente em um escritório de advocacia. À medida que o dia do casamento se aproximava, ficava cada vez mais nervosa, a ponto de começar a estragar a diversão com os preparativos para o dia de seus sonhos. "De onde vem todo esse medo?", se perguntava. Quando conseguiu desfazer todas as suas preocupações com Kate, sua *coach* de PNL, Debbie percebeu que seu grande medo era o de que uma de suas damas de honra mais jovens se comportasse mal com todo o entusiasmo da ocasião e estragasse a cerimônia. A coisa toda chegou ao ponto de fazer com que Debbie entrasse em pânico toda vez que encontrava a jovem dama de honra para as provas de vestido. Seu medo estava se tornando contagioso, e as damas de honra estavam começando a ficar com medo de suas responsabilidades no "grande dia". Ao praticar a técnica do círculo da excelência com Kate, Debbie ancorou um estado de tranquilidade e calma e começou a controlá-lo com um movimento de mão discreto. Quando percebia que estava ficando preocupada, utilizava sua nova âncora com um simples movimento de mão. Ela então ficava novamente relaxada e voltava a se divertir com as crianças envolvidas no grande dia. A propósito,

Debbie também descobriu que a ancoragem funcionava bem no trabalho, quando alguns advogados estavam sob pressão com ações difíceis e começavam a brigar entre si.

Algumas pessoas acham a ancoragem algo extremamente poderoso desde a primeira vez em que a vivenciam, enquanto outras precisam de mais prática. Os três indicadores a seguir podem ajudá-lo à medida que desenvolve suas âncoras pessoais:

- **Programe o uso das âncoras de mão para o ponto de maior intensidade.** O momento de lançar uma âncora é quando vem à tona uma lembrança em sua maior intensidade, como se estivesse vivenciando a experiência de novo e escolhendo o melhor momento para fazer isso.

- **Elabore as âncoras de mãos de forma característica.** Assegure-se de que o movimento de mão que cria é diferente o bastante da forma com que normalmente segura ou usa suas mãos e também faça com que esse movimento de mão seja feito discretamente.

- **Faça âncoras de mão únicas.** Veja como poderá criar suas próprias as âncoras, ao invés de copiar as de outra pessoa.

Se achar que os estímulos de mãos não são suficientemente poderosos para você, em lugar disso você pode experimentar utilizar uma imagem ou som associada a seu estado mental positivo. Faça com que a imagem ou som seja algo que você possa facilmente evocar da memória sem que precise ver uma imagem ou ouvir um som na realidade, já que isso seria mais complicado de se conseguir exatamente na hora em que precise.

Encarando Desafios

Pense nos momentos em que foi difícil controlar suas emoções. Você se acha bobo por chorar incontrolavelmente em casamentos, funerais ou em filmes? Ou se vê suando profusamente antes de um encontro importante que esteve esperando a semana inteira?

No Exercício 9-4 você verá uma lista de situações nas quais as pessoas normalmente acham difícil administrar suas emoções. Destaque qualquer uma que seja relevante para você. O exercício lhe dá espaço para completar com os detalhes de seus próprios exemplos e registrar o melhor estado emocional que conseguir apreender.

Imagine que está em um debate em que precisa pensar com rapidez. Você pode dizer que o estado emocional desejado que quer ancorar é "perspicaz".

192 Parte III: Aperfeiçoamento das Ferramentas de PNL _____

Após completar a folha de exercícios, faça uma anotação de qualquer estado específico que precisa ancorar por si mesmo e, se necessário, volte à técnica do círculo de excelência a fim de ancorar o seu estado emocional desejado.

Exercício 9-4	Meus Desafios Pessoais	
Situações Desafiadoras	*Meu Exemplo*	*Estado Emocional Desejado*
Participar de uma competição		
Fazer um esporte ou exercício		
Resolver uma situação de conflito		
Ir a um evento que suscita grande emoção (tal como um casamento ou um funeral)		
Ir a um evento importante		

Fazer uma reclamação		
Comparecer a uma entrevista		
Negociar a melhor barganha		
Outros momentos difíceis quando me sinto pressionado		

Apreendendo o Positivo

Ao chegar a este ponto, você já terá uma consciência maior das experiências que desencadeiam suas emoções e terá percebido que o acesso às suas lembranças é mais importante do que sua experiência real no que diz respeito ao desencadeamento de suas emoções. Por exemplo, Rowena, no Exercício 9-5, é capaz de ativar uma imagem em sua mente das tulipas de primavera no parque que faz com que se sinta bem sem precisar que as tulipas floresçam o ano todo.

Parte III: Aperfeiçoamento das Ferramentas de PNL

Exercício 9-5   Os Desencadeadores Positivos de Rowena

Categoria de Âncora	Experiência de Âncora
Visual — visões	As tulipas no parque. Uma foto minha em Genebra. Minha bandeja de documentos quando está vazia.
Auditivo — sons	O som característico do noticiário da noite. John Lennon cantando "Imagine".
Olfativo — cheiros	O cheiro de Mark depois de se barbear com uma espuma da Hugo Boss. O cheiro do pão saindo do forno da padaria local.
Gustativo — gostos	Uma taça de vinho branco seco. Uma fatia de queijo Brie em um biscoito cracker.
Cinestésico — sentimentos e movimento	O toque da minha saia de veludo quando danço um tango. Caminhar pela floresta pisando sobre as folhas secas no outono. O ar frio no meu rosto quando estou esquiando.

Continue a elaborar seu registro pessoal de seus desencadeadores positivos, já que eles o ajudam a ancorar bons estados quando você está sob pressão. Use o Exercício 9-6 para começar.

Adquira o hábito de levar um pequeno caderninho por onde quer que vá a fim de registrar suas emoções mais intensas, da mesma forma que tiraria fotos com sua câmera. Pense nesse caderno como seu álbum de fotos que registra suas ideias para o futuro.

Agora comece a montar sua própria biblioteca de experiências que quer ancorar. Ponha um *post-it* nesta página para lembrá-lo de voltar e revisitar seus desencadeadores quando você ficar estressado, para que consiga rapidamente mudar seu estado apenas acessando sua memória.

Exercício 9-6 — Meus Desencadeadores Positivos

Categoria de Âncora	Experiência de Âncora
Visual — visões	
Auditivo — sons	
Olfativo — cheiros	
Gustativo — gostos	
Cinestésico — sentimentos e movimento	

Rompendo com as Limitações

Âncoras de navios com correntes pesadas e enferrujadas que conseguem fazer o barco ficar parado são incrivelmente difíceis de mover. Da mesma forma, pode ser que você tenha algumas correntes teimosas das quais gostaria de se livrar. A PNL faz com que seja surpreendentemente fácil mudar âncoras pesadas, fazendo com que consiga elucidar qualquer problema que esteja levando com você.

Você se pega lembrando mais dos momentos em que as coisas deram errado do que dos momentos em que as coisas correram bem? Talvez você esteja se torturando sobre erros cometidos, momentos embaraçosos e situações dolorosas bem depois que tais momentos já se passaram?

Após cinco anos vivendo feliz, um belo dia Jagdesh encontrou o namorado parado com seu carro carregado com seus pertences na escadaria em frente à casa deles. Ele se virou para ela e disse que não a amava mais e que a estava deixando para ficar com uma amiga comum aos dois. Jagdesh ficou chocada. Durante alguns meses após sua partida, toda vez que ela voltava para casa do trabalho, começava a chorar assim que chegava às escadarias da porta da frente. A mera visão da porta da frente a relembrava da partida infeliz de seu amado. Com a ajuda de um amigo que praticava a PNL, Jagdesh dissolveu o desencadeador infeliz, o qual definiu como tristeza, utilizando a técnica do colapso de âncoras.

Parte III: Aperfeiçoamento das Ferramentas de PNL

Jagdesh substituiu sua tristeza por um estado de recursos mais tranquilo, que permitiu que ela refletisse cuidadosamente sobre os próximos passos em sua vida, quando precisava tomar decisões importantes sobre vender a casa e se mudar.

Uma das dificuldades de se estar ligado a lembranças negativas é que elas podem aprisioná-lo em um medo de que a mesma coisa acontecerá de novo. Uma atriz que recebeu algumas críticas negativas pode somente conseguir pensar nas críticas negativas toda vez que pisar no palco. Imagine o impacto disso na sua atuação!

A desintegração, ou *Colapso de âncoras* é uma ferramenta que permite que você supere a lembrança de uma experiência infeliz ou desagradável e a anula com uma outra lembrança poderosa e positiva. Isso funciona ao se estabelecerem duas âncoras físicas no seu corpo (normalmente, uma em cada joelho) e deixar aquilo que você quer que se vá, ao mesmo tempo em que segura o quer manter.

1. **Comece definindo os dois níveis emocionais que estão se contrastando: o primeiro é o que lhe causa um problema e é associado a um estado negativo, enquanto o segundo é o positivo.**

No caso de Jagdesh, ela define o problema emocional como *tristeza* e o estado positivo como *calmo*.

Deixe claras as palavras que está usando para definir seus estados.

2. **Estabeleça uma âncora negativa recordando o estado de seu problema para si mesmo e, ao fazer isso, segure um dos joelhos, empurrando-o firmemente para baixo com a mão nivelada.**

Você já tem um pouco de experiência sobre como posicionar a ancoragem de um problema, então não há porque se demorar nisso muito tempo — o simples pensamento da experiência pode desencadear seu estado de infelicidade.

No caso de Jagdesh, o desencadeador é a visão de sua porta da frente, que trazia a recordação de seu namorado no dia em que a deixou.

3. **Agora estabeleça uma âncora positiva (tal como *tranquilidade*) ao recordar de algo agradável e positivo. Ao se lembrar dessa experiência muito melhor, ancore-a no mesmo lugar no outro joelho.**

4. **Agora pense em um momento que esteja próximo e para o qual deseja estar em um estado positivo, mesmo que a lembrança do problema ainda esteja atrapalhando. À medida** que imagina a situação, lance tanto a âncora negativa como a positiva ao mesmo tempo que pressiona os dois joelhos firmemente. Gradualmente, deixe que a âncora problemática se vá de um joelho enquanto segura firme o outro, que está com a âncora positiva.

O que aconteceu é que você mudou radicalmente o poder da âncora negativa e é deixado livre para seguir em frente com a âncora positiva.

Você pode fazer este exercício sozinho. Contudo, esta é uma técnica de PNL muito familiar aos *coaches* e instrutores de PNL, e você pode conseguir um resultado melhor pedindo a um deles que o ajude. Você também pode explicar as etapas para um amigo, desde que ele seja próximo a você o bastante para que se sinta confortável ao tocar seus joelhos! O lado bom de se trabalhar com outra pessoa é que, enquanto ela segue o processo passo a passo, deixa você livre para se concentrar na sua experiência. Uma abordagem alternativa ao uso dos joelhos é estabelecer as âncoras em uma das articulações de seus dedos.

Observando Desencadeadores por uma Semana

Quando você se vê lidando com seus assuntos diários, coleta experiências que naturalmente ancora para si mesmo de formas boas ou ruins. O Exercício 9-7 possui uma agenda com sete dias para que você possa monitorar seus hábitos por uma semana. A melhor maneira de tirar o máximo dessa agenda é utilizando um ponto de verificação ao final do dia. Relembre os fatos ocorridos no dia e tome nota você mesmo dos destaques do dia. Observe o que desencadeou os momentos de bem-estar para você. Foi a conversa agradável na cafeteria ou a visão de um edifício impressionante? Então contraste isso com os momentos mais desanimadores do dia, se é que houve algum, e observe o que pode ter sido um gatilho para qualquer hábito negativo. Você ficou chateado depois de uma discussão em casa ou porque seu laptop quebrou e por isso acabou comendo uma barra de chocolate para se animar?

Você conhece o provérbio "o diabo se esconde nos detalhes"? É notando os pormenores das experiências do seu dia a dia que você se dará conta dos hábitos que servem bem a você e daqueles que não servem. Verifique quais são as coisas boas que você gostaria de ter mais e as negativas que gostaria de ter menos. Quando descobrir o que desencadeia um estado negativo para você, use sua técnica do círculo de excelência para mudar instantaneamente seu estado emocional, a fim de que possa mudar aqueles hábitos com os quais quer acabar.

Parte III: Aperfeiçoamento das Ferramentas de PNL

Exercício 9-7		Meus Altos e Baixos Diários	
Dia	Altos	Baixos	Lições e Mudanças a Serem Feitas
1.			
2.			
3.			
4.			
5.			
6.			
7.			

Lidando com as Críticas

Certamente há momentos na sua vida em que você tem que encarar duras críticas, e à medida que consegue mais sucesso, as críticas podem se tornar mais frequentes. Talvez a lembrança de uma conversa difícil ainda desperte emoções desagradáveis em você. Ou talvez tenha havido momentos em que você teve muito trabalho para juntar os cacos. Você sente um nó no estômago, ouve a voz crítica na sua cabeça ou vê o rosto aborrecido de alguém e sente a resposta que ela desencadeia?

Pense nas áreas em que se sente mais sensível às críticas. É seu trabalho, sua aparência ou um projeto muito almejado que lhe é caro?

Capítulo 9: Administrando suas Emoções 199

A chave para se trabalhar as críticas é perceber que elas não constituem o seu "eu" essencial, mas falam apenas sobre o papel que desempenha em uma situação em particular. Aprenda com a experiência de ser criticado e siga em frente rapidamente — não há sentido em gastar sua energia se mantendo na negatividade.

Jenny trabalha em uma empresa que tem um sistema de avaliação formal para todos os seus funcionários. Uma vez, teve um chefe cuja única descrição possível era a de um *bully*, uma figura desagradável, que cobrava demandas irrealistas de seus funcionários. Finalmente, esse chefe foi mandado embora, e Jenny mudou-se para uma empresa diferente. Contudo, todos os anos, quando a avaliação de desempenho de Jenny chegava, ela ainda ouvia a voz de seu antigo chefe dizendo: "Você não é o tipo de pessoa que queremos por aqui. Você não é boa o bastante". O efeito disso foi que Jenny ficava muito ansiosa tanto para avaliar quanto para ser avaliada. Mas trabalhando com seu *coach* de PNL, Jenny conseguiu se livrar da negatividade do passado e descobriu novas formas de lidar com as críticas. Hoje em dia, é uma gerente exemplar, que cuida muito de dar atenção e orientar as pessoas mais jovens da empresa e está comprometida a dar um *feedback* claro e honesto até mesmo para aqueles que não têm o melhor dos desempenhos.

Steve e Connirae Andreas, líderes na PNL, primeiramente desenvolveram um método para lidar com críticas seguindo os exemplos de pessoas que eram bem-sucedidas em transformar críticas em *feedback*. O exercício que segue é uma forma de mudar seu modo de pensar, transformando as críticas em *feedback* e seguindo em frente. Isso funciona utilizando-se de uma das habilidades-chave de PNL de *dissociação* e adotando três diferentes *posicionamentos perceptivos* para responder de maneira eficiente às críticas. Essa também é uma boa técnica para lidar com medos (consulte o Capítulo 4) e muitos outros assuntos.

Dissociação é o termo da PNL usado para separar seus sentimentos de suas experiências. Por meio da dissociação, você poderá olhar para uma situação imparcialmente na sua imaginação ao ver a si mesmo saindo dela e não se envolvendo emocionalmente. Os *posicionamentos perceptivos* usados na PNL são a *primeira posição* (ser você mesmo), a *segunda posição* (imaginar uma situação do ponto de vista de outra pessoa) e a *terceira posição* (observando tanto a primeira quanto a segunda posição do ponto de vista de um observador imparcial).

Faça o exercício a seguir devagar, trabalhando-o passo a passo e depois registrando suas ideias no Exercício 9-8.

1. Coloque-se em um ótimo estado.

Relembre algum momento quando se sentia como se estivesse no topo do mundo e nada pudesse derrubá-lo desse auge. Realmente entre na experiência, observando como se sentiu, o que viu e ouviu.

200 Parte III: Aperfeiçoamento das Ferramentas de PNL

Você precisa manter esse estado ao longo do exercício, então faça isso com um movimento de mão que o faça recordar quando se sentir com menos habilidade.

Sua técnica de ancoragem do círculo de excelência da seção "Criando um Círculo de Excelência", apresentado anteriormente neste capítulo, pode ajudá-lo aqui.

2. Imagine a si mesmo levando a crítica para longe, como se estivesse assistindo à ação em uma tela de cinema.

Escute a outra versão de você "lá fora" com o "crítico" — a pessoa que o critica e com quem você tem dificuldades para interagir. Imagine que esteja adotando o papel de "diretor de cinema", assistindo à ação como se fosse em uma tela. A Figura 9-1 lhe dá um visual dessa situação.

3. Agora, assim que as críticas começarem, assista ainda a outra versão de si mesmo saindo de você "lá fora".

Esta segunda versão de você "lá fora" irá se colocar no papel do *observador* dos dois jogadores (observando a *você "lá fora"* e ao *seu crítico*). Então agora você tem duas versões de você "lá fora" na tela — de você sendo criticado e de você observando e avaliando o que está acontecendo.

4. Comportando-se como o diretor do filme assistindo a esses três atores, veja se consegue fazer um filme imparcial na sua cabeça de crítico.

Convide o *observador* do seu filme para perguntar a cada uma das partes — o *crítico* e *você "lá fora"* — sobre a história a partir de seus pontos de vista. O *observador* então pede a cada uma das partes para fornecer um *feedback* claro e específico sobre o que deu errado. Peça que seu *você "lá fora"* e o *crítico* se mantenham respeitosos com relação um ao outro.

5. Lembre-se de se manter em seu melhor estado e totalmente dissociado da ação.

Se sentir emoções fortes com relação ao crítico ou ao evento, dê um passo atrás e se concentre em seu estado. Você pode agir o mais vagarosamente que desejar, com uma tentativa de cada vez.

6. Ainda no papel de diretor do filme, avalie as duas histórias e pergunte a si mesmo como elas podem se combinar.

Se sua própria lembrança do evento é muito diferente da do crítico, peça mais informações. Muitas vezes a crítica é vaga ou constitui um ataque pessoal. Se ouvir afirmações tais como "Você é inútil", peça evidências específicas e exemplos que corroborem que o que fez estava errado. Decida como quer responder.

7. **De sua posição segura de diretor do filme, dê uma resposta imparcial ao crítico.**

    Primeiro responda à crítica com a qual concorda e depois aos pontos com os quais não concorda, exemplificando com as razões pelas quais não concorda.

8. **Faça um balanço de tudo o que aprendeu.**

    Se descobriu alguma coisa nova sobre si mesmo ao explorar as críticas, então aceite esses pontos de vista. Pense em alguma ocasião no futuro quando poderá se utilizar desse *feedback*.

9. **Retire a tela, entre no filme e combine o aprendizado das duas versões de você "lá fora", dando a si mesmo tempo para reunir tudo o que viu, ouviu e experimentou.**

Figura 9-1: Vendo o que o diretor do filme vê.

O Exercício 9-8 permite que você apreenda os pontos-chave para que consiga registrar os benefícios disso. Faça uma anotação sobre o melhor estado emocional em que possa se encontrar, para que possa receber as críticas sabiamente. Por exemplo, você pode desejar estar em um estado de curiosidade, estar tranquilo e escutar abertamente. Em seguida, tome os diferentes papéis sucessivamente e registre qualquer ideia que lhe venha à cabeça sobre os diferentes pontos de vista de todas as partes envolvidas no exercício. Quando fizer isso, tente vivenciar como

Parte III: Aperfeiçoamento das Ferramentas de PNL

é ser a outra pessoa, tal como o crítico, e tente compreender o que pode estar acontecendo com ela. Por fim, pense em como pode usar essa informação em seu benefício se uma situação parecida surgir no futuro. Faça anotações sobre qualquer coisa que você possa fazer diferente da próxima vez.

Exercício 9-8   Minha Dissociação das Críticas e Uso do Aprendizado para o Futuro

---

Aqui, descreva um ótimo estado para se estar ao repassar as críticas com suas próprias palavras:

Registre o que descobriu sobre si mesmo a partir dos diferentes posicionamentos:

Diretor do filme:

Você "lá fora":

Crítico:

Observador (o segundo você "lá fora"):

Escolha três pontos a partir da crítica que sejam os mais úteis para levar para o futuro:

1.

2.

3.

Você se lembra do pressuposto da PNL "O fracasso não existe — somente *feedback*"? Essa pressuposição pode ser muito útil quando você tem que encarar críticas que são desagradáveis. (Para reavivar sua memória sobre as pressuposições da PNL, faça uma visitinha ao Capítulo 2.)

A PNL mostra como você pode modelar a excelência — encontrando pessoas que façam coisas excepcionalmente bem, descobrindo o que fazem e como o fazem, e então reproduzindo a magia. Quando você administra bem suas emoções, seu estado emocional se contagia. Reflita sobre o velho ditado "Sorria e o mundo sorrirá com você, chore e chorará sozinho". Contudo, você precisa tomar conhecimento de seus estados negativos ou daquilo a que os terapeutas se referem como "o lado de si mesmo que está na sombra", porque, se não o fizer, pode se tornar o que um dos nossos colegas de PNL chama com muita precisão de "tolos em êxtase", que negam seu cansaço e se esgotam. Ainda assim, quando encontrar o lado bom na situação mais difícil, descobrirá que as pessoas vão querer estar com você e ajudá-lo. Continue praticando seus estados positivos, abandone as âncoras negativas e, adivinhe, você terá muita diversão.

Agora que chegou ao final deste capítulo, reserve um tempo para refletir sobre o que descobriu que seja mais válido para você — suas pepitas de ouro pessoais. Pegue um pedaço de papel e anote tudo agora, enquanto ainda se lembrar dessas pepitas.

204 Parte III: Aperfeiçoamento das Ferramentas de PNL

Capítulo 10

Assumindo o Comando sobre as Experiências

Neste Capítulo

▶ Repensando suas lembranças

▶ Vendo, ouvindo e detectando suas lembranças

▶ Recriando lembranças

▶ Mudando crenças e criando recursos

▶ Diminuindo o sofrimento nos tempos ruins

Relembre a última vez em que entrou na sua loja de departamentos preferida. Imagine esse dia. Você consegue ver as cores dos produtos expostos, sentir o cheiro do creme pós-barba, o adorável toque dos cachecóis e das gravatas, tocar os brincos pendurados ou, para os fetichistas entre os leitores, que choque!, que horror!, sentir o cheiro dos produtos de couro? Ou você está acabando com o sossego dos vendedores tocando *todos* os sinos pendurados na pérgola? Os donos da loja têm razão ao desejarem que você se vá com seu dinheiro?

Neste capítulo você descobrirá como suas memórias são programadas e como você pode começar a mudá-las. A capacidade de modificar suas lembranças pode ajudá-lo a fazer mais o que quer e menos o que o está atrapalhando.

Registrando Lembranças

Esta seção fará com que você se conscientize de que suas lembranças possuem certas qualidades em si mesmas. Ao trazer à tona essas qualidades para sua percepção consciente, você poderá aumentar o número de boas lembranças e diminuir ou até mesmo erradicar os efeitos daquelas que trazem sofrimento para você. A fim de que possa fazer isso, precisará trazer de volta essas lembranças de forma mais consciente.

Pare por um momento para pensar sobre alguma coisa ou alguém que o faça se sentir bem. Talvez um livro, um lugar, uma pessoa ou um animal de estimação. Ao recordar, você vê que evocou uma imagem, ouviu sons ou experimentou algumas emoções. Ou talvez você tenha uma combinação de imagens, sons e sentimentos. Observe algumas características da imagem — ela está parada ou em movimento? Qual é o tamanho dela? Qual é a qualidade dos sons que ouve. Tais características estão na sua cabeça ou fora dela? Os sons têm um tom ou ritmo? Como são os sentimentos? Onde eles se localizam no seu corpo. Possuem alguma cor ou textura?

Tal como os programas de reformas de imóveis que são vistos na televisão, o Exercício 10-1 é o exercício do "antes", que permite que você reconheça a veracidade sobre o que observa nas qualidades da imagem, dos sons e dos sentimentos de suas lembranças. Os exercícios 10-2, 10-3 e 10-4 dividem cada uma das modalidades para que você possa trazer as diferentes submodalidades para sua percepção consciente e apreciar as qualidades de memória que perdeu ou aquelas sobre as quais você está inconsciente.

O Capítulo 6 tratou de como fazer o registro de suas experiências, predominantemente em imagens, o seu VAC: visões (V: Visual), sons (A: Auditivo) e sentimentos (C: Cinestésico – movimento, sentimento ou toque). Essas imagens mentais de VAC são chamadas de *sistemas representacionais* ou *modalidades*. Trabalharemos com essas qualidades de suas lembranças mais detalhadamente na seção "Familiarizando-se com as Submodalidades", mais adiante neste capítulo.

Tudo o que você vivencia é consequência das informações que recebe por meio de seus sentidos: *visual* (o que vê), *auditivo* (o que ouve), *cinestésico* (toque, movimento e sentimentos), *olfativo* (cheiros) e *gustativo* (gostos). Essas experiências são conhecidas como *modalidades*. Cada modalidade tem um nível de aperfeiçoamento conhecido como *submodalidades*. Por exemplo, uma fotografia pode ser clara ou escura e preto e branco ou colorida. Um som pode ser alto ou baixo, e assim por diante. Os exercícios 10-2, 10-3 e 10-4 permitem subdividir as submodalidades visual, auditiva e cinestésica.

Escolha uma lembrança que não o faça recordar de nada muito entusiasmante nem horrível, ou seja, nada muito emocional. Escolha alguma coisa como um jantar com os amigos, um passeio à beira-mar ou seja lá o que lhe vier à cabeça. Sua lembrança pode ser feliz ou "esquentada", ou apenas alguma coisa que você ache moderadamente desolador.

Capítulo 10: Assumindo o Comando sobre as Experiências   *207*

Guarde essa lembrança, porque você irá utilizá-la nos exercícios 10-1, 10-2, 10-3 e 10-4.

No Exercício 10-1, descreva a lembrança. Você pode descartar os termos "feliz" ou "esquentado", dependendo de como classifica sua lembrança. As classes de lembranças têm submodalidades parecidas. Por exemplo, lembranças "felizes" têm mais ou menos as mesmas características, que se diferenciam daquelas das lembranças "esquentadas", "tristes" ou "indiferentes".

Assim que pegar o ritmo de trabalhar com suas submodalidades, será capaz de dar suas próprias classificações, diferentes de "felizes" ou "esquentadas". Use o Exercício 10-1 para descrever as qualidades VAC de sua memória com a maior quantidade de detalhes possível.

Exercício 10-1   Instantâneos das Minhas Lembranças

Minha lembrança é feliz/esquentada:

Breve descrição de minha lembrança:

O que percebo em minha lembrança — como registro as visões, os sons e os sentimentos:

Visual *O que vejo:*

Auditivo *O que escuto:*

Cinestésico *O que sinto:*

Familiarizando-se com as Submodalidades

Você encontrará sua própria maneira de usar as submodalidades para que consiga agrupar suas experiências. A forma como você lista suas experiências ajuda a verificar se elas são boas, ruins, felizes, prazeirosas, tristes, cansativas, empolgantes, e assim por diante.

Pelo fato de as submodalidades constituírem os alicerces de suas experiências, compõem ferramentas essenciais para administrar sua mente e suas emoções. Comece a fazer anotações sobre como você poderá usar as submodalidades para melhorar as boas áreas de sua vida ou mudar aquilo que não está funcionando. Os exercícios deste capítulo lhe proporcionarão uma estrutura que você poderá desenvolver e adaptar às suas circunstâncias específicas.

Os exercícios 10-2, 10-3 e 10-4 dividem as submodalidades de VAC de uma forma que muito provavelmente se adequará à sua experiência.

O propósito de se trabalhar com os exercícios 10-2, 10-3 e 10-4 é ajudá-lo a reconhecer que há mais do que apenas "Oh! Eu vejo imagens", "Eu sei que tenho conversas na minha cabeça" ou "Eu tenho sentimentos muito fortes". Esses exercícios permitem que você comece a reconhecer que imagens, sons e sentimentos podem ter muitas outras qualidades características. A Tabela 10-5 consolida essa informação e coloca os três conjuntos de modalidades em um formato fácil de usar. Sinta-se livre para copiá-los e usá-los quantas vezes quiser.

Terry estava tendo aulas de *coaching* para superar a ansiedade que sentia todas as vezes que saía em longas viagens. Durante a sessão de *coaching*, descobriu que as lembranças de suas férias na Itália e no Havaí apareciam ambas levemente desfocadas e à sua direita, aproximadamente um metro à frente, em uma visão panorâmica e em cores vivas. Os sons das ondas se quebrando e os passarinhos cantando estavam à sua esquerda, um pouco abaixo do nível de sua orelha, e eram ritmados. A generalização que Terry consegue fazer, mesmo sem se aprofundar em como armazena suas lembranças, é que as memórias relacionadas a suas férias em diferentes lugares estão guardadas em um lugar específico e possuem qualidades muito parecidas.

Quando acabar de completar os exercícios 10-2, 10-3 e 10-4, use a coluna "Minha observação" para fazer anotações mais detalhadas, tais como "Sons como os que o vovô fazia", em vez de apenas dizer "Ouvi um som". Se algumas submodalidades não estiverem aparecendo na sua memória, tudo bem, apenas faça uma anotação disso marcando um X na opção correspondente a essa submodalidade em particular. A qualidade de uma submodalidade, tal como se é escura ou em um som alto, é simplesmente isso — uma qualidade, sem julgamento de valor: apenas uma maneira de mostrar a você que registrou algumas lembranças de uma maneira e outras de uma outra forma. Você pode usar esse conhecimento como um critério à medida que progride ao longo deste capítulo e descobrir como mudar as submodalidades de uma imagem, som ou sentimento, de maneira a que consiga mudar as emoções que aquela lembrança traz.

Agora, voltando à lembrança que você escolheu no Exercício 10-1, observe o Exercício 10-2 e faça uma anotação sobre as qualidades visuais dessa lembranças, algumas das quais pode ser que você nem mesmo tenha se dado conta quando preencheu o Exercício 10-1.

Exercício 10-2	Minhas Submodalidades Visuais	
Submodalidade	*Descrição*	*Minhas Observações*
Local	Aponte para onde a imagem está localizada. Para facilitar, imagine que está de pé em frente a um grande relógio. A sua imagem pode estar às duas ou às nove horas, por exemplo.	
Luminosidade	Está claro ou escuro?	
Detalhes	Há muitos detalhes em primeiro plano ou ao fundo?	
Tamanho	A imagem é pequena ou grande?	
Distância	A imagem está perto ou longe?	
Visão enquadrada ou panorâmica	Há alguma borda ao redor da imagem, ou é como se você estivesse de pé, no topo de uma montanha, olhando ao seu redor?	
Colorido/preto e branco	A imagem é colorida ou em preto e branco?	

(continua)

Parte III: Aperfeiçoamento das Ferramentas de PNL

Exercício 10-2 (*continuação*)

Movimento	É um filme ou uma imagem parada?	
Associado/ dissociado	Você está olhando a partir dos seus próprios olhos ou está observando a imagem como se fosse em uma televisão?	

Repita a mesma coisa no Exercício 10-3, só que agora escreva sobre as qualidades auditivas adicionais da lembrança que escolheu no Exercício 10-1.

Exercício 10-3   Minhas Submodalidades Auditivas

Submodalidade	*Descrição*	*Minhas Observações*
Local	O som está dentro ou fora da sua cabeça?	
Tom	O som está em um tom alto ou baixo?	
Volume	Está alto ou baixo?	
Duração	É curto, rápido, com notas partidas ou contínuas?	
Ritmo	É rápido ou lento?	
Mono/estéreo	O som está vindo apenas de uma direção ou está todo à sua volta?	
Batida	O som tem uma batida?	

Adivinhou! Agora, no Exercício 10-4, você precisa anotar as qualidades cinestésicas adicionais da lembrança que escolheu no Exercício 10-1.

Capítulo 10: Assumindo o Comando sobre as Experiências   *211*

Exercício 10-4	Minhas Submodalidades Cinestésicas	
Submodalidade	*Descrição*	*Minhas Observações*
Qualidade	A sensação é de formigamento, quente, relaxado, tenso?	
Intensidade	Quão forte é isso que você sente?	
Duração	Isso que você sente é contínuo?	
Local	Onde se localiza a sensação no seu corpo?	
Parado ou em movimento	Isso que você sente é em um único lugar ou ele se move em torno do seu corpo?	
Tamanho	Qual é o tamanho disso que você sente?	
Temperatura	Isso que você sente é quente ou frio?	

Observar o modo como cataloga suas lembranças é uma maneira útil de se familiarizar com as submodalidades — que é o objetivo do Exercício 10-5. (Você pode caprichar e listar *todas* as sutilezas de *todas* as suas lembranças em folhas de papel extras.) No Exercício 10-5, pode ser que você se veja guardando todas as suas lembranças felizes próximo aos mesmos lugares e perceba que elas possuem características similares e que são muito diferentes de onde você guarda as lembranças que são infelizes ou desagradáveis. Da mesma forma, talvez você tenha o mesmo modo de guardar as pessoas que gosta na memória, e que é muito diferente de como você guarda a lembrança de pessoas por quem tem muita aversão ou detesta com todas as suas forças.

Exercício 10-5		Todas as Submodalidades Juntas			
Visual		*Auditivo*		*Cinestésico*	
Submodalidade	*Descrição*	*Submodalidade*	*Descrição*	*Submodalidade*	*Descrição*

Associando e Dissociando

Se você é do tipo que fica com lágrimas nos olhos porque "sente a dor de outra pessoa", então encontrar uma maneira de se dissociar pode ajudá-lo a manter suas emoções sob controle. Essa é uma boa ferramenta para ajudá-lo a se manter equilibrado e não se ver enredado demais pelas emoções.

Ter a capacidade de "se *associar a*" ou "se *dissociar de*" uma lembrança lhe dá o comando para sentir as coisas mais intensamente ou reduzir a intensidade de um sentimento, em resposta à lembrança de uma situação.

Capítulo 10: Assumindo o Comando sobre as Experiências   **213**

Você se lembra de quando chegou em casa na noite passada? Mantenha essa imagem na cabeça e agora olhe para baixo e veja a si mesmo de pé, do lado de fora de sua porta da frente. Coloque a chave na porta, gire-a e atravesse o umbral. Se você se sentiu revivendo tudo isso, é porque estava *associado* a essa lembrança. Agora finja que está de pé do outro lado rua da sua casa, olhe para baixo e observe o asfalto. Então olhe para cima e "assista" a si mesmo caminhando em direção à sua porta da frente, coloque a chave na porta, gire-a e atravesse o umbral. Se você se viu assistindo a si mesmo, você estava *dissociado* dessa lembrança.

Em algum momento em que se veja submergindo em um sentimento, dissocie-se dele saindo da imagem e indo para uma posição de observador. Se precisar realmente sentir uma emoção, entre na imagem e olhe para fora e ao seu redor, como se fosse um participante da lembrança.

Agora escolha outras duas lembranças. Essas lembranças precisam ser aquelas para as quais você tenha dado significados diferentes em sua lista. Além disso, elas precisam ter contextos diferentes — por exemplo, visitar seus avós ou ir a uma entrevista de emprego. Suas lembranças podem ser de pessoas — amigos, conhecidos, ou até mesmo de seus inimigos mortais. Registre as submodalidades VAC de cada lembrança no Exercício 10-6, observando as similaridades e diferenças para cada lembrança. Se optar por escolher amigos ou conhecidos, eles podem ter características parecidas, mas faça uma anotação de qualquer diferença sutil ou similaridades entre eles.

Exercício 10-6	**Observando Como Enumero minhas Lembranças**		
	Visual	*Auditivo*	*Cinestésico*
Lembrança 1:			
Lembrança 2:			
Lembrança 3:			

Reparando a Estrada da Memória

Use uma das lembranças do Exercício 10-6 — ou resgate outra lembrança, mas ainda evitando que ela seja traumática ou inquietante — para brincar de mudar de lembrança. Nesse processo, você descobrirá o quanto possui de controle sobre as experiências que guarda e também como pode mudar o efeito dessas experiências sobre você.

Nesta seção você descobrirá como mudar cada submodalidade de VAC em sua lembrança e analisar o efeito que a mudança impacta no todo. Por exemplo, poderá notar que ao mudar a imagem para um local diferente, os sons que ouve se tornam mais suaves ou o sentimento desaparece.

Os exercícios 10-2, 10-3 e 10-4 constituem o registro de suas submodalidades, por isso, guarde as folhas desses exercícios em um lugar seguro. Se ficar apreensivo quando mudar a lembrança que escolheu (o que pode acontecer, já que as submodalidades são algo muito poderoso), poderá voltar aos exercícios e rapidamente colocar sua lembrança de volta onde estava até que esteja seguro o bastante para continuar o exercício.

O Exercício 10-7 lista as submodalidades das lembranças de John se esbaldando em uma piscina ao ar livre com seus amigos.

Exercício 10-7   A Lista de John com suas Submodalidades

Submodalidade	Descrição
Visual: Local	A imagem é a de um relógio marcando duas horas, a aproximadamente 20 graus da altura dos olhos.
Visual: Luminosidade	A imagem é muito luminosa.
Visual: Colorido/Preto e Branco	Está em uma cor vívida.
Visual: Associação/Dissociação	Estou em associação com a imagem.
Visual: Parado ou em movimento	Há muito movimento na imagem.
Auditiva: Volume	O único som que escuto é o de todos nós rindo, se esbaldando, gritando, e o som está muito alto.

Cinestésica: Temperatura	O sol bate muito quente na minha pele e sinto um calor de satisfação em meu coração.

Mudar as submodalidades pode lhe dar uma sensação de estranheza, sendo assim, encontre um lugar tranquilo para trabalhar sozinho ou com um amigo de confiança que possa ler a lista para você e também ajudá-lo a calmamente retornar a submodalidades mais familiares. Lembre-se de que mudar as submodalidades só é algo permanente se você optar por manter a mudança. Então, se se sentir desconfortável com a nova configuração de submodalidades, poderá retornar para a anterior. Você pode começar com qualquer uma das submodalidades VAC ou optar por trabalhá-las na ordem que encontra neste capítulo.

Mude as submodalidades visuais, uma de cada vez, observando o impacto, se é que ele existe, que a mudança tem na sua memória. Por exemplo, você pode mudar a imagem para um lugar diferente no mostrador do relógio ou movê-la para mais perto ou mais longe. Poderá também tornar a imagem mais escura ou mais clara. Anote as mudanças que experimentar. Repita o processo todo com as submodalidades auditivas. Por exemplo, varie a altura dos sons ou faça com que uma das vozes soe como Homer Simpson a fim de descobrir como as mudanças de voz transformam a maneira como se sente sobre a mensagem. Você pode escolher mudar o local de um sentimento no seu corpo ou, se sua memória tem uma cor, mudar essa cor.

John trocou o local visual de sua memória e registrou os resultados, anotando-os no Exercício 10-8.

Exercício 10-8 — Resultados de John ao Mudar suas Submodalidades

A mudança que teve o maior impacto:	Mudei o local da imagem mais para a minha esquerda.
As mudanças que percebi:	Os sons do nosso jogo de repente quase que sumiram, e meu coração ficou desanimado. Por sua vez, a mudança de cada uma das outras submodalidades teve pouco efeito na qualidade da minha memória.

Tome nota de tudo com a maior quantidade de detalhes que conseguir das qualidades da lembrança que escolheu nos exercícios 10-2, 10-3 e 10-4. Depois, utilize o Exercício 10-9 para anotar as mudanças que experimentar quando alterar cada submodalidade. Mude cada uma das submodalidades e registre como sua memória é afetada — são sentimentos mais intensos ou superficiais? Pode ser que se decida por mudar uma sensação de formigamento para uma de se sentir acariciado ou se dissociar de uma imagem e a observar desde uma visão panorâmica completa. Você também pode decidir mudar um som que observa como vindo da sua esquerda para um que venha da sua direita.

Exercício 10-9   Efeitos das Mudanças das Submodalidades

Submodalidade	Efeito da Mudança de Minha Submodalidade
Visual:	
Visual:	
Visual:	
Visual:	
Auditiva:	
Auditiva:	
Auditiva:	
Auditiva:	
Cinestésica:	
Cinestésica:	
Cinestésica:	
Cinestésica:	

Se você sentir repulsa, por exemplo, ao mudar uma submodalidade visual como o local, pois isso não muda apenas o modo como se sente acerca de um acontecimento ou de uma pessoa, mas também as submodalidades auditivas e cinestésicas, fique calmo. Ou então, faça o oposto — mantenha-se entusiasmado e feliz porque encontrou o condutor ou a submodalidade crítica.

A *submodalidade condutora ou crítica* é aquela que transforma outras submodalidades quando muda. Por exemplo, se você se deixa ficar por baixo e com raiva em resposta às críticas de um de seus pais, pode ser porque, para você, o significado que dá à crítica seja "Ele não confia em mim". Mudar um condutor de submodalidade pode não apenas mudar a imagem, os sons e os sentimentos, mas também fazê-lo perceber que seu pai ou sua mãe está fazendo essa crítica por medo. E então, de repente, o significado que dá à crítica muda para "Ele está fazendo isso para me proteger".

Tais mudanças podem ocorrer em todas as modalidades VAC. Tome o exemplo de uma situação em que você muda o lugar de um sentimento em seu corpo. Isso pode, por sua vez, ter impacto sobre uma imagem que você guarda sobre um acontecimento, os sons que ouve relacionados ao fato e, por fim, o significado que coloca sobre o que aconteceu.

Fazendo uma Faxina nas Suas Vivências

Nas seções anteriores deste capítulo mostramos como administrar suas submodalidades e, dessa forma, mudar as associações às suas lembranças. Em vez de deixar que a lembrança de uma experiência o restrinja, você pode diminuir a intensidade da memória colocando-a em preto e branco, movendo-a para outro lugar, de forma a que praticamente tenha que contorcer o pescoço para olhá-la, ou diminuindo os sons e movendo os sentimentos para fora de seu corpo.

Você pode usar a mesma técnica para mudar uma crença que esteja limitando o que deseja alcançar na vida e criar os recursos necessários para que possa ser bem-sucedido.

Como mudar uma crença limitadora

Mudar uma crença limitadora pode ser o exercício mais importante com que você se depare, porque as crenças limitadoras são traiçoeiras, muitas vezes se formando a partir de uma suspeita leve que surge da observação de como as pessoas estão se comportando ou recebendo as críticas que outras pessoas fazem. Você pode ter uma crença sobre outras pessoas que pode limitar as interações com elas — por exemplo, "pessoas jovens não têm boas maneiras".

As crenças limitadoras também podem aparecer em frases como:

- Eu leio devagar.
- Não consigo decifrar mapas.
- Nunca vou conseguir ficar de ponta cabeça como o meu professor de yoga, pois ele é bem magrinho.
- Dirigir na estrada é assustador.
- Eu sou muito medíocre para ter X, alcançar X ou fazer X, sendo X alguma coisa que muitas outras pessoas conseguem ter, alcançar ou estão fazendo com muita facilidade.
- As pessoas que têm a mesma formação que a minha são todas pobres.
- Não consigo soletrar.

Após repetir a crença apenas algumas vezes, a leve suspeita se torna uma crença limitadora plena, e de repente você se vê desnecessariamente limitado, porque permitiu que a opinião de outra pessoa obscurecesse seu julgamento.

Algumas pesquisas demonstram que as pessoas processam mais rapidamente as imagens do que os sons e os sentimentos. Então, se quiser experimentar uma mudança rápida, jogue com suas submodalidades visuais.

"Mas eu não faço fotos", você pode se ver dizendo.

"Ah, sim, você faz!"

"Não, eu não faço!"

"Ah, sim, faz, sim!"

"Onde?"

"Não, não atrás de você — dentro da sua cabeça."

Essa pequena pantomina (tearo gestual que utiliza o mínimo de palavras e o máximo possível de gestos, expressões e movimentos) é apenas para nos divertir um pouco e assegurá-lo de que você produz imagens, mesmo que esteja mais consciente dos seus sentimentos e sons. Tal como não pensar no seu dedão do pé, até agora. Contudo, agora que seu dedão do pé foi mencionado, seus pensamentos vão direto para seus pés, e imediatamente você se torna consciente de seu dedão do pé.

Capítulo 10: Assumindo o Comando sobre as Experiências 219

Agora você tem a chance de ir à luta e sair da gaiola onde você mesmo se aprisionou. O processo é simples, basta acompanhar os passos a seguir. Pedimos que preste atenção às imagens, mas se você se sente mais à vontade utilizando as submodalidades auditiva ou cinestésica, sinta-se livre para usá-las no lugar das outras.

1. **Pense em uma crença limitadora que você tenha e faça uma anotação sobre a imagem que lhe vier à cabeça sobre ela.**

2. **Pense em uma crença na qual você não acredita mais que seja verdade.**

   Pode ser algo como "Eu costumava acreditar em Papai Noel". Olhe para a imagem apresentada pela crença na qual já não acredita.

3. **Pense em uma crença de que tem certeza.**

   Precisa de ajuda? Pense nas estrelas quando está sob o céu de uma cidade iluminada. Mesmo que não consiga vê-las muito perto de você, sabe que elas existem e sabe que o Sol se levantará de manhã cedinho. A exceção é para os pais dos adolescentes em férias, que têm certeza que *seu filho não se levantará de manhã cedinho!* Então, imagine seu filho — quero dizer, um filete de luz do Sol — se levantando, ou qualquer outra crença.

4. **Pense em uma crença que preferiria ter do que a crença limitadora que imaginou no Passo 1.**

   Isso pode ser o oposto de sua crença limitadora, só que com uma afirmação positiva, "Eu posso estar em forma, ser saudável e pesar 63 quilos de novo". E então observe a imagem que acompanha sua nova crença.

5. **Mude as submodalidades da crença limitadora do Passo 1 para as da crença que não é mais verdade para você do Passo 2.**

6. **Mude as submodalidades da crença que preferiria ter do Passo 4 para a da crença na qual você está absolutamente certo do Passo 3.**

Voilà! Simples! Apenas observe a diferença e aproveite. Agora você tem uma crença fortalecedora, ao invés de uma crença limitadora. Você pode usar o Exercício 10-10 para registrar a mudança de sua crença limitadora.

Exercício 10-10   Mudanças em Minha Crença Limitadora

	As Submodalidades
Minha crença limitadora:	
A crença que eu preferiria ter:	
A crença que não é mais verdadeira para mim:	
A crença da qual estou absolutamente seguro:	
Minha crença limitadora agora se parece com:	
A nova crença fortalecedora agora se parece com:	

Criando os recursos necessários

Muitas vezes, reconhecer que os recursos de que precisa estão bem debaixo do seu nariz é uma coisa difícil, especialmente quando você se vê se portando de uma maneira que o detém ou experimentando emoções tais como o tédio ou uma falta de confiança, ou sentimentos de ódio, depressão ou medo. Lembre-se de que você não se comporta assim o tempo todo, nem experimenta essas emoções o tempo todo. Isso significa que você tem outras formas de se comportar e sentir emoções. Você pode focar nos momentos mais positivos, quando se sentia vivaz, entusiasmado, carinhoso, confiante e sem medos. Então, se você está cheio de se sentir em um estado de ânimo negativo, resgate a lembrança de quando se sentiu como você preferiria se sentir ou fez alguma coisa que o fez se sentir bem.

Se criar os recursos de que precisa parece impossível de ser feito por você mesmo, peça a ajuda de seu anjo da guarda, ou de um amigo real, ou evoque um personagem saído dos anais da história ou uma celebridade do mundo da televisão ou do cinema. Você pode escolher pessoas diferentes para ajudá-lo com problemas diferentes. Um dos favoritos de Romilla tinha que ser o MacGyver, um personagem da TV que nunca

Capítulo 10: Assumindo o Comando sobre as Experiências

desistia, que conseguia inventar utensílios e armas a partir de restos de linhas, pedaços de borracha e rolamentos, e sempre salvava o dia, apesar das circunstâncias mais adversas. Se a pessoa estiver indisponível ou for imaginária, você pode manter uma conversa de faz de conta com seu ajudante (um bom movimento para permitir que você se dissocie do seu problema, para que você possa ter espaço para respirar) e pedir que ele lhe sugira uma solução. Ou pode imaginar o ajudante de frente para você de modo a que você possa se mover fisicamente para dentro do corpo dele a fim de olhar o problema daquele ponto de vista. Você provavelmente se surpreenderá!

Dermot via a si mesmo como uma vítima das circunstâncias. Ele acreditava totalmente na lei de Murphy, acrescentando um toque especial de "P.S." — se algo der errado, dará errado *especialmente para mim*. Sentindo-se dessa maneira, Dermot se inscreveu em um curso de *coaching* e insistiu em ter aulas extras, porque sua situação era muito pior do que a de qualquer outra pessoa, e com a sua sorte, as coisas não iriam funcionar tão bem para ele como para os outros participantes. O experiente *coach* de Dermot fez com que ele pensasse sobre situações e pessoas de maneira que elaborasse um conjunto de recursos dos quais pudesse se servir e se utilizar para puxá-lo de volta quando sentisse que estava descendo novamente ao seu estado de espírito de se sentir uma vítima. Você poderá ver um exemplo do conjunto de recursos utilizado por Dermot no Exercício 10-11.

Exercício 10-11	Conjunto de Recursos de Dermot
Problema:	Eu fico muito tenso quando penso em trabalhar com Timothy, porque eu realmente não gosto dele e sei que ele também não gosta de mim.
Recurso:	Anita, minha professora de canto. Eu realmente gosto dela, e ela faz com que me sinta muito calmo.

Ao evocar os sentimentos de tranquilidade que Dermot sentia quando pensava em Anita, era capaz de suprimir muito da emoção que sentia ao lidar com Timothy. As coisas ainda não estão maravilhosas, mas Dermot consegue trabalhar com Timothy de maneira mais eficiente.

Use o Exercício 10-12 para pensar em um problema que esteja vivenciando. Depois pense em um recurso que possa utilizar para aliviar os sintomas do problema ou até mesmo livrar-se dele de uma vez por todas.

Exercício 10-12	Meu Conjunto de Recursos
Problema:	
Recurso:	

Superação em Tempos Difíceis

Talvez seja banal dizer "o tempo cura". Então está bem, você é cético, mas se estiver passando por um momento difícil, tente guardar o pensamento "o tempo cura" e pense sobre um tempo no futuro em que seu problema estará resolvido. Quando você é pego pela tragédia de uma situação problemática, é muitas vezes difícil pensar com clareza, por causa das imagens, dos sons e dos sentimentos que fazem ruído ao seu redor. Mas, ao imaginar um cenário no qual o seu problema foi resolvido, você se dá ao luxo de projetar uma solução satisfatória, além de dar ao seu inconsciente a ideia de como a submodalidade será quando você tiver uma resposta.

No Exercício 10-13 você pode praticar como descobrir as submodalidades das soluções imaginadas por você para o seu problema. Isso pode não lhe apresentar uma resolução imediata, mas pode ajudá-lo a adquirir mais recursos para saber como está se sentindo neste momento. A partir do momento que parar de jogar suas energias para todas as direções e começar a se concentrar em uma maneira de agir tranquila e recolhida, você poderá mover montanhas.

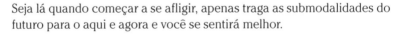

Seja lá quando começar a se afligir, apenas traga as submodalidades do futuro para o aqui e agora e você se sentirá melhor.

Quanto mais vívidas você puder tornar suas futuras submodalidades, mais estas terão impacto no seu bem-estar.

Capítulo 10: Assumindo o Comando sobre as Experiências

Exercício 10-13	Mudanças das Submodalidades de Meu Problema
Meu problema no momento:	
As submodalidades quando penso em meu problema:	
As submodalidades no futuro, quando meu problema não mais existir, são:	

Ninguém pode lhe dizer como organizar suas submodalidades. Agora que você sabe como mudá-las, pode optar por fazê-lo de maneira a que afetem o modo como deseja se sentir e a mudar como você se sente e vive sua vida da maneira que deseja. Então, se você não gosta do que vê, ouve ou sente, simplesmente mude suas submodalidades.

Capítulo 11

Colocando-se em Sintonia com Seu Objetivo

....

Neste Capítulo

▶ Elaborando o objetivo por meio dos níveis lógicos

▶ Encontrando formas para mudar

▶ Conectando-se com suas crenças e valores

▶ Descobrindo o valor de seu trabalho

▶ Ganhando fluidez

....

*E*mpreender uma mudança fica fácil quando se aprende como fazer isso. Comece pensando em todas aquelas coisas que você vive protelando: quais são suas opções e do que você precisa para que consiga dar o pontapé inicial. Sim, temos certeza de que você tem alguns sonhos e tarefas práticas nas quais precisa trabalhar.

Neste capítulo você terá a chance de experimentar uma das estruturas mais valiosas que a PNL tem para oferecer: o modelo dos Níveis Lógicos (também chamado de Níveis Neurológicos, no jargão da PNL), criado por um dos mais importantes instrutores de PNL, Robert Dilts. Logo de cara, podemos dizer que o modelo dos níveis lógicos é a ferramenta favorita de Kate na PNL – a ferramenta segura para onde ela se volta quando seus clientes se deparam com algum impasse. A razão disso? O modelo dos níveis lógicos faz com que você tome consciência do que está acontecendo no seu mundo, tanto interno quanto externo, e mostra o caminho para atingir os objetivos de boa formulação de que começamos a falar no Capítulo 3.

Observando os Níveis Lógicos

A aplicação do modelo dos níveis lógicos o ajuda a trazer visão e objetivo para sua vida, além de ajudá-lo a apreciar um estado geral de fluidez e bem-estar. (Isso não é algo poderoso?) Os níveis lógicos são os que seguem:

- Seu sentido de propósito (espiritualidade)
- Sua identidade
- Suas crenças e seus valores
- Seu potencial (capacidades e habilidades)
- Como você se comporta (comportamento)
- O ambiente em que atua

Você pode trabalhar entre os níveis tanto de cima para baixo quanto de baixo para cima. Os exercícios fazem com que reflita de maneira construtiva sobre quem você é e por que algumas coisas são mais importantes para você. Você os elabora com base no que descobre sobre as diferentes partes de si mesmo e nos valores trabalhados no Capítulo 5.

À medida que trabalha com os níveis lógicos, não se esqueça de reconhecer a pessoa maravilhosa que você já é: as habilidades e talentos que possui e as intenções positivas por detrás de seu comportamento.

Imagine que você seja um jornalista investigativo armado com uma série de perguntas para descobrir tudo o que se pode saber sobre uma pessoa ou situação — quem, o quê, quando, onde, como e os porquês. O modelo dos níveis lógicos é uma forma de dividir sua experiência pessoal em seis categorias diferentes que o conectam a perguntas-chave. Aqui estão as categorias e as perguntas. A Figura 11-1 oferece um lembrete visual de como você poderá aplicar os níveis lógicos.

- **Ambiente** se refere a oportunidades ou restrições externas e responde às perguntas *onde*, *quando* e *com quem*.
- **Comportamento** é feito de ações específicas no âmbito do ambiente e responde à pergunta *o quê*.
- **Capacidade e habilidades** diz respeito a conhecimento. O "como fazer tal coisa", que o guia e direciona seu comportamento. Aqui você responde à pergunta *como*.
- **Crenças e Valores** fornecem o reforço (motivação e permissão) para apoiar ou negar seu potencial. Esse nível responde às perguntas sobre os *porquês*.
- **Fatores de Identidade** determinam a consciência de si mesmo e respondem à pergunta *quem*.

Capítulo 11: Colocando-se em Sintonia com Seu Objetivo **227**

> ✔ **Propósito/Espiritualidade** vai além da autoconsciência e se relaciona com a visão geral sobre sua missão para perguntar *para quê*, *para quem* ou ainda *quem mais*.

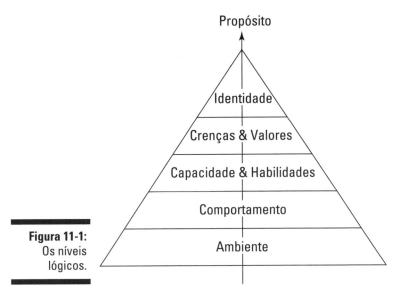

Figura 11-1: Os níveis lógicos.

Rumo a uma Mudança Fácil

Nesta seção mostramos como você poderá aplicar o modelo dos níveis lógicos a você mesmo, a um cliente ou a uma situação de grupo, sem muita complicação.

Quando levamos uma vida agitada, é normal que algumas áreas da vida se desequilibrem de vez em quando. Tudo bem com isso, contanto que você esteja consciente do que está acontecendo. Talvez você esteja colocando muita energia em cultivar boas amizades com as pessoas e sua conta bancária esteja sendo afetada por isso. Ou tem trabalhado duro e não consegue tempo para cuidar da sua casa ou de si mesmo. O modelo dos níveis lógicos pode ajudá-lo a recuperar o equilíbrio facilmente.

A busca pelo equilíbrio em áreas-chave

O Exercício 11-1 contém uma lista de áreas-chave que abarcam aspectos de uma vida equilibrada. Ao analisar a lista, pense em uma área em que esteja se sentindo estagnado ou sente que ainda tem algo para ser melhorado. Circule a área na qual gostaria de se concentrar.

Exercício 11-1	Chaves para uma Vida Equilibrada
Família	
Diversão	
Saúde	
Trabalho	
Aprendizado	
Moradia	
Romance	
Vida social	
Vida espiritual	
Acrescente uma área você mesmo:	

Em seguida você poderá utilizar os níveis lógicos para ajudá-lo a visualizar e alcançar seu objetivo. Mostramos como você pode fazer isso usando a história de Freda como modelo.

Freda trabalha para a companhia de água local e recentemente foi promovida a uma função estratégica. Ela tem uma boa formação e faz um ótimo trabalho mantendo as finanças da empresa em ordem e é meticulosa e competitiva no trabalho. Mas, adivinhe só? Em contrapartida, as finanças pessoais de Freda são uma bagunça. Todo o dinheiro extra que recebe acaba indo embora em saídas com os amigos e compras de roupas e bolsas de marca. Quando Freda veio para o *coaching*, admitia estar cada vez mais frustrada com o fato de ainda morar com seus pais, na mesma casa onde havia nascido há 30 anos. As dívidas de Freda aumentavam a cada dia, e ela precisava tomar uma atitude. Ao trabalhar com o modelo de níveis lógicos, rapidamente conseguiu elaborar um plano prático para pagar suas dívidas e comprar sua própria casa. O Exercício 11-2 mostra o que ela disse sobre onde quer estar daqui a um ano.

Capítulo 11: Colocando-se em Sintonia com Seu Objetivo   229

Exercício 11-2	Exercício para Equilibrar a Vida de Freda
Área-chave:	Dinheiro
Ambiente: onde, quando e com quem estou?	10 de outubro de 2009. Estou me mudando para meu próprio apartamento. Meus amigos e minha família estão me ajudando.
Comportamento: o que estou fazendo?	Acabei de desembalar meus livros e roupas. Eu economizei o sinal ao fazer uma hipoteca e comprei meu próprio apartamento. Vendi um monte de roupas que não usava e parei de comprar de maneira impulsiva. Eu também tenho um emprego de meio período, dando aulas de contabilidade à noite em uma faculdade local.
Capacidade: como estou fazendo com que minhas habilidades e talentos permitam que eu faça mudanças na área em que estou me concentrando? E de que novas habilidades pode ser que eu precise?	Eu sou muito prática e resiliente. Sei como administrar dinheiro e fazer economias com a experiência que adquiri no meu trabalho e estou aplicando meu conhecimento às minhas finanças pessoais. Estou desenvolvendo minhas habilidades como professora, e desse modo pretendo conseguir trabalhos bem pagos no futuro.
Crenças e Valores: o que acredito ser verdade aqui, o que é importante para mim? (Lembre-se de que suas crenças e valores são condutores-chave que motivam suas atitudes.)	É importante para mim ter controle sobre o meu dinheiro, já que isso me dá mais independência para ter mais diversão a longo prazo. Creio que até meus 30 anos eu já tenha meu próprio apartamento. Para mim, a privacidade é importante para que eu possa fazer o que quiser no meu próprio espaço.
Identidade: quem eu sou neste contexto? Que papéis dentro os que desempenho são relevantes nesta situação? Como descrevo a mim mesmo?	Eu sou um adulto financeiramente responsável. Apelidei a mim mesma de "Freda, a mágica das finanças", para lembrar a mim mesma do quanto é bom estar em controle das minhas finanças.

(continua)

Exercício 11-2 (*continuação*)

Propósito: que significado posso extrair da minha experiência nessa situação específica e como ela se relaciona a outras áreas da minha vida?	*Agora todos os meus amigos me pedem ajuda sobre como prever custos e economizar com sabedoria. Sinto que agora posso seguir minha vida mais confiante e também fazer uma diferença na vida dos outros.*

Agora utilize o Exercício 11-3 para registrar suas respostas, na área-chave que circundou no Exercício 11-1, às perguntas sobre o que gostaria que fosse diferente daqui a um ano. As perguntas se referem às seis categorias listadas na seção "Observando os Níveis Lógicos", e talvez você também queira dar uma olhada na imagem da pirâmide dos níveis lógicos na Figura 11-1.

Embora pedimos que imagine seu futuro daqui a um ano, escreva suas respostas na sua folha de exercício no tempo presente, como se já tivesse realizado a mudança que deseja fazer. Dessa forma você convoca seu inconsciente para ajudá-lo a fazer com que seus objetivos se tornem realidade. O inconsciente não faz distinções entre o que é imaginário e o que é real.

Exercício 11-3   Exercício para Equilibrar Minha Vida

Área-chave:	
Ambiente: onde, quando e com quem estou?	
Comportamento: o que estou fazendo?	
Capacidade: como estou fazendo com que minhas habilidades e talentos permitam que eu faça mudanças na área em que estou me concentrando? E de que novas habilidades pode ser que eu precise?	

Capítulo 11: Colocando-se em Sintonia com Seu Objetivo **231**

Crenças e Valores: o que acredito ser verdade aqui, o que é importante para mim? (Lembre-se de que suas crenças e valores são condutores-chave que motivam suas atitudes.)	
Identidade: quem eu sou neste contexto? Que papéis dentre os que desempenho são relevantes nesta situação? Como descrevo a mim mesmo?	
Propósito: que significado posso extrair da minha experiência nessa situação específica e como ela se relaciona a outras áreas da minha vida?	

Fortalecendo seus músculos da PNL

Uma das razões pelas quais as técnicas de PNL provêm um aprendizado com uma base tão sólida é porque muitos dos exercícios mobilizam seu corpo — movimento e respiração. Enquanto estiver fazendo os exercícios, você pode ficar de pé ou sentado em lugares diferentes, para que possa descobrir como se sente nas diferentes posições.

Muitas vezes, quando trabalhamos com grupos de pessoas e equipes, colocamos pedaços de papel no chão, ou cadeiras, para mostrar os seis níveis lógicos. As pessoas conseguem, assim, se lembrar da experiência mais vividamente do que se escutassem sobre elas de uma forma abstrata.

Aqui está um exercício para experimentar com sua equipe no trabalho.

1. **Pegue seis pedaços de papel e escreva o nome dos níveis lógicos em cada um deles (se precisar recapitular, volte à seção "Observando os Níveis Lógicos" ou à Figura 11-1).**

2. **Coloque os pedaços de papel no chão da sua sala de reuniões, em uma linha reta e espaçados, como se fossem plataformas individuais. Se o espaço for grande, melhor ainda.**

3. **Faça com que cada membro da equipe tenha a oportunidade de passar por cada um dos níveis e depois dizer o que ele ou**

ela pensa sobre a condição atual da equipe e seus objetivos para o futuro em duas rodadas de perguntas:

- **Primeira rodada:** trabalhando desde o Ambiente e subindo para o Propósito, pergunte como essa equipe está hoje em cada nível.

- **Segunda rodada:** trabalhando desde o Propósito e descendo para o Ambiente, pergunte como essa equipe gostaria de estar dentro de dois anos.

As perguntas a serem feitas a cada nível lógico são similares às da seção anterior, "A busca pelo equilíbrio em áreas-chave" — neste caso, elas simplesmente são adaptadas a um contexto de trabalho:

- **Ambiente:** onde, quando e com quem você está trabalhando?

- **Comportamento:** o que estamos fazendo?

- **Capacidade:** como podemos trazer nossas habilidades e talentos para nos apoiarmos mutuamente?

- **Crenças e Valores:** o que acreditamos ser verdade aqui, o que é importante para nós enquanto uma equipe? E por que é assim?

- **Identidade:** quem somos nós? Qual o nosso papel dentro da empresa?

- **Propósito:** como nos encaixamos na perspectiva geral da empresa? Por que estamos aqui?

Jan foi indicado para ser supervisor de Atendimento ao Cliente em uma empresa de medicamentos. O posto era um desafio de promoção para ela. Ela nunca havia gerenciado pessoas antes e teve que mudar sua identidade de um membro da equipe que adorava se divertir para o de uma pessoa que estava à frente da equipe em um momento em que o atendimento ao cliente estava com a reputação em baixa na empresa e muitas reclamações chegavam de fora. Quando Jan descobriu o modelo dos níveis lógicos, decidiu trazê-lo para sua reunião mensal e surpreendeu sua nova equipe convidando-os a explorar, colocando os pedaços de papéis no chão, como eles queriam trabalhar juntos. A partir do exercício, a equipe pôde expressar suas preocupações, prometeu trabalhar em conjunto com honestidade e respeito e se comprometeu seriamente com os medicamentos produzidos pela empresa. Os membros da equipe perceberam que eram parte de um trabalho importante que salvava vidas. Em termos psicológicos, o que aconteceu foi que se colocaram como parte de uma equipe importante em um negócio de valor, e seguiram ganhando prêmios de qualidade, demonstrando a motivação da equipe.

Você pode ser criativo e adaptar os exercícios de níveis lógicos ao olhar para eles no papel, falar sobre eles e caminhar sobre eles. Quanto mais sentidos você trouxer para o exercício — acrescentando cores, sons, gostos e cheiros —, melhor. Pense nas diferentes situações em que os níveis lógicos poderão ajudá-lo. Por exemplo, se estiver planejando uma viagem com amigos, chamar a todos para explorar os níveis lógicos de uma maneira aberta irá ajudá-lo a assegurar que cada um dos membros do grupo se divirta à sua maneira.

Focando na Identidade, nos Valores e nas Crenças

À medida que trabalha com o modelo dos níveis lógicos, você verá que consegue um impacto mais rápido quando trata das questões dos níveis lógicos mais altos — no nível das Crenças e Valores, passando pelo nível da Identidade, até chegar ao seu senso de Propósito. Você poderá ajudar a si mesmo ao explorar as questões mais elevadas com um amigo imparcial, um mentor ou *coach*, que provavelmente terá a mente aberta acerca de seu curso de ação.

Escolha uma das situações mais desafiadoras em sua vida, uma daquelas na qual você esteja se esforçando para tomar uma decisão ou algo que queira começar, e utilize a exploração da Identidade e dos Valores para planejar algumas Crenças mais fortalecedoras a fim de responder a essa situação.

Se você estiver com dificuldade para pensar em uma situação específica, aqui vão alguns exemplos: mudança de emprego, mudança de residência, desenvolvimento ou rompimento de um relacionamento, fazer uma mudança de hábito em um negócio e tomar decisões importantes com relação a filhos e à educação deles.

Explorando sua identidade

Certamente você desempenha muitos papéis em sua vida, que juntos compõem uma rica trama, que é o reflexo de sua essência única. É essa essência que o faz especial e diferente de qualquer outra pessoa. Em alguns momentos você circula bem entre os papéis, por exemplo, como cabeleireira e mãe ou pai, ou como gerente e dona de casa. Entretanto, em outras ocasiões, os diferentes papéis geram tensões. A fim de integrar todas essas diferentes partes de você em um único todo, considere um nome ou rótulo positivo que possa englobar todos esses papéis. Talvez você se considere uma mulher sábia, um guerreiro amável, um explorador,

Parte III: Aperfeiçoamento das Ferramentas de PNL

uma diva corajosa ou um tigre exótico. Encontre um nome para sua identidade que descreva tudo o que representa o melhor de você.

Frank está decidindo se deseja fazer uma mudança de estilo de vida e emigrar do Reino Unido para a Austrália com seus filhos e sua esposa australiana. Muitas questões conflitantes estão rondando a sua cabeça, e ele contou à Kate como estava confuso. Recentemente Frank começou em um trabalho que adora, e está estabelecido e feliz morando em uma cidadezinha do interior da Inglaterra — além de estar à frente do time de *cricket* local e envolvido com os times de futebol locais com seu filho. Seus pais vivem por perto, e tudo parecia bem, até que sua esposa lhe revelou que estava sentindo saudades de casa e queria voltar a morar em Melbourne, perto de sua família. Frank sente como se fosse desapontar seus pais e seu empregador caso se mude, e sua esposa, caso não se mude. Frank usou o Exercício 11-4 para explorar o que ele pensa sobre si mesmo e seu papel.

Exercício 11-4	Exercício para Nomear a Identidade de Frank
Os nomes que dou para os diferentes papéis que desempenho na minha vida:	Marido herói Pai coruja Filho magia Programador guerreiro Suprassumo do cricket
Qual é o papel que engloba todos os outros papéis?	Explorador intrépido
Qual é a visão da situação de cada um dos diferentes papéis?	Eu serei um marido herói se encontrar uma maneira de realizar o desejo de minha esposa. Meu filho me coruja tanto quanto eu o corujo, e ele está em uma boa idade para se mudar. A maior dificuldade é como me sinto culpado em deixar meus pais no Reino Unido. Como posso continuar a ser o seu filho magia morando tão longe? Como um programador guerreiro, sempre haverá maneiras de trabalhar na Austrália — se não com essa empresa, então com alguma outra. E com certeza poderei também continuar sendo o suprassumo do cricket por lá. Como um explorador intrépido que sou no geral, é bom viajar e mudar.

Capítulo 11: Colocando-se em Sintonia com Seu Objetivo 235

No título de nosso livro não informamos que ele é um livro "para fazer exercícios"? No entanto, o oposto também é verdade: *Exercícios de Programação Neurolinguística para Leigos* é também um "livro para brincar" e ajudá-lo a superar os desafios rapidamente. Então você vem adiando lidar com os problemas porque eles parecem difíceis? Tudo bem. O melhor momento é agora. Corra para fazer o Exercício 11-5, nomeando suas próprias identidades em relação a um desafio com o qual esteja lidando.

Exercício 11-5	Meu Exercício para Nomear Identidades
Os nomes que dou para os diferentes papéis que desempenho na minha vida:	
Qual é o papel que engloba todos os outros papéis?	
Qual é a visão da situação de cada um dos diferentes papéis?	

Alinhando seus valores

Na sua forma mais pura e profunda, os *valores* são seus mobilizadores emocionais, as coisas que são mais importantes para você, aquelas pelas quais você seja mais apaixonado. Os valores essenciais são seus alicerces, apesar de que coisas diferentes serão importantes para você em diferentes situações. Quando falamos de crenças, não estamos falando sobre crenças religiosas, mas, sim, sobre aquelas coisas que você crê que são verdadeiras — as regras que estipula para si mesmo e que o ajudam a tomar decisões rapidamente.

Frank utilizou o Exercício 11-6 para assegurar que qualquer atitude que tome, o faça honrando completamente seus valores. Se ele não se colocar em sintonia com seus valores, em breve se verá muito estressado.

Parte III: Aperfeiçoamento das Ferramentas de PNL

Exercício 11-6	Alinhamento dos Valores de Frank
Valores Mais Importantes da Minha Vida	*Impacto de Meus Valores Nesta Situação*
Família	Eu honraria a minha esposa e filho, mas não estou muito certo ainda sobre como honrar a meus pais também.
Honestidade	Eu serei honesto com todos sobre meus planos à medida que os coloco em prática e compartilho meus sentimentos.
Assumir riscos	Mudar é um risco, mas eu gosto da adrenalina que isso me traz.
Paz	O Reino Unido não parece ser um lugar tão tranquilo para se viver quanto a Austrália.
Responsabilidade	Seja lá o que eu faça, cuidarei daqueles que dependem de mim e honrarei meus compromissos de trabalho.
Saúde	Eu acho que teremos uma perspectiva de estilo de vida mais saudável na Austrália. Os meus pais podem ir visitar-nos lá e evitar os invernos ingleses.

Após explorar sua Identidade e seus Valores, Frank consegue vislumbrar novas possibilidades e abre para novas opções para si mesmo.

Utilizando o Exercício 11-7, reflita sobre seus valores e como eles afetam sua situação.

Capítulo 11: Colocando-se em Sintonia com Seu Objetivo 237

Exercício 11-7	Alinhamento de Meus Valores
Valores Mais Importantes da Minha Vida	*Impacto de Meus Valores Nesta Situação*

Tornando suas crenças mais poderosas

Quando se ouvir dizendo a si mesmo "Eu não posso fazer alguma coisa" ou "Eu nunca serei capaz de...", pode ser que você esteja restringindo suas escolhas devido a um medo do futuro ou a uma visão de si mesmo que não é necessariamente muito precisa. As crenças são suposições que você elabora e que podem ou não ser verdadeiras. Verifique se as

Parte III: Aperfeiçoamento das Ferramentas de PNL

crenças em que acredita servem para você ou se elas estão ultrapassadas. É possível que você sustente uma crença limitadora sobre si mesmo que seria bom colocar à prova, e a forma de testá-la é pedindo a si mesmo que pense sobre outra possibilidade. Você pode rapidamente mudar crenças limitadoras para outras crenças mais fortalecedoras ao adotar uma visão positiva e oposta. Crenças fortalecedoras envolvem um elemento de escolha, tal como "Posso optar por assumir o controle das minhas finanças/ficar em forma como jamais estive antes/encontrar o emprego dos meus sonhos".

O Exercício 11-8 mostra as crenças limitadoras de Frank e algumas crenças mais fortalecedoras e libertadoras que ele poderá escolher para adotar ao explorar suas opções.

Exercício 11-8	Crenças Fortalecedoras de Frank
Minha crença mais limitadora:	Eu não posso ser um bom marido e um bom filho ao mesmo tempo se me mudar para a Austrália.
Minhas crenças fortalecedoras:	Não consigo encontrar maneiras de enfrentar situações difíceis. Eu já fiz mudanças importantes antes e elas funcionaram bem. Eu posso elaborar planos que sejam concretizados passo a passo. Nós não precisamos nos apressar em colocá-los em prática. Eu sou fiel ao que me comprometi. Depois que eu me mudar para a Austrália, outros familiares podem decidir me seguir. Vivemos em um mundo global em que a comunicação está melhorando o tempo todo.
Minha nova crença fortalecedora:	Eu posso ser um bom marido ao mesmo tempo em que sou um bom filho, onde quer que eu more.

Utilizando o Exercício 11-9, escreva como poderá transformar sua crença limitadora em uma crença fortalecedora.

_____ **Capítulo 11: Colocando-se em Sintonia com Seu Objetivo** **239**

Exercício 11-9	Minhas Crenças Fortalecedoras
Minha crença mais limitadora:	
Minhas crenças fortalecedoras:	
Minha nova crença fortalecedora:	

Valorizando o Trabalho de Seus Sonhos

Pode ser que você acredite que o trabalho em que está atualmente era ótimo há um ano, cinco anos ou até mesmo dez anos, mas já não o entusiasma nem o satisfaz mais. Você não é o único que pensa assim. Em nosso trabalho de *coaching,* nos deparamos com pessoas que querem mudar de emprego mas não têm a menor ideia do que querem fazer, além de escapar do que estão fazendo atualmente.

Alguma das afirmações a seguir se aplicam a você?

- ✔ Há momentos em que me sinto entediado no trabalho.
- ✔ Me sinto sufocado.

- Não estou usando todos os meus talentos completamente.
- Este trabalho costumava ser ótimo, mas agora não tenho mais certeza disso.
- Eu gostaria de poder pedir demissão e fazer outra coisa.

Se você respondeu "sim" a qualquer uma dessas afirmações, continue a ler a fim de refletir como você poderá desenvolver sua carreira em uma direção mais positiva e recompensadora. E se respondeu "não", continue a ler de qualquer maneira, porque as coisas podem mudar de uma hora para a outra, e você nunca sabe quando poderá precisar de um "plano B" para sua vida profissional.

Nesta seção o ajudamos a estabelecer as bases necessárias para se mudar para bem longe do tipo de trabalho errado — para o trabalho que se adapta ao que você é hoje.

Um trabalho verdadeiramente satisfatório leva em consideração seus valores essenciais — os ideais fundamentais que são mais importantes para você. O Exercício 11-10 o ajuda a descobrir quais são seus valores de trabalho essenciais.

Aqui estão algumas coisas que normalmente as pessoas valorizam no trabalho. Observe quais delas ecoam para você à medida que olha a lista:

- Competição
- Coragem
- Diversão
- Liberdade
- Honestidade e integridade
- Inovação
- Satisfação intelectual
- Aprendizado/crescimento pessoal
- Reconhecimento
- Responsabilidade
- Segurança
- Servir aos outros
- Trabalho em equipe/colaboração
- Confiança

O dinheiro é antes um valor de "meio" do que um valor "essencial": o dinheiro pode comprar sua liberdade e suas escolhas, mas não é um fim em si mesmo. Veja o dinheiro como um recurso que pode levá-lo à independência ou ao conhecimento. O dinheiro por si só e simplesmente

Capítulo 11: Colocando-se em Sintonia com Seu Objetivo

por ele mesmo rapidamente se mostra como um guia decepcionante para que se possa viver por ele.

O Exercício 11-10 lhe dá a oportunidade de descobrir os três momentos principais em que foi mais feliz no trabalho. Pode ser que você descubra que todos os três exemplos tenham ocorrido em diferentes momentos em um emprego ou que cada um possa ter sido em um emprego diferente. Você deverá criar uma lista de não mais do que dez pontos-chave para descrever o que você estava fazendo (seus comportamentos) e quais habilidades estava usando, perguntando a si mesmo:

- O que foi importante sobre isso?
- E o que isso me proporcionou?

Essas perguntas o ajudarão a analisar seus valores essenciais, que por sua vez compõem seus critérios de seleção pessoal para a próxima oportunidade de emprego que aparecer para você. À medida que pensar sobre o que é importante para você, também poderá substituir a pergunta sobre que é mais satisfatório ou valioso para você. Siga cada um dos itens da sua lista de pontos-chave em sequência. Por exemplo, se um dos trabalhos de que realmente gostaria de fazer fosse empilhar produtos nas prateleiras do supermercado, pode ser que tenha encontrado um sentido de liberdade e diversão fazendo isso. Algum outro, por exemplo, onde trabalhava como assistente, pode ter satisfeito seu amor pelo aprendizado e você pode ter gostado da responsabilidade.

Exercício 11-10   Descobrindo Qualidades no Emprego dos Sonhos

Momentos em que Fui Mais Feliz no Trabalho	O que Eu Estava Fazendo? (Comportamento)	Que Habilidades Eu Estava Usando?	O que Foi Importante Sobre Essa Experiência?	E o que Isso Me Proporcionou?
Experiência de trabalho 1:				

(continua)

Exercício 11-10 (*continuação*)

Momentos em que Fui Mais Feliz no Trabalho	O que Eu Estava Fazendo? (Comportamento)	Que Habilidades Eu Estava Usando?	O que Foi Importante Sobre Essa Experiência?	E o que Isso Me Proporcionou?
Experiência de trabalho 2:				
Experiência de trabalho 3:				

Quando você chegar a uma compreensão de seus valores de trabalho essenciais, registre-os no Exercício 11-11. Faça uma cópia do exercício e carregue-o com você aonde for como um lembrete para quando estiver conversando com as pessoas sobre papéis desempenhados no trabalho ou quando for a entrevistas.

Não fique tentado por empregos que parecem muito bons mas que não sejam adequados ao seu repertório de valores. Pode ser que ofereçam a você oportunidades que parecem valer ouro, mas que não correspondem aos seus valores essenciais. Esteja alerta: se você não encontrar seus valores nele, ainda não encontrou o trabalho de seus sonhos.

Exercício 11-11   Meus Valores Essenciais no Trabalho

Minha lista pessoal de valores essenciais para o trabalho de meus sonhos:

1.

2.

3.

4.

5.

Fluindo pelos Níveis de uma Vida com Propósito

Tente se lembrar de alguma ocasião em que você estava tão envolvido com o que estava fazendo que nem ao menos notou como o tempo passou voando. Talvez você estivesse absorto em um hobby, algum trabalho ou uma atividade esportiva. Você estava alerta, absorvido e funcionando sem esforço — tal como uma criança brincando na praia ou com seu brinquedo favorito. Atletas falam sobre esse estado de fluidez como se estivessem "na zona" – funcionando no ponto máximo de seu desempenho. Em seu livro *The Psychology of Optimal Experience*, Mihaly Csikszentmihalyi cunhou a expressão *o canal do fluxo:* o espaço que você ocupa quando seu potencial e interesses estão alinhados — aquele espaço entre estar entediado porque uma atividade é fácil demais e estressado porque ela é difícil demais.

Talvez você tenha uma sensação de que a vida poderia ser mais relaxada ou fácil, de modo a que flua para você, mas você não está bem certo sobre como fazer isso. Os exercícios 11-12 a 11-15 o ajudarão a descobrir como seguir o fluxo.

Os níveis lógicos podem ajudá-lo a entender o fluxo de seus sentimentos, pensamentos e atitudes de forma a que sua vida finalmente adquira um sentido de propósito e você esteja motivado e inspirado. No mundo da PNL, a palavra *congruência* descreve esse sentido de poder que você tem quando está agindo em concordância com o que sente ser correto em todos os níveis.

Imagine que esteja escrevendo sobre como vive para uma revista muito popular sobre estilo de vida. Conte sua história o mais francamente possível. (E não se preocupe com a gramática, prometemos que nossos editores não vão prestar atenção nisso.)

Começando com o Ambiente, o nível final dos níveis lógicos (volte à seção "Observando os Níveis Lógicos" ou à Figura 11-1), apreenda as informações de sua vida pessoal no Rascunho 1 do seu artigo imaginário para a revista de estilo de vida. Reflita sobre os ajustes que você gostaria de fazer à sua história de vida de modo a que se sinta verdadeiramente alinhado com seu sentido de propósito e então reescreva sua história desde o início dos níveis lógicos. O Propósito serve para que você se realinhe a si mesmo. Escreva essa versão no Rascunho 2.

Faça com que sua história de vida seja real para você escrevendo-a no presente.

244 Parte III: Aperfeiçoamento das Ferramentas de PNL _____

Exercício 11-12	A História de Vida de Jeremy, Rascunho 1
Ambiente:	Eu vivo em uma cidade pequena, bem perto de uma grande cidade ao norte da Inglaterra, com minha esposa, Denise, e nossos três filhos. Meu emprego no setor de vendas de uma empresa de impressoras se encaixa bem em meu perfil, e nós temos uma casa muito boa. Meus colegas de trabalho formam um grupo muito legal, e eu gosto de sair com eles uma noite por semana para avaliar como estão indo os negócios e estreitar os laços da equipe. Os finais de semana são dedicados à família — eu cozinho uma boa refeição no sábado à noite e jogo futebol com os garotos no domingo.
Comportamento:	Eu tenho uma personalidade fácil de se lidar e gosto de me divertir em família. O trabalho pode ficar um pouco tenso quando temos que terminar grandes projetos, então eu sou aquele que continua com senso de humor e faz com que a equipe se mantenha no ritmo até o prazo final.
Capacidade:	Meu primeiro emprego foi em uma empresa de contabilidade — mas a coisa toda era introspectiva demais para mim. Eu sou bom com pessoas tanto quanto sou com números. Tenho que confessar que ainda não absorvi toda a tecnologia das impressoras de última geração, embora eu consiga entender o quanto são sofisticadas e flexíveis.
Crenças e Valores:	A vida em família é importante para mim e me preocupo com o futuro dos meus filhos. Eu cresci em uma família de mineiros e me sinto aliviado que a nossa vida seja mais saudável e segura. Embora eu aprecie as recompensas por meu trabalho — casa, carro e férias, eu também acho que a vida comunitária e cuidar dos meus vizinhos seja importante. Sempre acreditei em trabalhar duro e ser honesto e direto com todas as pessoas com quem tenho que lidar. Eu também acredito que tudo o que fazemos volta para nós na mesma moeda.

Capítulo 11: Colocando-se em Sintonia com Seu Objetivo 245

Identidade:	Eu sou um gerente de vendas e um homem de família. Às vezes me sinto um pouco como um impostor — será que tenho mesmo o direito de andar por aí com meu carro enquanto meu pai e meu avô trabalharam com mineração, debaixo da terra, por todos aqueles anos? Eu tentei dar aos meus filhos uma qualidade de vida melhor do que a que eu tinha e ser um bom exemplo para eles.
Propósito:	Eu não sou do tipo que morreria para mudar o planeta, mas realmente acho que tenho uma responsabilidade por como tratamos o mundo para deixá-lo em boas condições para as gerações futuras. Eu gostaria de ser lembrado como um cidadão decente que ofereceu alguma coisa de volta para a comunidade.

Depois, Jeremy imaginou uma vida mais cheia de propósito para si mesmo e escreveu o Rascunho 2, no Exercício 11-13, começando pelo topo dos níveis lógicos, trabalhando no sentido descendente.

Exercício 11-13   A História de Vida de Jeremy, Rascunho 2

Propósito:	Eu sempre senti uma afinidade com os ambientes ao ar livre desta parte do mundo e quero fazer a minha parte para ver o campo preservado e melhorado para que as futuras gerações possam desfrutar dele. Isso é o que eu tento passar para meus filhos e colegas de trabalho.
Identidade:	Eu sou um gerente esclarecido e bem amigável no trabalho, um marido e pai responsável, além de contribuir imensamente com minha comunidade local.
Crenças e Valores:	Eu acredito que seja possível ser honesto e dar algo em troca para as pessoas na vida, assim como receber as recompensas quando merecidas. Eu valorizo a segurança e a liberdade, relacionamentos sólidos com as pessoas e nos negócios, que criam produtos e serviços de valor

(continua)

Parte III: Aperfeiçoamento das Ferramentas de PNL

Exercício 11-13 (*continuação*)

	para os clientes, tratando-os com retidão. Eu acredito que temos o dever de não desperdiçar materiais e encorajo meus clientes a usarem papel reciclado nas suas impressoras.
Capacidade:	No trabalho, estou incorporando novas maneiras de fazer as coisas com a tecnologia mais moderna de modo que eu consiga vender os benefícios das impressoras de última geração, e uso e-mails quando estou fora do escritório. Acho importante continuar aprendendo e demonstro muito interesse pela minha equipe e pelo desenvolvimento de suas habilidades. Eu acho que os bons gerentes treinam sua equipe com o foco no crescimento constante e para aceitarem desafios cada vez maiores.
Comportamento:	À medida que amadureço, tenho me tornado mais calmo, mais sábio e mais satisfeito no trabalho e em casa. As pessoas me procuram como alguém em quem podem confiar. Raramente eu perco a cabeça, e sei como me fazer entender com respeito. Fico com a adrenalina em alta quando estou com pessoas mais jovens e também como treinador de futebol aos domingos com os meninos e seus amigos.
Ambiente:	Eu prefiro passar meu tempo com pessoas que pensam como eu e que tenham uma atitude proativa no trabalho com outras pessoas. Eu consegui criar um esquema de trabalho saudável, de modo a que posso levar os meninos para a escola duas vezes por semana para poder dar a Denise uma folga no trabalho da casa pelo menos uma vez por semana. Isso me ajuda a economizar energia caso eu tenha tido uma semana em que tenha dirigido muito para atender a compromissos com clientes. Isso também significa que eu e Denise conseguimos tempo para ir a uma aula de dança juntos toda semana.

Capítulo 11: Colocando-se em Sintonia com Seu Objetivo   **247**

Agora é a sua vez de escrever sua história de vida, e você pode ser o mais criativo que quiser. Use o Exercício 11-14 para sua primeira versão, de baixo para cima.

Exercício 11-14	Minha História de Vida, Rascunho 1
Ambiente:	
Comportamento:	
Capacidade:	
Crenças e Valores:	
Identidade:	
Propósito:	

Parte III: Aperfeiçoamento das Ferramentas de PNL

No Exercício 11-15, enquanto estiver escrevendo seu segundo rascunho, de cima para baixo, desenvolva sua história o mais vigorosamente possível, mostrando o quanto está orgulhoso de sua vida.

Exercício 11-15	Minha História de Vida, Rascunho 2
Propósito:	
Identidade:	
Crenças e Valores:	
Capacidade:	
Comportamento:	

Ambiente:

Após escrever as duas versões da sua história de vida, volte a uma delas e aperfeiçoe-a até que consiga uma versão que seja realmente inspiradora. Depois escreva outra versão da sua história de vida contando como ela será daqui a dois, cinco ou dez anos.

Capítulo 12

Mudança de Estratégias para Alcançar o Sucesso

....

Neste Capítulo

▶ Compreendendo as estratégias

▶ Examinando suas estratégias

▶ Rompendo estratégias

▶ Seguindo o exemplo das estratégias de outras pessoas

▶ Mudando estratégias problemáticas

....

*V*ocê já reparou como algumas pessoas têm um talento especial para fazer qualquer coisa muito bem, enquanto outras pessoas são extremamente ineptas — tudo o que tocam se transforma em desastre. Tome o exemplo de cozinhar. Por que uma pessoa é capaz de fazer comidas deliciosas enquanto outra não consegue nem mesmo fritar um ovo? (A propósito, uma das autoras é incapaz de fazer um ovo levemente cozido, mas vamos deixar que você adivinhe qual de nós duas é essa pessoa!) Perdoe-nos pela brincadeira, mas fazer as coisas bem se resume a ter estratégias. Continuando com o exemplo de ser bem-sucedido na cozinha, obter ótimos resultados pode ser dividido em etapas (que por sua vez podem ser ainda subdivididas em outras etapas dentro delas):

1. **Ter a crença de que "Eu sou um ótimo cozinheiro".**

2. **Programar a intenção: a comida será maravilhosa.**

3. **Planejar o cardápio.**

4. **Ter certeza de que você tem todos os ingredientes certos.**

5. **Seguir a receita.**

Então o seu ovo levemente cozido ficou duro? Você se distraiu durante a preparação ou esqueceu de programar o marcador de tempo? Enfim, sempre há uma razão. Até mesmo cozinhar um ovo requer uma estratégia, e às vezes até mesmo estratégias dentro de estratégias.

Neste capítulo lhe mostraremos como fazer as coisas funcionarem para você. Por exemplo, ter a estratégia certa para conseguir que algo seja feito imediatamente, em vez de adiar, ou se tornar um motorista exemplar, em vez de se enraivecer no trânsito. Estamos falando de desenvolver novas estratégias, analisar ou modificar estratégias atuais e também adotar as estratégias de outras pessoas. E o melhor de tudo é que entender como uma estratégia funciona é sua receita para o sucesso.

Como Funciona uma Estratégia

Uma *estratégia* é um padrão de comportamento que pode ser copiado ou reproduzido. As estratégias por si mesmas não são nem boas nem ruins, mas podem ser consideradas como eficazes ou ineficazes quando se verificam seus resultados. Outra palavra para estratégia é *habito*. Padrões de comportamento são iniciados por um desencadeador, levando você por uma série de etapas e terminando quando a condição é satisfeita. Por exemplo, sua rotina para se vestir de manhã pode ser iniciada quando o alarme do relógio é desligado. Sua série de etapas inclui escovar os dentes, tomar banho, checar sua aparência no espelho e dizer "meu Deus, você está irresistível". A estratégia de "se vestir" acaba quando você está satisfeito com sua aparência. Daí, segue para a estratégia de "tomar o café da manhã" ou de "ir para o trabalho".

Judy se encontrava em um prestigiado evento social, quando se viu olhando para um homem bonito e bem-vestido chamado Archie Archer. Archie com certeza parecia ter aquela coisa especial que ninguém consegue descrever: era o centro das atenções em um grupo animado. Contudo, após cerca de quarenta minutos, Judy viu que ele estava de pé, sozinho, parecendo infeliz. Logo descobriria o porquê, quando começou a conversar com ele. Archie falava de maneira engraçada e interessante, até que, de repente, se virou para ela com uma cara de quem realmente pensava daquela maneira e disse: "Meu Deus, você é mesmo muito mais inteligente do que parece!". Ai!

Archie sofre de uma síndrome de "ter a língua maior do que a boca". Isso significa que não há esperança para Archie? Bem, não. A síndrome de "ter a língua maior do que a boca" é, na verdade, uma estratégia que Archie inadvertidamente aperfeiçoou ao longo do tempo. Se ele conseguir reconhecer que tem um problema, que seu comportamento é muitas vezes ofensivo, e estiver disposto a mudá-lo, não terá nenhum problema para

Capítulo 12: Mudança de Estratégias para Alcançar o Sucesso 253

mudar sua estratégia de "ter a língua maior do que a boca" para uma de "pensar antes de falar".

Pode ser que por fim a ficha de Archie caia acerca do fato de que falar sem pensar não é uma estratégia eficaz para fazer amigos e influenciar as pessoas — depois que descobrir que as pessoas se afastam quando o veem se aproximar (estratégia avaliada como ineficaz). Por outro lado, pessoas de espírito generoso podem talvez na verdade achar que a franqueza de Archie seja bastante cativante (a mesma estratégia sendo avaliada como eficaz). As pessoas que avaliaram a estratégia de "ter a língua maior do que a boca" de Archie como ineficaz ativaram o seu desencadeador de "evitar Archie". Os outros que avaliaram a estratégia de Archie como eficaz adotam a estratégia de "optar por aceitar Archie". Se Archie compreendesse como as estratégias funcionam, estaria em condições de alterá-las a fim de conseguir uma resposta diferente das pessoas ao seu redor.

Uma estratégia é um padrão estabelecido que pode ser copiado. Se você cruzar com alguém que tenha uma estratégia que gostaria de trazer para sua vida, estude-a e adapte-a de uma forma que sirva a você (mostramos como fazer isso na seção "Descobrindo a Estratégia de Outra Pessoa", mais à frente neste capítulo). Por exemplo, Tom, um cara com mais 1,80 m, tem uma estratégia testada e comprovada para saltos em altura que hoje em dia ele considera simplória. Desafiada verticalmente, Sandra adoraria imitar a estratégia de Tom e alcançar suas alturas vertiginosas, mas talvez tenha que se conformar com pulos mais baixos ou usar sapatos equipados com molas.

Avaliando Suas Estratégias

Você alguma vez se viu se repreendendo acerca de seus maus hábitos, mas raramente dá a si mesmo crédito pelas coisas que faz bem? Pense sobre seus bons e maus hábitos e como eles afetam uma estratégia específica que você tenha. Ao longo deste capítulo lhe oferecemos ideias para mudar seus hábitos e estratégias, mas por hora você fica apenas com alguns pontos para ajudá-lo a organizar seus pensamentos com relação a saber se sua estratégia está funcionando para você.

> ✔ **Descreva a estratégia que está avaliando.** Você pode verificar qualquer estratégia. Por exemplo, como decide que roupa usar; como tem certeza que está colocando diesel e não gasolina no seu carro; ou como você reage a um comentário. Por exemplo, se você acha que alguém está sendo crítico demais com relação a você, você sairá para o ataque até mesmo perante a mais inocente das observações.

Decida se acha que sua estratégia é eficaz ou ineficaz e por que pensa assim. A eficácia ou ineficácia de sua estratégia depende do resultado que você deseja. Tome por exemplo a escolha sobre o que quer vestir. Se você deixa para escolher o que quer vestir para o último minuto e isso o faz se atrasar, e seu objetivo é estar bem vestido e chegar na hora, então você pode considerar sua estratégia como ineficaz, porque a primeira parte de sua estratégia contemplou somente um de seus desejos (ficar elegante), mas não o segundo (chegar na hora). Se seu objetivo é que sua roupa esteja perfeita, então você pode estar pensando em sua estratégia como sendo bem-sucedida.

Identifique outras pessoas que estejam avaliando sua estratégia e se elas a consideram eficaz ou ineficaz. Muitas vezes uma pessoa julga o comportamento de outra pelo seu próprio comportamento. Você sabe que ela pensa que o que você está fazendo é bom quando faz um elogio, e quando ela o critica, você acha que o que faz é ruim.

Se você perceber o *feedback* que está recebendo como sendo uma crítica e achar que a crítica se justifica, então pode optar por adaptar sua estratégia. Como com o exemplo de escolher uma roupa para vestir: se alguém que é importante para você disser "Você está maravilhosa", você aceitaria como um elogio. Se, contudo, lhe dissessem "Que roupa linda! É uma pena que você perdeu a abertura", é possível que da próxima vez você planeje ter sua roupa pronta e separada com antecedência na noite anterior e se concentrar em chegar a tempo.

Reflita sobre o resultado que obtém ao usar a estratégia e se esse resultado funciona para você.

Se sua estratégia não está funcionando, identifique o ganho secundário que está obtendo ao usar a estratégia (o Capítulo 3 fala sobre isso e dá exemplos de "ganhos secundários"). No caso de estar com a roupa perfeita mas estar atrasado, fazer uma entrada triunfal pode ser seu ganho secundário e sua conquista suprema.

Identifique seu processo. Divida sua estratégia em etapas para identificar onde poderá empreender uma mudança. Ao reagir a uma pessoa demasiadamente crítica, você pode adotar uma estratégia de deixar que a pessoa aja no seu modo crítico de costume, mas, ao mesmo tempo, optar por pensar em alguém que o faça se sentir bem sobre você mesmo ou silenciosamente agradeça à crítica por lhe dar a oportunidade de descobrir como direcionar seu pensamento.

Se sua estratégia não estiver funcionando, encontre alguém que esteja conseguindo os resultados que você gostaria de obter também. Você poderá então copiar as estratégias daquela pessoa — um assunto que detalharemos na seção "Descobrindo a Estratégia de Outra Pessoa", mais adiante neste capítulo.

Capítulo 12: Mudança de Estratégias para Alcançar o Sucesso

Joanna gostava de dizer a todo o mundo que era uma contadora medíocre. Inversamente, quando ouvia o som de *dance music*, sentia sua alma voar. Durante uma sessão de *coaching* com PNL, enquanto se encontrava em um leve transe, ela se lembrou de uma ocasião em que houve uma discoteca na escola e de ter sido castigada pelo modo como dançava, que na época foi considerado lascivo para os rígidos padrões da escola de meninas. Uma professora chegou a humilhar Joanna na frente das outras garotas e dos convidados. À medida que Joanna falava sobre as lembranças com sua *coach*, se deu conta de que foi nesse momento que decidiu, inconscientemente, nunca se colocar em uma posição em que pudesse ser ridicularizada e evitar os conflitos a qualquer custo. Agora Joanna começou a frequentar aulas de dança e está se revelando uma aluna com dotes de estrela. Pelo fato de estar mais feliz, está também indo melhor no trabalho, embora reconheça que nunca será mais do que uma contadora mediana. Joanna vem explorando outros caminhos em direção a uma vida mais realizada, talvez como professora de dança em meio período.

O Exercício 12-1 mostra como Joanna avaliou a percepção de sua mediocridade em um campo específico, sua vontade de colocar o desejo de outras pessoas antes do seu próprio e sua falta de disposição para defender a si mesma.

Exercício 12-1   Avaliação de Joanna sobre Sua Estratégia

Descreva a estratégia:	Eu farei qualquer coisa para evitar o conflito. Por exemplo, deixo que a minha família me diga o que fazer, e também sei que eu já deveria ter recebido um aumento, mas não consigo confrontar aquele meu chefe miserável.
Pondere se acha que sua estratégia é eficaz ou ineficaz e por que você pensa assim:	Eu não gosto da maneira como cedo, e à medida que fico mais velha, isso acaba inibindo o meu sentido de diversão e aventura, e eu sempre sou a boa garota que todos querem que eu seja. Eu não acho que isso me ajuda, porque, na verdade, estou bastante infeliz e frustrada. Eu como para compensar a frustração, o que é uma coisa ruim, e estou sendo julgada como não sendo boa o suficiente para a minha família.

(continua)

Parte III: Aperfeiçoamento das Ferramentas de PNL

Exercício 12-1 (*continuação*)

Identifique outras pessoas que estejam avaliando sua estratégia e se elas acreditam que ela seja eficaz ou ineficaz:	Eu acho que, inconscientemente, papai, na verdade, vê isso como algo bom, porque faço o que ele quer. Eu acho que meu chefe gosta que eu seja um capacho, pois assim ele não precisa gastar tempo e energia comigo.
Considere o resultado que você consegue ao usar a estratégia e se esse resultado funciona para você:	Eu recebo um bom salário, e a vida segue com estabilidade. Eu moro com meus pais, e embora isso não seja muito divertido, lá eu tenho estabilidade e segurança.
Se o resultado não for o que você desejou, descubra quais foram os ganhos secundários:	Há menos agressividade, e papai não dá atenção a mamãe por educar uma garota idiota. Além disso, eu tenho muito medo de sair de casa e procurar por trabalho fora ou longe das pessoas com quem trabalho, porque não sei o que esperar.
Identifique seu processo:	Eu quero fazer alguma coisa diferente, mas sempre acabo concordando com o papai quando ele começa a gritar.
Se sua estratégia não está funcionando, encontre alguém que esteja conseguindo os resultados que você gostaria de ter:	Sarah, minha professora de dança, é muito senhora de si, independente em suas opiniões, e é boa em saber o que quer e como conseguir as coisas. Notei que Sarah nunca demonstra estar com raiva e está sempre tranquila quando está transmitindo o que quer. Ela se coloca de pé com seu peso igualmente distribuído, faz contato visual e repete o que quer dizer de várias maneiras diferentes.

A estratégia de Joanna para se conformar e evitar conflitos vem sendo adotada desde o incidente na escola de meninas e, na verdade, não a ajuda em nada. Uma forma de transformar sua estratégia pode ser mudando sua linha de tempo (o Capítulo 13 mostrará como fazer isso).

Joanna decidiu fazer algumas pequenas mudanças nas estratégias que estava adotando para lidar com seu pai, que via como o maior obstáculo na sua vida. Ela se deu conta de que tinha uma estratégia de "me permitir sentir-me mal" quando seu pai começava a gritar. Joanna começou a

Capítulo 12: Mudança de Estratégias para Alcançar o Sucesso   *257*

usar as submodalidades (há muito mais sobre as "submodalidades" no Capítulo 10) para ajudá-la a manter suas emoções sob controle e lembrá--la dos tempos em que seu pai era muito carinhoso com ela e a apoiava. Joanna decidiu colocar em prática uma estratégia de se segurar quando ela e seu pai entrarem em desacordo. Ela adotou a postura e linguagem corporal de Sarah, além de sua maneira de falar de uma forma tranquila e descontraída. Um passo muito importante que deu foi trabalhar seus objetivos se utilizando do processo de objetivo bem formulado que explicamos no Capítulo 3. Ao trabalhar com sua *coach*, Joanna conseguiu perceber que sua estratégia atual de deixar que as outras pessoas lhe digam como conduzir sua vida era ineficaz. Agora ela adotou uma estratégia para descobrir o que deseja para sua própria vida.

Samuel Johnson disse: "É um reflexo muito humilhante para um homem considerar o que fez, quando compara isso com o que ele poderia ter feito". Essa citação certamente se aplica à situação de Joanna quando ela continuamente permitia que outras pessoas conduzissem sua vida. Ao mudar suas estratégias, Joanna começou a viver sua vida em um novo nível, experimentando autorrealização e sucesso.

O Exercício 12-2 lhe dá uma oportunidade de analisar uma de suas estratégias, decidir se os resultados que está conseguindo são os que você quer, e então avaliar sua estratégia como eficaz (se lhe dá o resultado que quer) ou ineficaz (não lhe dá o resultado desejado), e como você poderá ajustar sua estratégia para alcançar seu objetivo de maneira mais eficiente, não esquecendo de que uma estratégia é também outra palavra para hábito.

Exercício 12-2	Avaliação da Minha Estratégia
Descreva a estratégia:	
Pondere se acha que sua estratégia é eficaz ou ineficaz e por que você pensa assim:	

(continua)

258 Parte III: Aperfeiçoamento das Ferramentas de PNL _____

Exercício 12-2 (continuação)	
Identifique outras pessoas que estejam avaliando sua estratégia e se elas acreditam que ela seja eficaz ou ineficaz:	
Considere o resultado que você consegue ao usar a estratégia e se esse resultado funciona para você:	
Se o resultado não for o que você desejou, descubra quais foram os ganhos secundários:	
Identifique seu processo:	
Se sua estratégia não está funcionando, encontre alguém que esteja conseguindo os resultados que você gostaria de ter:	

Desconstruindo Estratégias

Para identificar como uma estratégia está dividida deve-se descobrir quais as etapas que a envolvem e segui-las com exatidão. Saber quais passos se deve tomar é particularmente útil quando se quer "aplicar uma engenharia reversa" a uma estratégia — usando-se aqui uma expressão

Capítulo 12: Mudança de Estratégias para Alcançar o Sucesso 259

da série de ficção científica televisiva *Stargate* (para descobrir como um aparelho alienígena funciona). Aplicar a técnica de engenharia reversa a estratégias significa que, uma vez que você domine as etapas, poderá fazer seja lá o que queira com uma estratégia — desde mudar sua própria estratégia até adotar a de outra pessoa e utilizar a estratégia seja lá em que área de sua vida.

Siga os passos seguintes para descobrir como uma estratégia funciona:

1. **Comece perguntando "Como sei que estou adotando uma estratégia?".**

   A resposta será o gatilho que disparará sua estratégia.

2. **Pergunte várias vezes "O que acontecerá a partir disso?" ou "O que farei em seguida?".**

   As respostas para essas perguntas fornecerão os passos a serem seguidos na estratégia.

3. **Pergunte "Como saberei quando devo parar?".**

   Isso lhe dá a informação que finaliza a estratégia.

Após descobrir a estrutura de uma estratégia, você poderá modificá-la como e quando achar conveniente.

Observar mais de perto como você está falhando em alguma coisa poderá lhe dar ideias valiosas sobre como ajustar as etapas para que seja bem-sucedido.

A Figura 12-1 ilustra como uma estratégia envolvendo a condução de um estilo de vida saudável pode ser dividida. A estratégia é construída a partir de diferentes passos, que o ajudarão a alcançar seu objetivo.

Se sua estratégia saudável está sendo sabotada por sua inabilidade de fazer exercícios o suficiente, observe uma pessoa que se exercita regularmente e tente adotar sua receita de sucesso.

Utilize o espaço em branco no Exercício 12-3 para desenhar um diagrama de sua estratégia escolhida. Lembre-se de indicar os passos que está seguindo para atingir seu objetivo.

260 Parte III: Aperfeiçoamento das Ferramentas de PNL

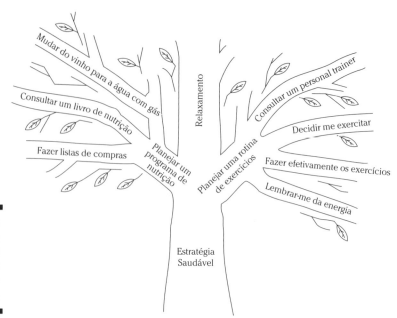

Figura 12-1: Ilustração das possíveis etapas em uma estratégia saudável.

Exercício 12-3   Ilustração de Minha Estratégia

Descobrindo a Estratégia de Outra Pessoa

Se uma estratégia em particular não está funcionando para você, olhe ao seu redor para alguém que esteja envolvido com uma situação similar à sua e que tenha uma estratégia aparentemente eficaz e que seja útil para você seguir como modelo. Copiar um aspecto do comportamento de uma outra pessoa pode bem ser a resposta para suas dificuldades e ajudá-lo a gerir sua vida mais facilmente.

Aqui ilustramos com dois cenários como modelar a estratégia de outra pessoa poderá trazer o sucesso até você.

- ✔ Simon trabalhava com vendas já há algum tempo, mas não conseguia atingir suas metas — sua estratégia de vendas por telefone simplesmente não estavam funcionando. Ele colocava em prática uma estratégia de "Serei rejeitado", que por sua vez o empurrava rumo a uma estratégia de "deixar para depois". Percebendo que seu emprego estava em risco, ele pediu a ajuda de um colega de vendas bem-sucedido. O colega de Simon explicou sua estratégia e os passos que ele deveria seguir para manter suas metas. Quando a estratégia generalizada de Simon de "fracassar em atingir metas" se rompeu e sua estratégia de vendas por telefone foi reformulada, começou a atingir seus objetivos.

- ✔ Ben, um novato como professor de matemática, estava plenamente satisfeito com seu trabalho no sexto período de uma faculdade. O método convencional de Ben de "cuspe e giz" funcionava bem com todos os alunos, exceto com um aluno especialmente brilhante. Ben percebeu que precisava de uma estratégia de aprendizado diferente para aquele aluno, e um colega mais experiente sugeriu dar ao estudante a oportunidade de "aprender fazendo". Após um curto espaço de tempo, esse método de ensino se mostrou muito eficaz, e Ben, ao adaptar seu estilo de ensinar a esse aluno, também fez progressos no seu próprio aprendizado como professor.

Leitura dos olhos

Uma forma de desvendar o comportamento subjacente de uma pessoa e sua estratégia é fazendo perguntas a ela, ao mesmo tempo em que observa o movimento de seus olhos. As respostas lhe dão a estrutura das estratégias que a pessoa está usando conscientemente, e os movimentos dos olhos mostram as pistas inconscientes.

Você pode consultar a Folha de Cola que se encontra ao início do livro para lembrá-lo de como o movimento dos olhos de uma pessoa indica suas preferências: Visual (V), Auditiva (A), Cinestésico (C) ou Auditivo interno (Ai).

Estratégia para detectar se uma pessoa é "normalmente organizada"

No vocabulário de PNL, uma pessoa destra é chamada de *normalmente organizada*. Se você sabe que uma pessoa é normalmente organizada, pode usar esse conhecimento para estabelecer rapport com ela. Mas tome cuidado: algumas vezes encontramos exceções à regra.

Sempre verifique se uma pessoa é destra ou canhota. Quando estiver em dúvida, calibre! Como? Os roteiros que se seguem de conversas imaginárias entre Kate e Samantha, e mais tarde entre Kate e Tom — Samantha e Tom são pessoas que Kate acabou de conhecer —, mostram como você pode *calibrar*, isto é, avaliar se uma pessoa é canhota ou destra.

>Kate: "Você sabe que horas são?"
>
>Samantha, olhando para sua mão esquerda: "Oh! Desculpe, eu não uso relógio."
>
>Kate, com expressão inocente: "Oh! Você é canhota."
>
>Samatha, olhando perplexa: "Não, na verdade eu sou destra."
>
>Kate, tentando contornar a situação: "Opa, eu sempre faço uma mistureba da esquerda com a direita."

Ou

>Tom, olhando para seu relógio na sua mão direita: "São nove e dez."
>
>Kate, expressando inocência: "Oh, você é canhoto."
>
>Tom: "Sim, eu sou."

Em ambos os casos, Kate conseguiu sua resposta!

Dar uma olhada na calibração não dói, porque, como se diz no norte da Inglaterra, "Ninguém é tão estranho quanto nós", e bem poderia acontecer de o relógio estar na mão errada.

O estabelecimento do rapport constitui um pilar fundamental da PNL, então sugerimos que você abstenha-se de ser petulante e saia dizendo coisas como "Então você não é normalmente organizado" ou "Você é

Capítulo 12: Mudança de Estratégias para Alcançar o Sucesso

sinistro" — ir por esse caminho não irá ajudá-lo a fazer amigos! (Para saber muito mais sobre como estabelecer rapport, consulte o Capítulo 7.)

No diagrama da Folha de Cola, você pode ver como uma pessoa destra move seus olhos. Lembre-se de que uma pessoa canhota pode mover seus olhos na direção oposta. No Exercício 12-4, sugerimos algumas perguntas para serem feitas a fim de ler o movimento de olhos de uma pessoa. Também damos espaço para que você mesmo possa elaborar suas próprias perguntas.

Exercício 12-4 Perguntas de Calibração

Nossas Sugestões de Perguntas	Provável Movimento de Olhos de uma Pessoa Destra	Perguntas que Talvez Você Queira Fazer	Movimento de Olhos Previsto
Então, como foi sua viagem?	Os olhos se movem para cima e à esquerda (visual) — lembrando imagens da viagem; ou horizontalmente à esquerda (auditivo) — lembrando-se do barulho de trânsito ou conversas; ou para baixo, à direita — lembrando-se de como se sentia no banco do carro (cinestésico).		
Imagino: como aquele guarda enfurecido soaria se ele fosse um gatinho feliz?	Os olhos se movem horizontalmente para a direita (auditivamente construído), imaginando o guarda antes enfurecido, agora como um gatinho feliz.		
Você concorda que, sabendo do que sabemos agora, é ilógico pensar que somos o centro do universo?	Os olhos talvez se movam para baixo, à esquerda, à medida que ele raciocina sobre a lógica da afirmação.		

Pesquisando para definir uma estratégia

Agora chegamos ao âmago da questão de como você poderá aplicar de forma útil o que descobriu sobre desvendar estratégias. Primeiramente, pelo fato de as pessoas terem estratégias diferentes para situações diferentes — como planejar cozinhar, decidir o que colocar na lista de compras, lidar com a raiva, e assim por diante, é útil levar em consideração os processos de pensamentos VAC de uma pessoa. Por exemplo, o planejamento de um piquenique — como a pessoa se sente sobre o piquenique (C), as conversas sobre o piquenique (A), como visualiza o piquenique (V) e se está feliz com o piquenique (C). Em segundo lugar, se quiser descobrir quando e como uma pessoa está envolvida com uma atividade, uma pergunta simples a ser feita no momento certo poderia ser "Qual foi a última vez que fez X?", em que X seria planejar uma comida, elaborar uma lista de supermercado ou ficar com raiva. Ao mesmo tempo em que a pessoa que está sendo perguntada sobre X e reflete sobre sua resposta, seus olhos revelarão seu processo de pensamento. E, por último, antes de fazer suas perguntas, assegure-se de estar em uma situação em que se sinta confortável, tal como no trabalho, em uma reunião, em uma cafeteria com seus amigos — e apenas faça perguntas que sejam apropriadas para a situação.

Tom quer vender um carro para Jan. Não seria bom que ele soubesse qual é a estratégia de compra de Jan, a fim de conseguir que ela compre o carro?

Tom observa os olhos de Jan, e engatam em uma conversa após alguns minutos durante a qual Jan disse que poderia estar interessada em um carro usado, e Tom descobre que Jan é destra.

O Exercício 12-5 mostra como um pergunta simples pode revelar o pensamento de alguém pela maneira como seus olhos se movem. A ideia é que a resposta de Jan possa ser dividida em frases que se interligam com diferentes movimentos de olhos. Tom então faz a correspondência com as afirmações que está seguindo para evocar as imagens, sentimentos e conversas na mesma sequência experimentada por Jan.

A ética deverá estar sempre presente quando se maneja uma ferramenta poderosa como a PNL. Trabalhamos com a premissa de que Tom é apaixonado pelos carros que vende e está absolutamente convencido de que o carro em que Jan está interessada é o mais apropriado para seu estilo de vida.

Capítulo 12: Mudança de Estratégias para Alcançar o Sucesso **265**

Exercício 12-5	A Descoberta do Processo de Pensamento de Jan			
Perguntas de Tom	*Respostas de Jan*	*Movimentos de Olhos de Jan*	*Pensamentos de Jan*	*Respostas de Tom*
Então, quando você fez sua última compra, o que o fez escolher aquele carro específico?	Bem, eu me lembro de estar entrando no *showroom* e meus olhos foram atraídos para um adorável carro esportivo vermelho.		Relembrando quando foi ao *showroom*.	Eu assisti a você admirando aquela beleza metalizada que estava por lá.(V)
	Eu sabia que ele seria meu pequeno foguete.		Acessando sentimentos de entusiasmo.	Pode ser que ele não seja um foguete, mas segue como um rojão, e tenho certeza de que você apreciará a sensação de ser empurrada para sua poltrona quando acelerar um pouquinho. (C)
	Eu pensei que era mais caro do que eu poderia pagar.		Ela tem uma discussão com sua mente lógica. Oh! Eu sei que provavelmente você está pesando os prós e os contras de comprar um carro novo, ao invés de um de segunda mão.	(Ai)

(continua)

Exercício 12-5 (*continuação*)

	Mas depois eu pensei, "não importa, só há uma vida para ser vivida",	👀	Ela conversa consigo mesma sobre comprar um carro novo: tenho certeza de que você irá se perguntar por que optou pelo mais barato.	(Ai)
		👀	Mas seu coração ganha a disputa quando se convence a adquirir o carro dos seus sonhos.	Você sabe que se sentirá melhor correndo no seu próprio carro e se sentirá mais segura conhecendo a sua história desde o começo, apesar de que checamos nossos carros usados minuciosamente (C).

O Exercício 12-6 lhe dá uma oportunidade de descobrir o processo de pensamento de uma pessoa.

- ✔ Pense em alguém em quem gostaria de causar um impacto.
- ✔ Decida o que não está funcionando ou o que poderia ser melhor no seu contato com essa pessoa.
- ✔ Lembre-se da última vez em que se viram e, confiando na sua intuição, pense em uma série de perguntas inofensivas que possa fazer. Você sempre pode aprimorar suas perguntas da próxima vez que se encontrarem.
- ✔ Descubra o que planeja fazer diferente com relação ao modo como se comporta e a linguagem que usa.

Observação: Se preferir, poderá "jogar" com um amigo primeiro para aumentar sua confiança e adquirir alguma prática.

Capítulo 12: Mudança de Estratégias para Alcançar o Sucesso

Assegure-se de ensaiar as perguntas para que consiga se manter olhando para os olhos da pessoa. Se você simplesmente ler as perguntas, perderá os movimentos dos olhos. Um truque é desenhar flechas que indiquem esses movimentos. Isso mantém as coisas simples e não assustará a pessoa. É sempre bom fazer anotações sobre o que os movimentos dos olhos significam.

As pessoas podem notar quando alguém as está encarando. Existem duas abordagens que você pode adotar para superar a timidez ou a resistência. Mencione casualmente que se ele perceber que você o está encarando, isso acontece porque às vezes você se perde em seus próprios pensamentos. Ele pode simplesmente ignorá-lo e se concentrar em responder à pergunta, ou você pode olhar para ele com uma visão periférica, ao manter seus olhos focados em um ponto bem acima da cabeça dele.

Exercício 12-6   Desvendando Processos de Pensamento

Nome da pessoa com quem está trabalhando:

O contexto no qual está planejando trabalhar sua estratégia:

Perguntas	Movimento dos Olhos	Processo de Pensamento: Visual (V), Auditivo (A), Cinestésico (C)

Agora use o Exercício 12-7 para observar como deve ajustar seu comportamento e linguagem para fortalecer seu impacto na pessoa, sob a luz da sua avaliação dos processos de pensamento que conseguiu descobrir sobre essa pessoa. Você pode pensar em mudar sua abordagem se estiver se esforçando para se comunicar porque a estratégia de tal pessoa é de "evitar se comunicar". Nesse caso você poderá começar dizendo "Eu preciso lhe fazer uma pergunta". Até que ela descubra sua nova estratégia, você já terá arrumado uma maneira de atingi-la com a última versão de sua estratégia de comunicação.

Exercício 12-7	Ajustando Meu Comportamento e Linguagem

Criando Novos Padrões

Os hábitos levam 21 dias para se consolidar ou se romper, ou ao menos é o que dizem os especialistas. Quando você tenta se programar para fazer uma mudança, talvez seja assustador pensar em um bloco de *21 dias*. Então experimente a estratégia de dividir o processo em blocos individuais de um dia.

Digamos que você precisa seriamente cortar o vinho tinto da sua vida, e embora não queira deixar de tomar vinho totalmente, você quer ser capaz de apreciar apenas uma taça de vinho por dia. Você poderá escrever seu objetivo na sua agenda, blog ou onde queira registrar a mudança. Faça da taça de vinho que toma todo dia um ritual gostoso, sentando-se e saboreando seu vinho plenamente, lembrando-se também de registrar o número de dias que conseguiu se manter firme em sua decisão.

Supondo-se que de vez em quando você beba duas taças de vinho por dia, reflita sobre o que é diferente entre dias em que só bebe uma taça e os dias em que bebe duas taças, e então sintonize com seus processos de pensamento.

Capítulo 12: Mudança de Estratégias para Alcançar o Sucesso

Quando Sue, uma das clientes de Romilla, quis parar de comer pão, colocamos a seguinte estratégia em prática:

- Sue projetou um objetivo bem formulado (volte ao Capítulo 3 para saber como funcionam os objetivos bem formulados) para descobrir por que exatamente queria ficar sem pão e com o que gostaria de substituí-lo.

- Pelo fato de seu sistema principal ser Auditivo, Sue ancorou seu objetivo no refrão de uma música cantada por Helen Reddy. Toda vez que Sue queria muito comer pão ou queria se lembrar de seu objetivo, ela cantava as duas primeiras linhas do refrão para si mesma. *Um dia de cada vez, meu doce Jesus, é tudo o que lhe peço.* (Você talvez favoreça um sentido sobre os outros cinco. Isso é chamado de seu Sistema Representacional Fundamental Primário.)

Não sendo masoquista, Sue se permitia comer pão em alguns dias e tratava de aproveitar seu mimo plenamente. Se alguma vez ela se sentisse tentada a dar uma mordidinha em um pedaço de pão, no lugar de se castigar, ela simplesmente soltava a voz para cantar o refrão de Helen Reddy, e isso a ajudou a se manter firme na sua estratégia de não comer pão. Um ano depois, o pão agora raramente faz parte do seu panorama nutricional.

Respirar Fundo: Uma Estratégia que Acalma

Aprender a inalar o ar e a respirar fundo é uma estratégia importante da PNL e que pode ser reproduzida em situações de estresse. Pelo fato de ser possível se respirar profundamente com discrição, sendo silencioso você poderá trazer sua respiração profunda para o processo mesmo enquanto alguma pessoa briguenta esteja falando e delirando na sua frente.

Sinta-se à vontade para adaptar essa estratégia de liberação da tensão e relaxar seu corpo para atender às suas próprias necessidades.

1. **Aprenda a reconhecer seus fatores de estresse (desencadeadores a que responda desfavoravelmente).**

2. **Consiga estabelecer como seu corpo se sente quando está tenso.**

3. **Inspire contando até quatro na parte do seu corpo onde esteja se sentindo tenso.**

4. Segure o ar contando até quatro.

5. Expire suavemente pela boca aberta, contando até oito.

6. Segure o ar, contando até quatro.

7. Sinta seu corpo relaxando.

Se se sentir hiperventilando e em pânico, respirar devagar e sistematicamente dentro de um saco de papel o ajudará a cessar a hiperventilação e fazer com que sua respiração volte ao normal.

Por que esperar até que fique estressado? Crie um desencadeador — tal como uma estrela na tela do seu computador ou no painel do seu carro — que possa lembrá-lo de seguir sua estratégia de respirar fundo.

Capítulo 13

Trabalhando com Linhas do Tempo

....

Neste Capítulo

▶ Encontrando sua linha do tempo

▶ Aprendendo com o passado sem ter que revivê-lo

▶ Tornando os objetivos mais viáveis

▶ Administrando sua linha do tempo com mais eficácia

....

Com certeza você conhece alguém que nunca se atrasa para um compromisso — mas também tem uma outra amiga que, pelo fato de estar sempre atrasada, é sempre avisada que os encontros acontecerão meia hora antes do que são marcados, a fim de que ela chegue na hora certa. E você? Como lida com o tempo? Você é daqueles que são de uma "pontualidade britânica" ou é mais do tipo que "não esquenta a cabeça"? Essas são as duas abordagens básicas para se lidar com o tempo, e ambas afetam seu pensamento e seu comportamento, bem como seus relacionamentos com todos ao seu redor. Em essência, há duas maneiras com as quais você se relaciona com o tempo: experimenta o tempo como fluindo *através* do seu corpo, ou tem uma percepção do tempo *fora* do seu corpo. Assim, a forma como você administra o tempo depende de como o vivencia "através do tempo" ou "no tempo".

Este capítulo mostra que trabalhar com sua linha do tempo pode ser uma forma muito eficiente de limpar os restos deixados pelos caminhos de sua vida. Contudo, é preciso alertar: se você precisar resolver problemas emocionais realmente importantes, tal como um trauma ou uma fobia, procure um profissional de PNL qualificado para ajudá-lo com seu problema — nesse caso, não utilize os exercícios deste capítulo.

Descobrindo sua Linha do Tempo Pessoal

A maneira como guarda suas lembranças formam um padrão que se baseia no tempo. Sua linha do tempo pode ser colocada na sua frente, em uma linha reta ou na forma de um V, e você pode estar se referindo a algum lugar no passado ou no futuro. Embora a forma como expresse o tempo nem sempre diga onde você está em sua linha do tempo, ela o ajuda a reconhecer que há um padrão na maneira como suas lembranças são armazenadas.

Você usa expressões como:

- ✓ Deixei o passado para trás.
- ✓ Estou realmente ansioso para...
- ✓ Nada de olhar para trás.

Preste atenção às expressões baseadas no tempo que você usa e acrescente algumas outras à sua lista, observando que outras expressões as demais pessoas estão utilizando.

Use o Exercício 13-1 para registrar o que você diz e o que ouve outras pessoas dizerem sobre o tempo.

Exercício 13-1	Observação de Expressões Baseadas no Tempo
Nome da Pessoa	*Expressões Baseadas no Tempo*

Ok! Então agora você está ciente das palavras que usa quando fala sobre o tempo. As palavras e frases que você utiliza demonstram como você registra suas lembranças. Você agora poderá traçar como acredita ser sua linha do tempo.

Imaginando seu passado e seu presente

Para ajudá-lo a ter uma ideia da maneira como você guarda suas lembranças, faça este pequeno exercício:

1. **Pense em um acontecimento do seu passado.**
2. **Na sua imaginação, aponte para esse acontecimento.**
3. **Pense em um acontecimento que você saiba que acontecerá para você no futuro.**
4. **Aponte para esse acontecimento.**
5. **Aponte para onde você vê "agora".**
6. **Junte os pontos na sua mente para traçar sua linha do tempo.**

> Pergunte a si mesmo se você está de pé em cima da linha ou se a linha está passando através de você. Se você tiver uma linha "no tempo", você precisa virar seu corpo, fisicamente, para olhar para o passado ou em direção ao futuro, porque sua linha do tempo passa através de você. Se sua linha do tempo é posta de forma que você possa ver tudo na sua frente e tudo o que precisa fazer é virar a sua cabeça para a esquerda ou para a direita para olhar para seu passado ou futuro, então você tem uma linha "através do tempo".

A Figura 13-1 mostra uma imagem de como uma linha "no tempo" se parece. Uma linha "no tempo" também pode ter a forma de um V, com o passado de um lado e o futuro do outro. O ponto mais importante é que a linha que liga o passado ao presente passa através de alguma parte do corpo.

A Figura 13-2 mostra a linha "através do tempo". Observe que a pessoa está de pé bem longe da linha do tempo, que está fora do corpo. Novamente, como na linha "no tempo", isso poderia formar um V, mas seria colocada na frente da pessoa, embora não passe através dela.

No Tempo

Figura 13-1: Modelo de uma linha "no tempo".

Passado ⟶ Futuro

Presente

Parte III: Aperfeiçoamento das Ferramentas de PNL

Através do Tempo

Figura 13-2:
Modelo de uma linha "através do tempo".

Passado ──────────────────────── Futuro →
              Presente

A distância relativa a onde você está na sua linha do tempo é menos importante do aquela que define onde você está em relação à linha entre um acontecimento do passado e um do futuro. Se a linha passar através de seu corpo, você tem uma linha "no tempo". Se a linha estiver fora do seu corpo, você possui uma linha "através do tempo".

Com as informações que você tem agora, use o espaço no Exercício 13-2 para fazer um desenho de como seria sua linha do tempo. Inclua a si mesmo no desenho. Sinta-se à vontade para usar todos os dons artísticos que você tiver, e se seu desenho ficar parecendo um desenho animado explodindo em cores, melhor.

Exercício 13-2	Minha Linha do Tempo

Se sua linha do tempo passa através do seu corpo, você demonstra tendências mais para estar "no tempo". Se sua linha está fora do seu corpo, você demonstra tendências mais voltadas para estar "através do tempo". A Tabela 13-1 lista características "no tempo" ou "através do tempo" — mas talvez você seja uma combinação de ambas.

Tabela 13-1   Características "No Tempo" e "Através do Tempo"

Características "No Tempo"	Características "Através do Tempo"
Você é absolutamente relaxado quando o assunto é tempo.	Você dá muito valor à pontualidade.
Você tem aversão a agendas e aparelhos eletrônicos que possam ajudá-lo a programar a sua vida.	Você provavelmente tem uma agenda cirurgicamente implantada dentro de você.
Você pode ser muito subjetivo e faz o que seu coração lhe diz para fazer.	Você tem autocontrole e é muito racional.
Você vive um dia de cada vez.	Você tem sua vida planejada e segue esse planejamento.
Você adora ter opções e por isso tende a não decidir as coisas até o último minutinho.	Você tem muita necessidade de ter uma conclusão.
Você pode levar as pessoas "através do tempo" à loucura!	Você pode levar as pessoas "no tempo" à loucura!

Agora use o Exercício 13-3 para observar as suas características 'no tempo' e ' através do tempo'.

Exercício 13-3   Características da Minha Linha do Tempo

Minhas características de linha do tempo são sobretudo no tempo/através do tempo (circule a que se aplica a você)

Minhas características são:

Colocando Sua Linha do Tempo a Seu Serviço

Simplesmente saber sobre sua linha do tempo não é o que fará bem a você — fazer com que essa linha do tempo trabalhe a seu favor é o que importa. Embarque nessa conosco, pois estamos prestes a levá-lo para os céus, em um balão de ar quente imaginário para que você possa experimentar voar sobre sua linha do tempo. Assim que pegar o jeito desse tipo de voo, poderá voar quando bem quiser, para baixo e para cima na sua linha do tempo, e ir e voltar ao seu passado e futuro.

Quando você estiver bem alto sobrevoando sua linha do tempo e observando os eventos da sua vida lá embaixo, você verá toda sua linha do tempo, e a distância desses acontecimentos o separa de suas emoções, que de outro modo o deteriam. E aprender com acontecimentos do passado fica muito maiws fácil se você não tiver que vivenciar a dor toda de novo.

O Exercício 13-4 é útil para que você se familiarize com a técnica de flutuar no alto e ir e voltar sobre sua linha do tempo.

Se você é uma pessoa "no tempo", a experiência de se distanciar de si mesmo dos acontecimentos na linha do tempo e se sentir mais afastado permite que compreenda por que as pessoas "através do tempo" parecem menos sentimentais do que você — simplesmente porque essas pessoas são expectadores que observam os eventos se desenrolarem na sua linha do tempo.

Exercício 13-4   Exercício para Voar

1. **Encontre um lugar confortável para se sentar e feche seus olhos.**

2. **Inspire, e então expire devagar e sinta-se começando a relaxar.**

3. **Repita o exercício respiratório cerca de meia dúzia de vezes, até que se sinta absolutamente relaxado.**

4. **Imagine-se flutuando suavemente para o alto e se movimentando para cima do prédio onde você está sentado e olhando para baixo sobre os telhados e flutuando cada vez mais alto sobre as nuvens e para além delas.**

5. Você está no espaço e pode ver sua linha do tempo bem abaixo de você, como uma fita. Você pode se ver na linha do tempo.

6. Agora voe de volta para cima da sua linha do tempo até que esteja diretamente sobre um acontecimento que tenha vivenciado recentemente.

7. Você pode pairar sobre ele por quanto tempo desejar.

8. Flutue para adiante sobre o "agora" e para além, até que esteja diretamente sobre um acontecimento que você saiba que acontecerá no futuro.

9. Você pode pairar por lá o quanto desejar ou se mover entre seus acontecimentos passados e futuros.

10. Quando estiver pronto, flutue sobre sua linha do tempo até que esteja diretamente sobre o "agora" antes de flutuar suavemente de volta para o presente e descer para o seu próprio corpo.

Você pode usar essa técnica de voo para tratar de assuntos do presente que podem ter se iniciado no seu passado, mas que tenham implicações no seu futuro.

O Evento Emocional Significativo: Olhar para as causas-raízes

Suas lembranças sobre um acontecimento passado em particular são muitas vezes organizadas todas juntas em um conjunto chamado de *gestalt*, um todo organizado. Se os eventos de um conjunto aconteceram em momentos diferentes ou em uma ordem diferente, todavia, o conjunto não constitui uma gestalt. Uma *gestalt* (ou conjunto) tem um significado unificado, diferente do significado que você talvez dê a um acontecimento isolado.

Uma *gestalt* pode ser desencadeada por uma resposta emocional a um acontecimento do seu passado. Esse Evento Emocional Significativo, EES na abreviação, também é chamado de *causa-raiz*. Quando acontecimentos similares dão origem a respostas emocionais semelhantes, você liga os eventos a uma cadeia e então você tem uma *gestalt* formada por todos os acontecimentos em uma ordem específica, à qual é dado um significado dependendo do seu humor em um dado momento.

Ao rever incidentes específicos na sua linha do tempo, você poderá se livrar de uma decisão limitadora ou de uma emoção negativa que talvez o esteja restringindo. (O Capítulo 5 explica o que são as decisões limitadoras.)

Janki tinha pavor de contar a seu marido sobre seus êxitos no trabalho. Ela de repente se viu em um padrão de se entusiasmar e querer correr para casa para dividir as novidades com seu marido, mas logo em seguida se deter, porque tinha horror a ouvir dele a mesma ladainha: "Mas isso não está diminuindo nosso saldo negativo no banco". Esse padrão de comportamento estava afetando consideravelmente seu relacionamento. Janki sabia que só dependia dela mesma encontrar uma maneira de mudar como se sentia e reagia aos comentários de seu marido. Ela decidiu reservar algum tempo para viajar e voltar ao momento na sua linha do tempo em que tomou a decisão de permitir que os comentários de seu marido a fizessem se sentir mal. Janki percebeu que foi nesse momento que decidiu excluir seu marido de seus assuntos de trabalho. Embora ele ainda seja uma pessoa bastante negativa, Janki não se deixa mais afetar por sua atitude. Ela usou o Exercício 13-5 para descobrir a causa-raiz de seu problema.

Exercício 13-5	Identificação de Janki sobre Sua Causa-Raiz
Acontecimento/ evento a que reajo:	John dizendo: "Mas isso não está diminuindo nosso saldo negativo no banco". É como se ele visse a vida somente em termos de dinheiro.
Significado que conecto ao acontecimento/ evento:	Porque eu sinto que meu marido não está me escutando, eu parei de compartilhar qualquer coisa com ele.
Causa-raiz que desejo mudar:	A primeira vez que permiti que ele agisse assim, me fazendo sentir-me mal com relação a meus êxitos no trabalho.
O efeito de eliminar a decisão negativa:	Eu me sinto muito bem por ter jogado fora a decisão que me limitava em falar a ele sobre o trabalho. Agora eu começo a minha afirmação com "Eu quero lhe dizer uma coisa e quero que divida comigo o meu sucesso". As coisas estão mudando.

Um sentimento negativo pode trazer à mente uma decisão limitadora que você tomou no passado. Por exemplo, você se sente frustrado porque "não ganha o suficiente". Mas isso pode estar acontecendo porque no início da sua carreira você associou ganhar muito dinheiro com ser ganancioso.

De vez em quando você se vê reagindo mal a um comentário negativo que alguém fez a você? Sua reação impede que você faça alguma coisa ou que progrida? Use o Exercício 13-6 para identificar a causa-raiz do seu problema.

Exercício 13-6	Identificação da Minha Causa-Raiz
Acontecimento/ evento a que reajo:	
Significado que conecto ao acontecimento/ evento:	
Causa-raiz que desejo mudar:	
O efeito de eliminar a decisão negativa:	

Assistindo ao Passado se Revelar

A utilização da técnica do voo pode ajudá-lo a desvendar a causa-raiz de sua *gestalt*, seu padrão de pensamento e comportamento, e superar emoções negativas do passado que o estão restringindo no presente e olhar para as decisões limitadoras que estejam impedindo que você curta sua vida ao máximo. Siga os seguintes passos a fim de que consiga olhar de volta para seu passado:

Parte III: Aperfeiçoamento das Ferramentas de PNL

1. Voe de volta à sua linha do tempo para quando seu inconsciente registrou o Evento Emocional Significativo (EES) que o está afetando.

2. Descubra o que criou o EES e como pode aprender com isso.

Essa é a chave para o processo. No seu dia a dia, você recorre a muitas experiências e sabedoria que adquiriu do seu passado. Quando você se dá tempo para olhar para o passado, se beneficia com lições para as quais não estava preparado quando seu EES aconteceu.

3. Flutue sobre sua linha do tempo por cerca dos quinze minutos anteriores à ocorrência da EES e observe como você não tem nenhum sentimento acerca desse acontecimento.

Você descobriu o que gerou o EES e aprendeu sobre isso no Passo 2, e agora está em um momento em que o evento ainda não ocorreu.

Tendo aprendido com seu EES, você não precisa mais se agarrar às emoções ligadas ao acontecimento. Você pode se libertar dessas emoções e agora pode agir produtivamente. Absorver o aprendizado de um EES rompe com sua *gestalt*.

Se você achar que há demasiadas etapas para serem lembradas em qualquer um dos exercícios, grave as instruções em uma linguagem de hipnose adequada e escute-as. (O Capítulo 15 é ótimo para consultar sobre o uso da linguagem de hipnose.) Ou você pode pedir a um amigo que leia as instruções em voz alta enquanto você faz o exercício. Dentro do contexto das linhas do tempo, trabalhar junto com outra pessoa é sempre útil enquanto você se livra de suas emoções negativas e decisões limitadoras. Contudo, se você optar por trabalhar sozinho, trate seu inconsciente como se fosse uma outra pessoa, fazendo preguntas como "Você concorda em se livrar desse sentimento negativo?". (Para saber mais sobre seu inconsciente, volte ao Capítulo 4.)

Curando emoções negativas

Emoções negativas tais como culpa, tristeza, raiva e frustração possuem um elemento do tempo ligado a elas. Talvez você se sinta culpado sobre algo que tenha feito no passado. Por exemplo, você falou rispidamente com alguém porque essa pessoa lhe disse, pela enésima vez, "Não seja tão idiota", ou porque sua necessidade de ouvir "eu te amo" não foi atendida de novo? Naquele momento em que foi ríspido, você poderia apenas se sentir com raiva. Mas olhando para trás, para o acontecimento, você pode se lembrar do olhar de surpresa, espanto e dor e percebe que, no lugar de ter sido ríspido, você deveria ter se perguntado a razão pela qual aquela pessoa se comporta de tal maneira. Não seria por causa da formação e da forma como ela foi educada? Ou talvez, desde a infância, ninguém nunca

Capítulo 13: Trabalhando com Linhas do Tempo   *281*

disse a ela nada além de "Não seja tão idiota", ou talvez jamais tenham dito que a amavam.

O Exercício 13-7 mostra como você poderá se livrar de uma emoção negativa. Por exemplo, talvez você tenha propensão a se enfurecer quando está no trânsito ou pode optar por sentir pena de si mesmo e se comportar como uma vítima das circunstâncias da vida. Use esse processo para se libertar e recobrar o controle sobre sua vida.

Exercício 13-7   Livrar-se das Emoções Negativas

---

1. Encontre algum lugar seguro e tranquilo para relaxar e para que consiga o estado mental correto para o exercício.

Diga ao seu inconsciente que você gostaria de encontrar a causa-raiz seja lá de que problema você queira resolver, ao tomar conhecimento do que aconteceu e de modo que consiga se livrar dessa emoção e do controle que ela tem sobre você. Às vezes, falar sobre suas intenções em voz alta pode atrair a atenção de seu inconsciente de maneira mais eficiente do que apenas pensar sobre as coisas.

2. Pergunte a si mesmo se está de acordo em receber qualquer aprendizado que puder e se libertar de qualquer emoção.

Em muitos casos, você tem esse problema porque não aprendeu as lições de suas experiências anteriores. Situações negativas podem levá-lo a se sentir mal, frustrado e desesperado para indicar outras emoções negativas. Após aprender suas lições, você agora sabe qual deve ser seu padrão de comportamento, o que permite que você deixe que essa emoção se vá.

Esteja alerta para o fato de que as perguntas do exercício estão direcionadas para o seu *inconsciente*.

3. Pergunte ao seu inconsciente "Qual é a causa-raiz desse problema? Ela vem de antes, durante ou depois do meu nascimento?".

É realmente muito importante que você tenha uma mente aberta sobre o que seu inconsciente dirá sobre o momento em que sua causa-raiz se originou. Seu inconsciente absorve muita informação e toma muitas decisões sem que sua mente consciente seja informada, e você poderá se surpreender com as respostas que receber.

4. Quando se decidir sobre qual é a causa-raiz do seu problema, flutue sobre sua linha do tempo de modo que possa ver seu passado e seu futuro se estendendo abaixo de você.

5. Flutue de volta por sua linha do tempo até que fique em cima da causa-raiz.

Tente entender o que criou sua decisão limitadora ou emoção negativa ao ver o que viu, sentir o que sentiu e ouvir o que ouviu. O sentimento não será tão intenso, porque você está flutuando muito acima do acontecimento e poderá aprender sobre ele sem se ver enredado pelas emoções.

6. Peça ao seu inconsciente para aprender o que é preciso sobre o acontecimento a fim de que seu inconsciente possa deixar que a decisão limitadora ou a emoção negativa desapareçam fácil e rapidamente.

Essa é a chave para o processo. No seu dia a dia, você recorre a muitas experiências e sabedoria que adquiriu do seu passado. Quando você se dá tempo para olhar para o passado, se beneficia com lições para as quais não estava preparado quando o evento aconteceu. Você faz isso assistindo ao que aconteceu.

7. Ainda sobre sua linha do tempo, flutue para os quinze minutos anteriores ao seu EES.

8. Fique de frente para o presente de modo que possa ver a causa-raiz na sua frente e abaixo de você.

Note que não sente nenhuma emoção acerca do EES. Você descobriu o que criou o EES, aprendeu com isso, e agora está sobre o ponto em que o evento ainda não aconteceu.

9. Dê permissão a si mesmo para que deixe que as emoções negativas associadas ao acontecimento desapareçam. Expire devagar para liberar as emoções associadas ao EES.

Se estiver trabalhando em uma decisão limitadora, observe que ela desapareceu junto com qualquer emoção negativa com a qual estivesse associada. Se estiver trabalhando em se livrar de emoções negativas, note como elas também desaparecem.

10. **Quando estiver pronto, flutue de volta até que esteja sobre o presente.**

    Movimente-se somente na velocidade em que seu inconsciente possa aprender sobre todos os acontecimentos que formaram sua *gestalt* e deixe que todas as emoções associadas a eles desapareçam.

11. **Flutue de volta para o cômodo onde está sentado.**

Para descobrir se você foi bem-sucedido em se libertar de suas emoções negativas, pense em um momento no futuro em que um evento desencadearia a emoção e note como as emoções negativas desaparecem.

Superando uma decisão limitadora

Em algum momento de sua vida, seu inconsciente tomou a decisão de protegê-lo de um acontecimento infeliz que você vivenciou, criando uma decisão limitadora, a qual sua mente consciente ignora inocentemente. Uma decisão limitadora (da qual tratamos com maior profundidade no Capítulo 5) age como uma barreira que impede que você atinja seu objetivo desejado. Por exemplo, talvez você pense que gostaria de fazer rapel, mas seu inconsciente decidiu que você não é corajoso o suficiente, tem medo de altura ou que rapel é uma coisa perigosa, e assim, por razões que sua mente consciente não consegue identificar, você simplesmente não vai.

Jamila se esforçou muito para escrever um trabalho, que acreditava ser o melhor que já havia escrito. Infelizmente, sua professora, sendo da velha guarda, ensinava com mão de ferro, e no lugar de enaltecer o trabalho de Jamila pelo seu excelente nível, somente se ateve aos erros, tal como se concentrar em dois erros de grafia. Jamila ficou absolutamente desapontada. Ao longo do ano seguinte, a professora de Jamila continuou fazendo o que *ela* achava que eram críticas construtivas. O resultado? Jamila cresceu achando que o inglês era a matéria em que tinha o pior desempenho, o que mais tarde afetou sua confiança no trabalho e deteve seu progresso na carreira. Mas ela teve sorte ao trabalhar com um gerente que conseguia enxergar o valor do desenvolvimento profissional e contratou um *coach* para ajudá-la em sua carreira. Durante uma sessão de *coaching*, Jamila se lembrou do dia em que sua professora criticou seu trabalho e, embora a maior parte dos sentimentos acerca de seu "inglês ruim" tivesse aparentemente sido esquecida, ela ainda mantinha uma raiva remanescente. Após uma viagem de volta à sua linha do tempo, Jamila percebeu que nunca havia descoberto qual era a causa-raiz de sua falta de confiança — aquela primeira vez em que a professora a criticou severamente pelos dois erros de grafia. A emoção desapareceu completamente quando Jamila percebeu que a crítica tinha mais a ver com a falta de conhecimento e compreensão da professora do que com a habilidade de Jamila em se comunicar em inglês.

Uma decisão limitadora quase sempre está acoplada a uma série de emoções negativas. Mas esteja alerta para a diferença entre emoções negativas em geral e uma emoção específica, tal como a raiva. O Exercício 13-7 guia você pelo passo a passo do processo de se libertar das emoções negativas.

Sintonizando-se com sua linha do tempo

Ao revisitar incidentes distintos na sua linha do tempo, você poderá libertar-se de decisões limitadoras que atrasam sua vida.

A Figura 13-3 mostra as posições que você poderá sobrevoar ao flutuar sobre sua linha do tempo e aprender com as lições de um Evento Emocional Significativo (EES), permitindo assim com que se sintonize com o aqui e agora. As três posições na sua linha do tempo são:

- 1 está bem acima do agora, o momento em que está fazendo o exercício.

- 2 está acima do lugar onde seu inconsciente vivenciou pela primeira vez o EES ou a causa-raiz. Esse é o ponto em que você aprende as lições que, se tivesse compreendido conscientemente no momento do EES, teria prevenido a formação da *gestalt* e impedido que você ficasse atrapalhado repetindo os comportamentos inúteis que vem reproduzindo até agora.

- 3 está quinze minutos antes que o EES acontecesse. Nesse ponto, o EES ainda não ocorreu, e quando você se vira para olhar para a frente do 3 para o presente, percebe que as emoções negativas ou as emoções relacionadas com as decisões limitadoras não existem mais, já que se foram ao mesmo tempo que o EES. Os problemas nascidos no momento em que o EES se desenvolveu foram trazidos à tona todas as vezes que você vivenciou um acontecimento que foi em direção a formar a sua *gestalt*, seu padrão de comportamento, relacionado a uma emoção negativa ou a uma decisão limitadora específica.

Figura 13-3: O processo de eliminação do EES.

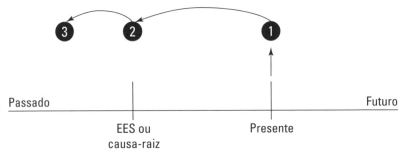

Capítulo 13: Trabalhando com Linhas do Tempo   285

Você consegue pensar em alguma decisão limitadora que o esteja impedindo de viver do jeito que deseja e na qual gostaria de trabalhar um pouco? Por exemplo, ter um problema de saúde ou uma preocupação familiar que impede que você consiga viver sua vida de forma diferente. Escreva suas ideias sobre como vencer suas decisões limitadoras no Exercício 13-8.

Exercício 13-8	**Superação de Minhas Decisões Limitadoras**
A decisão limitadora com a qual desejo trabalhar é:	
Porque ela me impede de:	

Use o Exercício 13-9 para ajudá-lo a identificar uma emoção negativa na qual você esteja sendo presa regularmente. Pode ser algo como duvidar de si mesmo ou qualquer das emoções mencionadas no capítulo.

Exercício 13-9	**Superação de Uma Emoção Negativa que Esteja me Afetando**
Uma emoção negativa a que tenho tendência é:	
Porque ela tem os seguintes efeitos negativos na minha vida:	

Superando a ansiedade acerca de um acontecimento futuro

A ansiedade nada mais é do que uma emoção negativa acerca de alguma coisa que ainda não aconteceu. Se você se sente ansioso sobre um acontecimento futuro, tal como dar uma palestra, fazer uma reunião ou sair com alguém, é provável que tenha elaborado uma decisão limitadora que o está deixando ansioso com a situação. Você pode eliminar a decisão limitadora voltando a percorrer sua linha do tempo. Se o acontecimento é único, você poderá usar o processo descrito no Exercício 13-10 para superar sua ansiedade flutuando em direção ao futuro acima de sua linha do tempo.

O processo no Exercício 13-10 pede que você voe para cima e para fora até que esteja bem acima do presente e possa ver seu passado e seu futuro se estendo abaixo de você. Dessa vez você é solicitado a se virar em direção ao futuro para encarar o acontecimento que o está fazendo ficar ansioso. Você então voa para o futuro e paira sobre o evento que está causando a ansiedade, como demonstrado na Figura 13-4. Assim que você permitir que seu inconsciente aprenda o que você precisa fazer para obter um resultado bem-sucedido, você flutua mais adiante no futuro, onde você sabe que já atingiu seu objetivo, e, se voltando para olhar o presente, vê todos os acontecimentos se alinhando para lhe trazer o sucesso que está almejando.

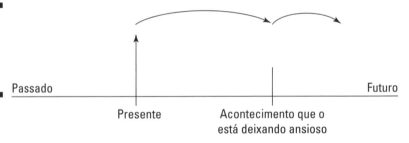

Figura 13-4: Viagem no tempo para superar a ansiedade.

Exercício 13-10 — Superação de Ansiedades

1. **Encontre um lugar seguro e tranquilo para relaxar e reflita sobre o acontecimento que o está deixando ansioso.**

2. **Prepare a etapa de superação da sua ansiedade perguntando ao seu inconsciente se ele concorda em que você se liberte de sua ansiedade.**

Capítulo 13: Trabalhando com Linhas do Tempo 287

Diga ao seu inconsciente que você atua de maneira mais eficiente quando está em um estado mental tranquilo e não tenso com relação ao futuro.

3. **Flutue por sobre sua linha do tempo de maneira a que veja seu tempo se estendendo abaixo de você.**

4. **Ainda flutuando sobre sua linha do tempo, mova-se em direção ao futuro até que chegue acima do acontecimento que está causando a sua ansiedade.**

5. **Peça ao seu inconsciente para aprender o que for preciso sobre o acontecimento a fim de que consiga se livrar da ansiedade fácil e rapidamente.**

6. **Quando se sentir preparado para seguir, flutue mais adiante no futuro para o momento logo após ter sido bem-sucedido em finalizar o evento que o estava deixando ansioso e observe como seus sentimentos mudaram e como a ansiedade desapareceu.**

7. **Quando estiver pronto, flutue de volta para seu presente tão devagar ou tão rapidamente quanto seu inconsciente precisar para que você reavalie o acontecimento que o estava deixando ansioso.**

Você poderá testar seu nível de ansiedade seguindo sua linha do tempo no futuro, talvez em outro tempo onde você tenha tido que vivenciar o acontecimento que o estava deixando ansioso e perceber que a ansiedade não existe mais.

Use o Exercício 13-11 para ajudá-lo a refletir sobre alguma coisa que tenha que fazer e que o esteja deixando estressado só de pensar. Pratique o processo que descrevemos no Exercício 13-10 para ajudá-lo a se tranquilizar e superar sua ansiedade.

Exercício 13-11   Superação de Minha Ansiedade sobre um Acontecimento Futuro

Eu estou ansioso com:	
As lições que aprendi com esse exercício foram:	

Posicionando Objetivos em Sua Linha do Tempo

Faça com que sua linha do tempo trabalhe para você flutuando sobre ela em direção ao futuro e deixando um desejado objetivo sobre ela para que seu inconsciente tome conta e o cultive.

Antes de colocar seu objetivo na sua linha do tempo, você precisará formulá-lo bem, o que o ajudará a firmar uma imagem clara do que esteja almejando atingir. (Falamos de objetivos bem formulados no Capítulo 3, "Planejamento do Roteiro".) Você poderá voltar ao capítulo e usar o objetivo bem formulado para um objetivo que escolher neste capítulo, ou escolher um objetivo novo, completamente diferente. Seja lá o que escolha fazer, tenha certeza de que seu objetivo seja convincente. Você deve vê-lo, senti-lo e ouvi-lo em toda a sua riqueza. E se seu objetivo tiver qualquer coisa a ver com assuntos de culinária, você poderá até mesmo ser capaz de cheirá-lo e sentir seu gosto!

Siga os passos do Exercício 13-12 a fim de estabelecer seu objetivo na sua linha do tempo.

Exercício 13-12   **Estabelecimento de um Objetivo na Minha Linha do tempo**

Meu objetivo é:

1. **Encontre um lugar seguro e tranquilo para relaxar.**

2. **Visualize seu objetivo.**

   Dê vida ao seu objetivo fazendo com que a imagem seja brilhante, o som alto e os sentimentos fortes, mas nem tanto ao ponto de que o brilho, o som e os sentimentos o distraiam.

3. **Entre em sua visualização e realmente saboreie o que você vivenciará quando atingir seu objetivo.**

4. **Saia da imagem e, ao sair, transforme a visualização que criou no Passo 2 em um quadro.**

   Comprima seu quadro ao tamanho desejado e ponha uma moldura ao seu redor, a fim de que possa pendurá-lo na parede.

5. Segurando sua imagem emoldurada, flutue bem acima de sua linha do tempo a fim de que veja seu passado e seu futuro se distanciando abaixo de você.

6. Ainda segurando sua imagem emoldurada, flutue ao longo de sua linha do tempo em direção ao futuro de modo que possa ver no futuro o momento que estabeleceu para alcançar seu objetivo, utilizando seu objetivo bem formulado.

7. Dê vida ao seu objetivo ao respirar nele — respire fundo pelo seu nariz e expire toda a energia na imagem. Repita isso quatro vezes.

8. Deixe seu quadro emoldurado em sua linha do tempo.

9. Ao ver seu quadro no lugar escolhido, você poderá abençoar seu objetivo ou simplesmente exprimi-lo em voz alta.

10. Quando estiver pronto, volte e encare o presente e observe como os acontecimentos em sua linha do tempo foram realinhados para criar seu objetivo.

11. Quando estiver pronto, voe de volta ao seu presente e flutue de volta ao cômodo onde estava sentado.

Quando você soltar seu objetivo, realmente deixe-o ir. Talvez você sinta vontade de ficar de olho nele para ver se ele está se formando e crescendo, mas deixe que seu inconsciente indique a você o que precisa fazer a fim de que atinja seu objetivo.

Conectando-se de Volta

Alguma vez você já se viu se debatendo com um problema e acabou descobrindo que a solução estava no seu passado? Modelar a excelência é uma técnica da PNL testada e comprovada. Mas com que frequência você pensa nas suas conquistas como dignas de serem seguidas como modelo? Agora lhe mostraremos como poderá extrair lições de suas experiências anteriores e usá-las para melhorar suas circunstâncias atuais.

Katy estava bastante deprimida com seu emprego "perfeito". Ela adorava o que fazia, mas não conseguia a promoção que tanto queria. Pelo fato de não querer deixar seu emprego, decidiu reavaliar sua situação. Katy percebeu que precisava mudar o modo como se comunicava com sua chefe, Karen, permitindo que ela visse o quanto era boa em seu trabalho e,

Parte III: Aperfeiçoamento das Ferramentas de PNL

dessa forma, conseguir a promoção. Katy decidiu olhar para seu passado a fim de encontrar situações que tenham sido difíceis, mas das quais tenha trazido lições que poderiam ser aplicadas ao seu problema atual. Ela se lembrou de uma série de acontecimentos passados que a ensinaram lições valiosas e se estabeleceram nas três categorias do Exercício 13-13, porque eram os três mais apropriados na sua situação atual de tentar se promover.

Ao analisar seus valores acerca de seu trabalho e juntar seus objetivos bem elaborados, Katy aceitou que seu objetivo era ficar no seu trabalho atual. Ela usou suas habilidades de planejamento para elaborar uma estratégia que influenciasse Karen. O primeiro passo de sua estratégia era descobrir o modo de pensar dela, seus metaprogramas, e observar seu comportamento. Katy preparou uma apresentação para convencer Karen sobre o porquê de merecer uma promoção, assegurando-se de usar frases que fossem mais apropriadas para os metaprogramas de Karen, além de construir alguns modelos de linguagem hipnótica. Katy sabia que estabelecer rapport era uma de suas habilidades, o que permitiu que ela ficasse relaxada durante seu encontro com Karen. (Veja o Capítulo 8 para saber mais sobre os metaprogramas, e o Capítulo 15 é útil para investigar modelos de linguagem hipnótica.) O Exercício 13-13 mostra os recursos que Katy utilizou de seu passado para alcançar seu objetivo de influenciar Karen e conseguir a promoção.

Exercício 13-13 **Recursos de Katy Retirados de Seu Passado**

Meu problema atual: *Não importa o que eu diga, Karen não vê mérito no meu trabalho.*

Acontecimento do Passado	O que Aprendi	Meus Recursos
1 – Eu estava com problemas com Shellagh, pois ela me assediava.	Decidi olhar para o que eu queria da vida e decidi que, pelo fato de amar meu trabalho, eu ficaria e lutaria por ele. Tudo bem se as pessoas não conseguem ser amigas, e ter uma trégua é o bastante.	Saber como trabalhar meus valores e como descobrir o que eu realmente quero para a minha vida utilizando o processo de objetivos bem formulados.

	É válido reexaminar meus valores novamente, apesar de eu já ter feito isso antes.	
2 – Quando eu e Sandy não estávamos bem no trabalho.	Sandy se sentia intimidada porque eu não estava me comunicando de uma maneira que ela entendesse. Como ela é bastante introvertida, eu a assustei.	Descobrir qual é a configuração psicológica de alguém, usando os metaprogramas. Saber como estabelecer *rapport* com outras pessoas.
3 – Preparando-me para minha avaliação de pares.	Eu estava realmente nervosa até estabelecer o que queria dizer para conseguir chamar a atenção de um número maior de pessoas. Aprendi como superar minha ansiedade e fixar um objetivo realmente extraordinário.	Minha capacidade de planejar e usar os modelos de linguagem hipnótica, além de ser capaz de criar minha linha do tempo da maneira que desejo.

Use o Exercício 13-14 para tirar partido das experiências passadas a fim de ajudá-lo a alcançar seus objetivos na vida. Pense em um problema que você tenha no momento. Então pense em ao menos três acontecimentos do passado nos quais você queira se inspirar para ajudá-lo a resolver seu problema, e então anote seu plano de ação.

292   Parte III: Aperfeiçoamento das Ferramentas de PNL

Exercício 13-14	Meus Recursos Retirados do Passado	
Meu problema atual:		
Acontecimento do Passado	**O que Aprendi**	**Meus Recursos**
1.		
2.		
3.		

Meu plano de ação para superar meu problema:

Capítulo 13: Trabalhando com Linhas do Tempo

No Exercício 13-15 lhe damos a oportunidade de você se mexer! A maior vantagem de "caminhar sobre a sua linha do tempo", o "voo imaginário", é que poderá elevar suas emoções. Então faça o favor a si mesmo de somente fazer esse exercício quando souber que as emoções que experimentará serão positivas. A desvantagem desse exercício é que a quantidade de espaço que você tem para executá-lo é provavelmente limitada, e para alguns de vocês caminhar pode ser uma distração.

Exercício 13-15   Caminhar sobre a Minha Linha do Tempo com Meus Recursos

---

1. **Encontre um lugar seguro e tranquilo, onde não poderá ser incomodado.**

2. **Coloque uma linha do tempo física no chão.**

    Você poderá fazer isso colocando uma linha ou uma faixa no chão, ou pode usar apenas sua imaginação para visualizar uma linha ou faixa.

3. **Entre na sua linha do tempo no "agora", olhando em direção ao futuro.**

    Você precisa deixar bastante espaço para que possa voltar três passos para trás e seguir um para a frente a partir do "agora".

4. **Ande três passos para trás até o mais antigo dos três acontecimentos.**

5. **Relembre o que aconteceu, prestando atenção ao sentimento de sucesso ou de realização que sente quando pensa naquele tempo. Pense nos recursos que descobriu ter.**

6. **Mantendo-se com os recursos do Passo 4, dê um passo à frente até o segundo dos três acontecimentos e repita o Passo 5.**

7. **Mantendo ambos os recursos dos passos 4 e 6, dê um passo à frente até o terceiro acontecimento e repita o Passo 5.**

8. **Mantendo os conjuntos de recursos dos passos 4, 6 e 7, dê um passo à frente até o "agora".**

9. **Pare de andar. Saboreie o momento sabendo que você tem os recursos para superar seu problema atual.**

10. **Quando estiver pronto, caminhe em direção ao futuro, quando seu problema foi superado, deixando que os acontecimentos se realinhem apropriadamente.**

Trocando Linhas do Tempo

Se você é do tipo daqueles caras relaxados "no tempo", não seria ótimo saber como seria ter uma vida bem organizada? E se você é um tipo de personalidade que é mais levada "através do tempo", não se beneficiaria se tirasse um tempo livre para curtir o que há ao seu redor e ver o quanto é feliz? (Consulte a seção anterior "Descobrindo sua Linha do Tempo Pessoal" para saber mais sobre pessoas que estão "no tempo" e "através do tempo".) Mesmo que sua resposta seja NÃO!, experimentar o modo de pensar e sentir de outra pessoa lhe concede uma maior flexibilidade na forma como pensa e se comporta, além de permitir que compreenda o que motiva as outras pessoas. Mudar e adaptar seu comportamento para se adequar a diferentes situações o ajuda a estabelecer rapport e o leva a relacionamentos bem-sucedidos.

Se sua linha é "no tempo" e você quer vivenciar ser uma pessoa "através do tempo" colocando sua linha do tempo à sua frente, tudo o que tem a fazer é sair mentalmente de sua linha do tempo e virar seu corpo de modo a ver sua linha do tempo se estender à sua frente. Da mesma forma, como uma pessoa "através do tempo", se quiser experimentar como é estar "no tempo", poderá dar um passo imaginário para dentro de sua linha do tempo.

Cassy é uma mãe ocupada que trabalha meio expediente como advogada. Ela estava achando sua vida frenética e tentava administrar sua casa com a mesma precisão que tinha no escritório. Com filhos pequenos, ela achava que cuidar da família e ter uma carreira não era nada fácil. Quando Cassy aprendeu sobre linhas do tempo e ser capaz de mudar de ser "através do tempo" para "no tempo", ela adquiriu o hábito de mudar sua linha do tempo para "através do tempo" quando chegava ao escritório, utilizando o girar da chave para desligar o carro como o desencadeador. Quando chegava a hora de ir para casa, ela girava a chave na ignição e ao mesmo tempo trocava sua linha do tempo de forma a que estivesse "no tempo". Agora Cassy não somente consegue ter mais prazer no seu trabalho, mas está também conseguindo desfrutar com mais qualidade seu tempo com a família. Citando Cassy, "Que me importa se a casa não está impecável, pelo menos estamos bem e felizes e nos damos muito bem com todos os nossos germes de estimação. Nós lhe damos uma casa, e eles nos ajudam a melhorar nossa imunidade".

No Exercício 13-16 você poderá se exercitar se e quando quiser trocar de linha do tempo e decidir como deseja desencadear a mudança.

Trocar de linhas do tempo pode deixá-lo desorientado, e pode ser que você se sinta um pouco enjoado e tonto, então previna-se fazendo o exercício sentado!

Capítulo 13: Trabalhando com Linhas do Tempo *295*

Exercício 13-16	Praticar estar "No Tempo" e "Através do Tempo"
Eu estou no tempo/ através do tempo (situação atual):	
Eu gostaria de estar mais no tempo/ através do tempo (situação desejada):	
Meu desencadeador para trocar de linha do tempo será:	

296 Parte III: Aperfeiçoamento das Ferramentas de PNL

Parte IV
Elevando a Capacidade de Comunicação

"Sempre me impressionou a capacidade de Larry de dominar seu público."

Nesta parte...

Você estará pronto para elaborar alguns feitiços com pó de magia da comunicação ao seu próprio estilo. Nesta parte aprofundaremos as especificidades da linguagem ao destacarmos os detalhes sobre como uma pessoa pensa usando os padrões do Metamodelo. Depois você voará alto novamente nos engenhosamente vagos padrões do Modelo Milton para chegar até seu público. Por fim, otimizará seus talentos para a contação de histórias a fim de entreter as pessoas e fazer com que sua mensagem seja ouvida em alto e bom som.

Capítulo 14

Adaptando a Linguagem ao Metamodelo

....

Neste Capítulo

▶ Chegando ao âmago da PNL
▶ Eliminando distorções
▶ Expondo as informações perdidas

....

O princípio subjacente por trás do Metamodelo clássico é a pressuposição: "O mapa não é o território" (abordada no Capítulo 2). Isso significa que os modelos que você faz do mundo em seus pensamentos e palavras não representam o mundo todo, mas simplesmente a sua experiência dele. Seus modelos podem servi-lo, mas também limitá-lo, e você pode identificar esses modelos na forma como você fala.

O Metamodelo foi desenvolvido pelos criadores da PNL, John Grinder e Richard Bandler, quando estavam mais preocupados em entender a *forma* como seus clientes falavam na terapia do que *o que* falavam. Grinder e Bandler também consideravam como os terapeutas mais excepcionais se comunicavam com esses clientes para ajudá-los a superar seus problemas pessoais e limitações.

O Modelo se concentra na qualidade da sua comunicação oral, como você fala, e isso indica como você está pensando. Neste capítulo trabalharemos com algumas das categorias linguísticas específicas do Metamodelo que evidenciam os padrões de exclusão, generalização e distorção da comunicação mais amplos (consulte o Capítulo 5) e perguntas específicas que poderá usar para alcançar uma comunicação mais clara em qualquer situação.

Definição de Metamodelo

Um dos benefícios do Metamodelo, com seus padrões de linguagem e perguntas, é que ele o torna capaz de desafiar pressupostos que quem está falando demonstra e que podem não ser úteis, e assim, obter maiores detalhes sobre o que ele diz a fim de conectar-se ao âmago de suas experiências. Esse método é inestimável para todos os estilos de vida, não somente na terapia. Como pais, *coaches*, maridos, esposas, trabalhadores e membros da comunidade, passar uma mensagem de forma clara é extremamente útil.

O Metamodelo é algo poderoso porque te leva das afirmações gerais para as mais específicas — de ser vago para conseguir articular suas ideias em detalhe. À medida que você avançar neste capítulo, pense nos seus objetivos sob a luz do Metamodelo e faça perguntas a si mesmo que se tornem cada vez mais precisas. Pergunte a si mesmo: "O que quero especificamente?" e "Como especificamente conseguirei isso?".

O Metamodelo trata dos três processos-chave da comunicação natural de que você já tomou conhecimento no Capítulo 5 e leu a respeito no Modelo de Comunicação da PNL — as formas nas quais você e aqueles ao seu redor *suprimem, distorcem e generalizam* na linguagem diária. Este capítulo o ajudará a compreender como esses processos podem ser apreendidos na linguagem. Dividimos esses três processos principais em algumas categorias adicionais. Ao fazer perguntas-chave, você poderá expandir o nível de detalhe e, com isso, aumentar a clareza do que está sendo dito. Isso o transforma em um detetive da linguagem que revela importantes fatos a fim de solucionar mensagens misteriosas!

Na *supressão* você presta atenção de modo seletivo a determinadas dimensões da sua experiência e exclui outras. Na d*istorção* você se transforma em alguém que adivinha e dá significados a acontecimentos que podem não ser verdadeiros ou uma leitura de mentes onde você deduz alguma coisa que não foi realmente dita. Na *generalização* você assume que se um exemplo específico de uma situação é verdadeiro, então qualquer outro exemplo disso também será verdadeiro, como em "sempre", "tudo" e "o tempo todo".

Todos esses processos constituem valiosos dispositivos linguísticos. Sem eles você se veria submerso por um dilúvio de palavras! Então apenas preste atenção a esses processos e os desafie quando for útil obter mais detalhes.

Mergulhando nas Estruturas Profundas

Ao utilizar-se de questionamentos, o Metamodelo oferece uma forma de olhar para além da superfície das palavras que uma pessoa usa e observar a estrutura mais profunda do que aquela que está sendo vivenciada. Nesta seção olharemos mais de perto para o processo linguístico de generalização na prática. Mais especificamente, nos aprofundaremos nas três categorias de generalizações, que são as seguintes:

- **Operador modal de possibilidade** — como em *Eu não posso*. O operador modal de possibilidade se refere ao que você considera ser possível ou não.
- **Operador modal de necessidade** — como em *Eu tenho que, Eu deveria*. O operador modal de necessidade se refere ao que você acha que seja necessário ser feito.
- **Quantificadores universais** — como em *tudo, todos, sempre, nunca*. O quantificador universal é uma afirmação que você defende como se fosse universalmente verdadeira.

Um operador modal negativo é o equivalente linguístico a uma barreira: a resistência que você coloca pode simplesmente constrangê-lo em relação à forma como você fala sobre uma dada situação.

O papel que John desempenha como gerente de projeto em uma grande empresa o torna responsável pelo funcionamento eficiente dos sistemas de computação que dão apoio aos centros de atendimento ao cliente ao redor do mundo. É julho, o período das férias escolares, e por isso alguns de seus colegas de trabalho estão viajando pela Europa com suas famílias, aproveitando a oportunidade de terem suas férias merecidas. Contudo, alguns projetos ainda precisam ser entregues, e os clientes, mantidos satisfeitos. Se você estivesse parado atrás de John na máquina de café de seu escritório, o ouviria dizer a um colega: "*Toda vez* que tentamos fazer alguma coisa por aqui, são semanas de atraso, *eu não consigo* que *nada* seja feito, *ninguém* ajuda. A Europa *inteira tem que* fechar as portas em julho, e nós *deveríamos* estar dizendo às pessoas que elas *deveriam* entrar de férias também. É *sempre* a mesma coisa nessa época do ano". Em uma única lamentação de descontentamento a um colega, John demonstra todo o poder da generalização na linguagem — o estilo de pensamento em que as coisas são sempre preto no branco.

Observe o operador modal de possibilidade de John na expressão "Eu não consigo". Seus operadores modais de necessidade incluem "deveríamos", "A Europa inteira 'tem que'" e "elas deveriam", enquanto que seus quantificadores universais são "nada", "ninguém", "inteira" e "sempre".

Nas seções seguintes continuaremos a descortinar esses padrões mais detalhadamente de modo a que possamos escutá-los e trabalhá-los em sua própria comunicação.

Expandindo as possibilidades

A abordagem da PNL o encoraja a expandir as possibilidades e o qualifica para ser mais flexível no seu modo de pensar ao desafiar as barreiras impostas pelos seus operadores modais. A chave está em mudar o pensamento para uma visão alternativa, ao fazer perguntas do tipo "o que aconteceria se...". Então, quando ouvir a si mesmo ou a outros dizerem "Eu não consigo fazer isso", comece a fazer perguntas que desafiem qualquer limitação. Por exemplo, pergunte "O que aconteceria se você conseguisse fazer?" ou "O que precisa acontecer antes que você consiga fazer?".

Uma crença, tal como "Eu não consigo fazer", é um exemplo de generalização. Seus pensamentos se traduzem no seu comportamento. (Essa afirmação já constitui um exemplo de generalização!)

Uma das rupturas de paradigma com relação ao comportamento de Kate surgiu quando ela estava escrevendo este capítulo. Ela estabeleceu para si mesma o objetivo de ficar de ponta-cabeça na sua aula de ioga. Ao notar que estava cercada, em suas aulas, por pessoas de todas as formas, tamanhos e idades que conseguiam ficar de ponta-cabeça, ela ficava cada vez mais consciente de que realmente queria fazer isso e frustrada devido a seu medo interior de falhar, que se intrometia em seu caminho. Quando ela mudou seu pensamento para "Eu consigo fazer isso", a coisa toda se tornou uma questão de achar o melhor momento e simplesmente fazer. Quando ela desafiou sua própria crença sobre o que era possível, convocou a ajuda das pessoas ao seu redor para que lhe dessem dicas úteis sobre segurança e encorajá-la. Depois da primeira vez que conseguiu ficar de ponta-cabeça, foi fácil repetir muitas vezes, sabendo agora que era possível para ela fazer algo que meses atrás havia considerado impossível. Ela então começou a praticar e melhorou ainda mais nisso. E acabou se perguntando por que tinha feito todo aquele alvoroço.

Em que situações você se ouve dizer "Eu não consigo fazer isso"? No Exercício 14-1 você faz uma sondagem sobre como fala e verá como pode trocar seu pensamento por uma ação. Comece listando algumas das coisas que você diz e que não pode fazer neste momento. Escolha coisas positivas, que talvez gostaria de fazer no futuro ou que outras pessoas que admire já façam. Talvez você possa melhorar seu jogo de golfe, sua habilidade em algum programa de computador ou a habilidade de manter um relacionamento. Talvez você veja outros conseguindo entreter as pessoas e ache que não consegue fazer o mesmo. Ou luta para se manter

Capítulo 14: Adaptando a Linguagem ao Metamodelo   *303*

em uma dieta saudável enquanto está trabalhando. Enfim, com certeza você tem sua própria lista.

Se pergunte o que o detém e o que melhoraria para você se fizesse alguma coisa positiva da sua lista. Pode ser algo de que tenha medo ou que pareça bobo. Você precisa de tempo livre para praticar uma habilidade, ou poderia fazer isso se pedisse ajuda. Anote qualquer ideia que lhe venha à mente sobre as barreiras que vê em seu caminho. Comece por visualizar que sucesso gostaria de alcançar para si mesmo e como isso o faria se sentir. Comportar-se "como se" já fosse bem-sucedido pode mudar o modo como você interage com os outros e se sente por dentro, de modo a atrair apoio para realizar seu sonho.

Depois que completar o exercício, destaque as atitudes que gostaria de tomar para mudar. Por exemplo, talvez seja o momento de estabelecer alguns novos objetivos para si mesmo. Assegure-se de que tenha objetivos bem formulados — volte ao Capítulo 3 se precisar relembrar um pouco sobre isso.

Ou talvez você precise mudar a conversa que tem consigo mesmo. Quando você se flagrar dizendo alguma coisa que o limite, escolha uma nova maneira, mais positiva, de falar consigo mesmo. Uma mudança simples é escrever no exercício a seguir o oposto do que você não consegue, na seção "O que desejo fazer de modo diferente", e continuar relendo a seção de vez em quando. Se seu exemplo for "Eu não consigo falar em público", substitua por "Eu quero falar bem em público" e identifique algumas maneiras de praticar a habilidade de falar em público.

Exercício 14-1	**Abertura de Possibilidades**
Eu não consigo:	
O que me detém:	
Quais as três coisas que melhorariam para mim se eu fizesse isso:	

(continua)

Exercício 14-1 (*continuação*)	
O que desejo fazer de forma diferente:	

Desafiando a necessidade

Quando você se flagrar dizendo coisas do tipo como "tenho que", "deveria", "devo", estará se sintonizando com o *operador modal de necessidade*, e isso poderá criar limitações a você.

Você é daqueles que coloca a vida em compasso de espera porque ainda não ganhou na loteria, se casou com uma estrela de cinema rica ou acabou de pagar as prestações de sua casa? Você vive a vida de acordo com o "devo" ou o "deveria" fazer coisas que você na verdade não quer fazer? Talvez seu emprego não seja maravilhoso ou você está entediado com seus hobbies, mas teme as consequências de fazer alguma coisa diferente.

Dê uma olhada nas afirmações de Vernon sobre o que ele deveria, tem que ou deve fazer no Exercício 14-2 e observe as regras que ele criou para si mesmo.

Exercício 14-2	**Os "Deveria", "Tenho que" e "Devo" de Vernon**
Devo ligar para minha tia Sara.	
Eu deveria fazer cinco contatos de televendas todos os dias.	
Tenho que ir à academia três vezes por semana.	
Tenho que aparar a grama e lavar o carro antes de encontrar meus amigos.	
Eu deveria ser capaz de correr cinco quilômetros em menos tempo que Jackie.	
Devo pintar a esquadria da janela neste verão.	

Capítulo 14: Adaptando a Linguagem ao Metamodelo   305

Tenho que passar todas as minhas camisetas antes de segunda de manhã.

Devo consertar o aquecedor central.

Tenho que levar minha equipe a uma festa de Natal (apesar de odiar ter que ir).

Tenho que pagar minhas contas no meu tempo livre.

Agora é sua vez. No Exercício 14-3, pense sobre atividades que sinta que tem que, deve ou realmente deveria fazer. Faça uma mistura de diferentes áreas da sua vida. Você poderá revisitar a sua roda da vida do Capítulo 3.

Exercício 14-3   Meus "Deveria", "Tenho que" e "Devo"

É possível que você esteja vivendo sob regras que já não lhe sirvam mais. O segundo estágio deste exercício é pegar cada item da sua lista em sequência e fazer a si mesmo a pergunta "O que aconteceria se eu não...?". Dessa maneira você verifica se o item da sua lista é tão importante para você quanto pareceu da primeira vez.

Agora é o momento de jogar fora qualquer item que não seja uma prioridade para você, a fim de que consiga criar uma lista com coisas que realmente queira fazer. No Exercício 14-4, peneire pela sua lista do Exercício 14-3 e crie uma lista revisada substituindo as palavras "deveria", "tem que" e "deve" por "escolher" para aquelas coisas que realmente sejam importantes para você.

Exercício 14-4   Minhas Escolhas a Partir de Agora

Eu escolho:

Quando você trocar seu linguajar de "deveria", "tenho que" e "devo" por palavras de escolha, observe a diferença que isso promove em sua atitude. Você verá que terá muito mais opções de ação do que anteriormente.

Mudando os universais

Lembre-se de que um quantificador universal é uma afirmação que você defende como sendo universalmente verdadeira. Só para citar alguns exemplos, se você teve uma experiência ruim com um pedreiro, você talvez diga que "todos os pedreiros são problemáticos", ou se tem relacionamentos complicados em casa ou no trabalho, poderá dizer que todas as mulheres/homens/adolescentes/chefes são problemáticos, e assim por diante. As palavras-chave que devem ser ouvidas (tanto dentro da sua cabeça quanto ditas em voz alta) incluem expressões e palavras tais como: *todas as coisas*, *todo o tempo*, *nunca* e *sempre*.

Os quantificadores universais muitas vezes aparecem quando as pessoas ficam resmungando e culpando os outros. Esse pode ser o tipo de coisa que alimenta preconceitos e pensamentos muito críticos, especialmente quando as pessoas ficam muito inflamadas com relação a acontecimentos políticos — seja com relação à administração de um comitê local, à reorganização de uma empresa ou aos interesses das lideranças de um país.

Mas é claro que também existem qualificadores universais positivos, como em: "Eu sempre vejo o lado bom da vida", "Está tudo bem", "Nós sempre fazemos o melhor, onde quer que seja" ou "Ele sempre chega com um sorriso".

No Exercício 14-5, registre os qualificadores universais que você ouve e lê. Escute as conversas das pessoas ao seu redor e os apresentadores de jornais de TV. Inclua também as declarações que você lê nos e-mails, comerciais de revistas e jornais. Torne-se curioso sobre os detalhes da linguagem e você conseguirá ouvir os significados por trás das palavras.

Exercício 14-5	Quantificadores Universais que Escuto ao meu Redor
Termos que escuto	*De quem*

Agora olhe sua lista e observe se alguma pessoa ou grupo dela tem uma forte tendência a generalizar e se esse linguajar é de alguma valia para você. Você está assistindo a programas de televisão ou lendo jornais que fazem com que você se sinta bem ou mal? Nesse caso, então é melhor se informar antes de fazer suas escolhas sobre o que lê e escuta a fim de que seu pensamento também não fique muito limitado.

Você poderá fazer diversas perguntas para desafiar o pensamento generalizador que ouve ao seu redor e também desafiar a si mesmo. Dessa forma, você consegue expandir o modelo mental de uma pessoa — inclusive o seu próprio. Se, por exemplo, você escutar os apresentadores de televisão se utilizando de quantificadores universais sem nenhuma evidência que os corroborem, você pode não ter como confrontá-los pessoalmente, mas pode chegar à conclusão de que seus programas são demasiadamente tendenciosos para que valham à pena serem assistidos. As perguntas que você pode fazer incluem:

- Isso é sempre assim? Toda vez? Nunca?
- Apresente uma exceção à regra que você ouviu, começando com a pergunta: "O que aconteceria se...?" (Por exemplo, "O que aconteceria se você encontrasse um político que defendesse a sua causa? O que você diria sobre esse partido político?", "E se você fosse atendido rapidamente — você então continuaria dizendo que as filas do *checkout* nos hotéis são sempre grandes demais?".)

Interpretando os Padrões Distorcidos

O reconhecimento das distorções sutis que ocorrem todos os dias pode transformar seu pensamento e sua vida. Uma distorção é algo como olhar para um espelho e ver alguma coisa que não está lá, tal como ver uma pessoa gorda quando se é magro — é mudar os fatos de alguma maneira.

Do lado positivo, a distorção pode ajudar a criatividade. Ela é a matéria que constrói fantasias, sonhos e diversão. O aspecto negativo é que sua capacidade de distorcer a realidade pode levá-lo a inventar catástrofes, interpretar fatos erroneamente e destruir sua autoconfiança.

Como *coaches* de PNL, eu e Romilla trabalhamos com muitas pessoas no sentido de oferecer-lhes novas perspectivas a seu pensamento, que não estejam lhe servindo mais para que alcancem a vida e o trabalho que realmente desejam. Seja você um jovem que está para se casar em breve e está nervoso com a chegada do grande dia ou um executivo que está entrando em pânico com os resultados financeiros de sua empresa, sua habilidade natural para distorcer os fatos pode levá-lo a perder muitas noites de sono.

Alguns tipos de distorções:

- **Equivalência complexa:** duas experiências que são interpretadas como sinônimas. Por exemplo, "Se você revirar os olhos, isso significa que não acredita em mim", ou "Se você não vier à reunião da empresa, não dá valor ao seu emprego".
- **Leitura de mentes:** assumir que sabe o que uma pessoa está pensando. Por exemplo, "Você realmente gosta disto, não é?", ou "Ela não iria querer vir".
- **Causa e efeito:** quando você funciona "sob causa", você assume total responsabilidade por suas ações e as consequências geradas por elas. Quando você está "sob efeito", é provável que assuma o papel da vítima indefesa. Uma pista para perceber quando uma pessoa está "sob efeito" é no uso de um linguajar tal como "Ele me fez fazer isso". Os princípios de causa e efeito são explorados com maior profundidade no Capítulo 2.

Janice estava trabalhando como professora recém-chegada a uma escola primária de uma comunidade do centro de uma zona urbana. Ela estava se sentindo particularmente estressada e ansiosa com os resultados das provas de alguns de seus jovens alunos. Ao fim de uma longa reunião de final de semestre com os pais das crianças, ela se virou para um de seus colegas e disse que definitivamente não era talhada para ensinar, já que tinha certeza que nem os pais, nem seus alunos gostavam dela ou a respeitavam. Felizmente, seu colega, que era uma alma sábia e experiente, a levou para sair e a desafiou dizendo: "Vamos lá, quais são os fatos neste caso?". Em meia hora, Janice se deu conta de que não apenas estava assumindo a responsabilidade educacional por seus alunos, mas também ficando sobrepujada por questões sociais maiores que alguns deles tinham de enfrentar em casa e que afetavam suas oportunidades de aprender e de ir à escola. Ela estava sendo irracionalmente dura consigo mesma.

Separe os fatos do que é realmente dito e de seus sentimentos sobre a situação. Observe o significado distorcido que você pode ter dado à situação.

Quando as pessoas se encontram sob pressão, podem muitas vezes distorcer a realidade. No Exercício 14-6, Sean voltou a uma lembrança de quando esteve com dificuldades no trabalho. Ao analisar seus pensamentos, a forma como falava consigo mesmo e com os outros, e seus sentimentos naquele tempo, encontrou exemplos de todos os três padrões de distorção: equivalência complexa, leitura de mentes e causa e efeito. Esses padrões foram demonstrados em coisas que ele disse naquele momento sobre o projeto e seus colegas. A partir da análise da experiência, ele aprendeu o que poderá escolher para fazer diferente no futuro.

Exercício 14-6	Revelação das Distorções de Sean
Situação:	Projeto de consultoria com o banco ABC, quando os usuários se irritaram com o novo sistema.
Leitura de mentes por mim ou pelos outros:	Pensei que o gerente de projetos não me queria no projeto, ainda que nada tenha sido dito diretamente para mim. Todos os outros vinham de uma empresa de consultoria maior, então presumi que eles achavam que eu não era tão inteligente quanto eles.
Equivalências complexas:	Eu não era convidado para todas as reuniões de avaliação de avanços, o que significava que eles me achavam inútil.
Eu estava "sob causa" ou "sob efeito":	Eu estava completamente "sob efeito". Eu me senti infeliz por dois meses e pensava que tinha feito um trabalho ruim e isso teve um efeito em cadeia em mim. Eu ia para o bar quase todas as noites e bebia muita cerveja. Eu também estava rabugento com meus amigos e outras pessoas ao meu redor.

(continua)

Parte IV: Elevando a Capacidade de Comunicação

Exercício 14-6 (*continuação*)

Mudanças que posso fazer no futuro:	Eu vou esclarecer melhor qual é meu papel para descobrir detalhes específicos sobre as minhas atribuições, quais são as responsabilidades das outras pessoas e quem são aquelas pessoas. Se eu tiver outro trabalho como esse, pedirei que tenhamos reuniões semanais de feedback, de modo a que todos vejam nessas reuniões o que está indo bem e onde estão os riscos. Vou desafiar aqueles que forem vagos em suas afirmações.

No Exercício 14-7, traga de volta uma lembrança de um momento quando as coisas deram errado para você. Escolha uma situação em que recebeu um *feedback* desagradável de um indivíduo, teve uma discussão ou algum mal-entendido que você preferiria ter evitado. Anote exemplos dos três padrões de distorção de equivalência complexa, leitura de mentes e causa e efeito que conseguir reconhecer.

Exercício 14-7   **Revelação das Minhas Distorções**

Situação:	
Leitura de mentes por mim ou pelos outros:	
Equivalências complexas:	
Eu estava "sob causa" ou "sob efeito":	

Mudanças que posso fazer no futuro:	

Omitindo Partes Perdidas

Uma conversa na qual a omissão está presente é como ler as manchetes de um jornal sem ler o artigo inteiro. As manchetes por si não revelam a história inteira.

Por exemplo, se seu gerente no trabalho lhe diz "Você fez um bom trabalho", como você saberia como fazer um bom trabalho novamente amanhã? Talvez você tenha que praticar um pouco a leitura de mentes, a menos que você peça mais informações para que possa mudar de uma visão geral para detalhes específicos. Ou se você dissesse a seu chefe "A comunicação não está funcionando", o que ele ou ela precisaria fazer para corrigir isso? Seria instalando um novo sistema de telefone, publicando uma *newsletter* ou colocando placas orientadoras no estacionamento?

A Tabela 14-1 mostra padrões de supressão, exemplos e perguntas que você poderá fazer para recuperar informações omitidas.

Tabela 14-1		Exemplos de Omissões
Tipo de Omissão	*Exemplo de Afirmação*	*Exemplos de Perguntas para Esclarecer as Supressões*
Simples	Eu estou assustado.	Com o que está assustado?
Verbos inespecíficos	Ela me bateu.	Como ela te bateu? Com o que/onde ela bateu?
Comparações	Ela é uma pessoa melhor.	Ela é melhor do que quem? O que é melhor?

(continua)

Tabela 14-1 (*continuação*)

Julgamentos	Você não se importa.	Com o que especificamente eu não me importo e como especificamente não me importo?
Nominalizações	A comunicação é difícil.	Quem é que acha a comunicação difícil e o que é difícil de ser comunicado?

Um *verbo inespecificado* é um verbo que tem um significado ambíguo e que está aberto a ter uma interpretação errônea. Uma *nominalização* é criada ao se transformar um verbo em um substantivo. Representa alguma coisa intangível, tal como um relacionamento ou a comunicação.

Quando as informações estão faltando, é fácil tirar conclusões precipitadas, tomar decisões erradas e vender o produto errado. Imagine que você seja um médico tratando de uma pessoa doente. Se o paciente diz "Doutor, estou sentindo uma dor", e você se apressa em prescrever um remédio imediatamente, você estaria arriscando sua competência clínica ao fazer um diagnóstico sem informações suficientes.

As perguntas-chave a serem feitas em qualquer situação em que você tenha falta de informação suficiente para que tenha certeza do significado são as seguintes:

- Fale mais sobre isso...
- O que, quando, onde, com quem e como especificamente?

Raj quer ser capaz de se comunicar melhor com sua sobrinha Mandy acerca de sua busca por emprego, mas conversar com ela é difícil, pois ela omite informações, e assim ele tem pouco com o que trabalhar. No Exercício 14-8, Raj faz uma anotação do que ouve Mandy dizer, de forma que possa fazer perguntas que ampliem a conversa para que possa coletar mais detalhes.

Exercício 14-8 — Exercício de Raj para Revelar Informações Omitidas

Pessoa e contexto:	Minha sobrinha Mandy, que precisa de um emprego.
Suas afirmações:	Trabalhar é uma idiotice. Eu não tenho tempo. O salário é péssimo. Eu não me saio bem em entrevistas.

Capítulo 14: Adaptando a Linguagem ao Metamodelo 313

Perguntas para contestar as informações omitidas:	Como seria especificamente esse trabalho, para que não fosse uma idiotice? De quanto tempo você precisa? O que é um salário péssimo? E qual salário não seria péssimo? O que especificamente você faz nas entrevistas?

Observe que os padrões de discurso se agrupam de tal forma que você encontra omissões, distorções e generalizações, todas se unindo em um mesmo nó para que seja desfeito! Essa é a forma como você pode se enredar em seus pensamentos de ansiedade.

Encontre alguém com quem gostaria de se comunicar melhor e que fale pouco ou que tenha a tendência a omitir informações em uma situação em particular. Use o Exercício 14-9 para extrair suas omissões.

Exercício 14-9	Meu Exercício para a Revelação de Informações Omitidas
Pessoa e contexto:	
Suas afirmações:	
Perguntas para contestar as informações omitidas:	

Parte IV: Elevando a Capacidade de Comunicação

Capítulo 15

Adaptando a Linguagem ao Modelo Milton

Neste Capítulo

▶ Sobre transes

▶ Elaborando uma linguagem que transmita a sua mensagem

▶ Criando uma ligação com o Metamodelo

Quando você era criança, muito provavelmente, em algum circo ao qual tenha ido, ficou absolutamente fascinado com algum mágico que habilmente encenava engenhosos truques. Bem, agora nós também iremos lhe mostrar um pouco de mágica — usando a linguagem hipnótica para manter a mente consciente ocupada ou sobrecarregada enquanto temos a oportunidade de falar diretamente com o inconsciente de alguém. Na PNL, esse truque de mágica é chamado de *Modelo Milton*. A hipnose trilhou um longo caminho desde quando era apenas uma performance teatral impressionante até chegar ao ponto de ser uma respeitável terapia testada e comprovada, graças ao trabalho de Milton Erickson. Richard Bandler e John Grinder, cofundadores da Programação Neurolinguística, descobriram que Erickson usava uma "linguagem engenhosamente vaga" para colocar seus clientes em um estado alterado de consciência — um transe, em outras palavras. Richard e John transcreveram o uso da linguagem de Milton Erickson, nos oferecendo os padrões do Modelo Milton, que nada mais são do que técnicas para ajudá-lo a fazer com que as pessoas "entrem em estado de transe" com as palavras que usar. A utilização dos padrões do Modelo Milton podem ajudá-lo a fazer com que uma pessoa entre em um estado de transe leve ou mediano ou realmente fazer com que vivencie uma experiência hipnótica profunda e plena, fazendo com que a pessoa se torne diretamente receptiva à sua mensagem.

Parte IV: Elevando a Capacidade de Comunicação

Ser capaz de identificar se os padrões do Modelo Milton estão sendo usados faz com que você se torne consciente do que está acontecendo e permite que escolha como se comportar e reagir às pessoas.

Neste capítulo lhe mostramos como inserir os padrões do Modelo Milton em sua fala do dia a dia, fazendo com que suas palavras sejam convincentes e irresistíveis.

Facilitando o Acesso à Hipnose

Apesar de estar lendo este capítulo, talvez você não esteja muito comprometido com a ideia de aprender sobre hipnose, porque se desanimou com os hipnotizadores de palco que fazem as pessoas parecerem tolas.

Neste capítulo você encontrará pelo menos quatro razões pelas quais seria útil colocar suas dúvidas de lado por um tempo e ler sobre isso com a mente aberta. Então, talvez você gostaria de:

- ✔ Desmistificar suas suspeitas acerca da hipnose
- ✔ Identificar quando uma pessoa está utilizando padrões de linguagem hipnótica
- ✔ Conectar-se com o inconsciente de outra pessoa
- ✔ Encontrar algumas lições realmente úteis que possa usar para facilitar sua jornada de vida e, quem sabe, até mesmo encontrar maneiras de ajudar as outras pessoas quando seus caminhos se cruzarem

Assim, tente deixar de lado qualquer desconfiança que tenha acerca da hipnose e concentre-se em ler este capítulo com a mente aberta. Mas, é claro, se após passar por este capítulo ainda assim decidir que sua opinião inicial sobre a hipnose é a que está correta, sinta-se à vontade para recuar e deixar isso tudo para lá até que chegue o momento certo para que reconheça o valor da hipnose Ericksoniana.

Diferenças entre a hipnose direta e indireta

A *hipnose direta* é quando o hipnotizador exerce um controle sobre a outra pessoa, com comandos do tipo "Seus olhos estão ficando pesados agora". A hipnose direta pode não funcionar com todo mundo.

A *hipnose indireta* é a forma de hipnose praticada por Milton Erickson. Milton usava deliberadamente um linguajar vago e permitia que seus

Capítulo 15: Adaptando a Linguagem ao Modelo Milton

clientes acessassem experiências e recursos que não teriam acesso conscientemente.

A ideia é que, sendo a linguagem vaga e pelo fato de não ter sido dadas ao cliente instruções precisas, ele busca por suas próprias experiências, e, enquanto as busca, seu inconsciente entra em um estado de transe, facilitando assim que aceite a mensagem terapêutica.

Usar a linguagem do Modelo Milton para colocar seu público — seja de uma só pessoa ou um grupo — em um transe suave é uma ótima maneira de fazer com que sua mensagem seja aceita. As pessoas, quando em transe, são mais receptivas a sugestionamentos, porque você contorna qualquer resistência que a mente consciente possa interpor. Isso não quer dizer que as pessoas farão qualquer coisa que lhe forem solicitadas, especialmente se isso viola seu senso de ética mais profundo. O objetivo de usar o transe é direcionar a atenção das pessoas para o que quiser que elas notem. Por exemplo, se você quiser que alguém fique consciente do que acontece em seu ambiente, poderá dizer algo como "Ao sentar-se aqui, sentindo como a cadeira o suporta, o sol iluminando o cômodo e o som dos carros do lado de fora, você sabe que seus sentidos estão elevados e que você está consciente de tudo ao seu redor".

Ao completar o Exercício 15-1, você poderá colocar em palavras qualquer dúvida que estiver guardando sobre a hipnose. Trazer suas dúvidas para sua consciência permite que consiga explorar os benefícios da utilização dos padrões do Modelo Milton na hipnose, adaptando sua linguagem e colocando-o no comando. Detalharemos os padrões do Modelo Milton na seção mais adiante, "Cativando a Plateia com o Modelo Milton".

Até que Saira aprendesse sobre a hipnose Ericksoniana em seu curso de PNL, ela se sentia muito desconfortável com qualquer um que "me deixasse por baixo". Quando ela acolheu os padrões de linguagem de Milton Erickson, começou a ficar muito mais à vontade e a ser capaz de utilizar a linguagem hipnótica para estabelecer rapport com seu chefe e com o resto da equipe.

Exercício 15-1	Minhas Ideias sobre Hipnose
Minhas crenças atuais sobre a hipnose são:	
Por que estou lendo este capítulo?	

Reconhecendo os transes diários

Alguma vez você já:

- Foi a algum lugar sem se lembrar de como chegou lá?
- Esteve tão envolvido em uma conversa ou na leitura de um livro que o tempo simplesmente passou e você não percebeu?
- Foi levado por uma conversa consigo mesmo?
- Sonhou acordado?

Se você respondeu afirmativamente a qualquer uma dessas perguntas, você sabe como é estar em um transe induzido sem que esteja sob efeito de substâncias químicas, e isso é realmente uma boa notícia, porque se está lendo este capítulo, isso significa que quer entender sobre a forma de hipnose desenvolvida por Milton Erickson. (Falar consigo mesmo pode ser um pouco suspeito — provavelmente você é a única pessoa que sabe o que está acontecendo com você mesmo, então tenha cuidado: as pessoas adoram dar uma espiadinha!)

Um *transe* pode ser definido como sendo um estado em que a consciência se encontra alterada. Em um transe, você pode perder a consciência do que está acontecendo ao seu redor, como quando está em uma reflexão profunda, intensamente focado em alguma coisa ou vivenciando um estado de hipnose. O transe é um fenômeno perfeitamente normal. As pessoas podem passar por vários estados de transe ao longo de um dia.

Estar em um estado alterado pode ser benéfico, tal como entrar em transe durante uma meditação, que o ajuda a relaxar o corpo e a mente. Mas estar em um transe também pode ser improdutivo. Por exemplo, você pode estar com o hábito de responder ao que uma pessoa faz ou diz, entrando em uma conversa consigo mesmo usando frases como "Eu sei que ele não me ama. Se ele me amasse, teria trazido flores quando foi fazer compras. Com certeza ele vai me deixar". Esse é um exemplo de um transe de diálogo interno negativo. O diálogo interno negativo é um transe, porque seu foco na negatividade altera seu estado de consciência.

Um transe comum que as pessoas que trabalham em um ambiente de escritório podem encontrar é se flagrar se lamentando sobre um colega, um chefe ou sobre condições de trabalho injustas. Uma pessoa começa a se lamuriar sobre como se sente e, antes que perceba, o vírus do pensamento negativo já se espalhou por todo o departamento, e o moral começa a cair, junto com a produtividade e, principalmente, a camaradagem. O estado alterado da consciência nesse caso é que as pessoas focam nos aspectos negativos do seu ambiente e não conseguem enxergar nada de positivo.

Se você perceber que está escorregando para dentro de um transe sem utilidade, pode mudar conscientemente o foco dos seus pensamentos. Então, no lugar de pensar no que é negativo, você pode ativamente se recordar do que é bom. Por exemplo, "Ele me ama, porque me poupou de ter que ir às compras", ou "Eu tenho sorte de ter um trabalho seguro e do qual gosto, apesar do que os outros dizem". Tente arrumar tempo para devanear sobre a última vez em que se sentiu positivo, feliz ou estava na crista da onda. Em seus devaneios, entre na imagem e reviva o acontecimento ou permita a si mesmo ingressar em um estado meditativo focado na sua respiração.

Você pode se ver experimentando alguns transes em momentos específicos, como quando sente aquele sentimento de vazio às 11h da manhã e tudo em que consegue pensar é em um café com leite e uma rosquinha. Outros transes podem acontecer independente do tempo, como quando você está escutando alguém discorrendo sobre um assunto chato, ou rapidamente, quando vê um pássaro pousar no peitoril da janela ou observa a brisa que sopra sobre algumas folhas. Você pode experimentar um estado alterado da realidade quando, de repente, é acometido por um ataque de amor ao ver seu filho correr para você com os braços estendidos, e tudo o que consegue ver é aquela pessoinha, ou uma compaixão enorme quando se condói com o sofrimento de um animal de estimação machucado que procura por sua ajuda.

Durante a leitura desta seção, você mesmo pode ter se visto em um transe, sonhando acordado! Um pensamento leva a outro, e olha só...rapidinho você se vê em pleno devaneio, com seus pensamentos muito longe de pôr a mão na massa para fazer o Exercício 15-2. Sonhar acordado constitui um transe suave, porque é um estado alterado da consciência.

Use o Exercício 15-2 para listar os transes que você mais experiencia. Descreva o transe e quando você se percebe entrando nele, e então marque o box para indicar se o transe foi produtivo ou improdutivo. Você pode se surpreender ao descobrir quantas vezes entra em um estado alterado de percepção.

Exercício 15-2	Meus Transes Diários	
Transe, Momento e Descrição	*Produtivo*	*Improdutivo*

Após identificar um transe improdutivo, você pode tomar medidas corretivas para transformar seu transe improdutivo em um mais produtivo.

Na rota em direção a um transe tranquilo

Você poderá ajudar as pessoas a entrarem em transe simplesmente usando os padrões de linguagem do Modelo Milton. Existem muitos padrões, como você poderá ver na Tabela 15-1, e a maneira de descobrir como usá-los com primor é confiando-os ao seu inconsciente por meio da prática de diferentes combinações e finalmente usando o Modelo Milton, sem ter que pensar sobre como você está usando esses padrões.

Você já deve conhecer a frase "sorria e o mundo sorri com você", então, como rapport é um processo de mão dupla, a melhor maneira de saber como conseguir que uma pessoa entre em um estado alterado é entrar você mesmo em um transe, o que fará com que você use os padrões do Modelo Milton de maneira fácil e vigorosa. Você poderá usar o processo de visão periférica que é descrito aqui para conseguir uma maneira rápida de entrar em um transe leve.

1. **Concentre-se em um ponto poucos centímetros à sua frente e ligeiramente acima do nível dos seus olhos.**

2. **Mantendo-se focado, relaxe os músculos ao redor dos olhos e permita que sua consciência se expanda para ambos os lados dos seus olhos.**

   Observe como se sente mais relaxado interiormente.

À medida que ganha prática sobre como usar a visão periférica e se manter em um leve transe, você descobre que adquiriu a habilidade de fazer duas coisas ao mesmo tempo — por exemplo, usar padrões de linguagem hipnótica primorosa enquanto organiza uma reunião de equipe.

Utilizar a visão periférica é uma ótima maneira de relaxar. Assim, quando estiver se sentindo tenso ou sob pressão, deixe que seus olhos relaxem, ao mesmo tempo que foca acima do nível dos olhos. Você poderá até ver a si mesmo se expressando de maneira mais fluida ao permitir que seu inconsciente se torne mais ativo.

É muito mais difícil se manter conscientemente elegante, então confie em seu inconsciente e mantenha-se em transe com o Modelo Milton.

Cativando a Plateia com o Modelo Milton

Os filmes são um meio poderoso para se passar mensagens que influenciam as pessoas. Cada pessoa que está assistindo a um filme constrói seu próprio significado sobre o que ele está querendo dizer, ao mesmo tempo em que fica ligado na história que está sendo contada. Da mesma maneira, você poderá encantar seu público usando uma linguagem que tenha mais que um possível significado, fazendo com que seus ouvintes interpretem o que você está dizendo de acordo com suas próprias experiências, permitindo assim que sua mensagem seja aceita.

O *padrão de linguagem do Modelo Milton* constitui um conjunto de frases que, por serem deliberadamente indefinidas, direcionam o ouvinte a descobrir o significado do que você está dizendo, forçando-o a explorar suas próprias experiências. À medida que o ouvinte entra em sua própria mente em busca do significado, sua mente consciente está distraída, e você será capaz de se comunicar com seu inconsciente, diminuindo a resistência às suas sugestões e aumentando sua capacidade de influenciar indivíduos a conseguir alcançar seus objetivos, se darem bem com um colega ou a terem mais confiança.

Ao ler este capítulo, deixe que sua mente o carregue suavemente para um de seus lugares favoritos — porque quando você pensa nesse lugar, isso o faz se sentir muito bem —, e ao ver esse lugar e deixar que a imagem flutue lentamente pelo seu consciente, olhe para sua direita e você verá uma mulher usando um vestido verde e pantufas amarelas! Opa! Isso foi detalhado demais para você? Te fez sair do seu transe?

Esse exemplo mostra como o uso de uma linguagem vaga faz com que você entre em um transe ao deixar que use sua imaginação. Dar instruções detalhadas quebra o transe, já que seu inconsciente diz "Há uma mulher ali" ou "Ela não está usando pantufas amarelas".

Termos para enlevar

Agora começaremos a mostrar a você a mecânica do uso dos padrões do Modelo Milton, para que consiga transmitir sua mensagem. Esta seção começa ajudando-o a identificar a linguagem que torna isso possível.

A maneira ideal de agrupar os padrões do Modelo Milton é pensar na mensagem que você quer passar e fazer com que os padrões sejam relevantes para a mensagem e o contexto no qual você está se expressando. Quando você está tentando incentivar uma equipe a vencer uma competição de Paintball, talvez não seja eficaz dizer "Ao se sentar, me escute, ouça seu coração; respire lenta e calmamente, pois você está se sentindo em paz, em harmonia com a natureza e um com o outro".

Quanto mais você praticar com os padrões do Modelo Milton, mais conseguirá adaptá-lo à sua personalidade e mais poderá manter seu público cativado com uma longa linha de padrões de Modelo Milton misturados a uma história que consiga transmitir sua mensagem.

Pense nos padrões do Modelo Milton como se fossem notas musicais em um piano e aprenda a subir e descer ao tocar uma miscelânea e invente seus próprios acordes!

Os padrões do Modelo Milton dizem respeito a manter sua linguagem vaga a fim de que ela consiga se esquivar da sua mente consciente. A pessoa com quem está falando entra em um transe em busca de seus próprios exemplos, experiências e significados, porque, na verdade, você não disse nada muito específico. Enquanto a mente de seu ouvinte está ocupada, você será capaz de falar diretamente com o inconsciente daquela pessoa — para, por exemplo, estabelecer um comportamento positivo. O estabelecimento de comportamentos positivos não é domínio apenas dos terapeutas. Os pais também têm a responsabilidade por fazer isso. *Coaches* e gerentes também podem ajudar nesse processo de estabelecer comportamentos, embora neste caso somente após a permissão da pessoa a qual estão tentando ajudar.

Pelo fato de a maioria dos hábitos e comportamentos serem levados a cabo pelo inconsciente, você terá resultados mais rápidos instruindo ou falando com o inconsciente diretamente, sem se enredar nas discussões que a mente analítica ou consciente apresenta.

A razão para os diferentes termos dados aos padrões do Modelo Milton é permitir que as pessoas se comuniquem acerca da análise da linguagem. Então esteja alerta para a existência dos termos, mas concentre-se em saber como usá-los para distrair a mente consciente de alguém e direcionar os pensamentos do ouvinte para o caminho desejado ou fazer sugestões que o ajudarão.

A Tabela 15-1 lhe dá uma lista completa de padrões do Modelo Milton em ordem alfabética. Os padrões em itálico que não estão em negrito constituem o subconjunto da Ambiguidade e dos Operadores Modais.

Capítulo 15: Adaptando a Linguagem ao Modelo Milton   *323*

Tabela 15-1	Padrões do Modelo Milton		
Padrão	*Explicação*	*Exemplo*	*Palavras a serem ouvidas*
Ambiguidade	O que você diz pode ter mais de um significado.		
Fonológico	*Homônimos*, palavras que parecem as mesmas e que às vezes têm a mesma grafia, mas possuem significados diferentes.	Acento/Assento Censo/Senso Conserto/ Concerto Cheque/Xeque	
Âmbito	Precisa de clareza a fim de descobrir que pedacinhos da frase se encaixam.	Essas meninas e meninos maldosos. Falo com você como pai. Ele é um médico que exerce a profissão.	
Sintático	A função de uma palavra não é compreendida imediatamente no contexto.	Eles estão contando histórias. Soltar pipa pode sobressaltar. Crianças crescendo podem custar uma fortuna.	
Pontuação	A frase em geral é muitas vezes gramaticamente incorreta e é feita de até duas frases separadas ligadas por uma palavra comum. As palavras de conexão estão em negrito e itálico no exemplo.	Ele tem um **nariz** grande o que significa. Quando a **dia rompeu** sobre nós finalmente. Ela lhe deu um **empurrão** barco afora.	

(continua)

Tabela 15-1 (*continuação*)

Padrão	Explicação	Exemplo	Palavras a serem ouvidas
Causa e Efeito*	A implicação é de que uma coisa causa ou é consequência de alguma outra coisa.	Ao estar aqui lendo isto, você agora entende o Modelo Milton. Pelo fato de você estar entendendo o Modelo Milton, está obviamente focalizando sua atenção. Respirar resulta em relaxamento.	Faz, Causas, Resulta em, Se, Então, Porque, Assim, E, Como
Equivalência Complexa*	Uma coisa é interpretada como significando alguma outra coisa.	Se você chegou a este capítulo, significa que está entre os 10% de pessoas que realmente leem os livros que compram. Você está atrasado de novo. Então você realmente não está comprometido com o relacionamento. Você está lendo este livro, portanto, está abrindo sua mente para mais possibilidades.	Significa, Então, Portanto
Omissão Comparativa*	Omitir um lado de uma comparação a fim de que não fique claro se a comparação está sendo feita com	Ele é rico. Você está muito mais feliz. Você pode andar mais rápido?	Bom, Superior, Melhor, Pior, Mais,

Capítulo 15: Adaptando a Linguagem ao Modelo Milton   *325*

Padrão	Explicação	Exemplo	Palavras a serem ouvidas
	uma pessoa ou uma coisa, porque a pessoa ou coisa comparada é suprimida.	Ela é uma pessoa melhor.	Menos, A Maioria, Pouco
Postulados de Conversação	Fazer perguntas com respostas de sim/não de uma forma que a pessoa concorde com a solicitação quase que automaticamente. Isso somente funciona com algo que possa ser feito imediatamente. Ela dá ao ouvinte uma escolha implícita sem que seja muito mandão.	Você poderia me trazer um copo d´água, por favor? Você poderia simplesmente responder à pergunta? Você poderia simplesmente imaginar uma noite tranquila dentro de casa? Aquilo é um avião? (Faz com que todos olhem para cima, procurando por um avião no céu.)	
Ambivalência	Dar ao ouvinte a ilusão de ter uma escolha quando, na verdade, ambas as opções indicam o caminho que você quer que ela tome. O ingrediente principal de uma ambivalência é que a pessoa faz o que você quer.	Você gostaria de começar seu dever de casa agora ou em dez minutos? Você vai começar a arrumar o seu quarto hoje à tarde ou vai acabar de arrumá-lo até amanhã de manhã?	

(continuação)

Parte IV: Elevando a Capacidade de Comunicação

Tabela 15-1 *(continuação)*

Padrão	Explicação	Exemplo	Palavras a serem ouvidas
		Só você pode decidir se entrará em um transe leve, moderado ou profundo, rapidamente ou lentamente.	
Comandos Embutidos	Inserir comandos no meio de uma conversa para ignorar a mente consciente e falar diretamente com o inconsciente.	Eu nem sonharia em dizer a você para *manter uma dieta saudável*, e de maneira nenhuma eu sugeriria que *você não pode mudar com facilidade,* então prometo que tudo o que eu diga *você vai querer escutar,* o que significa que você pode **baixar a guarda** e *relaxar* enquanto *me deixa ajudá-lo* a alcançar seu objetivo.	
Citações	Conduzir a mente consciente ao mesmo tempo que deforma e muda de caminho de modo que a mente consciente se desligue e você seja capaz de passar	Eu estava falando com Kate hoje de manhã e ela me disse que ouviu que sua amiga Sue assistiu ao curso de praticantes de PNL de David,	

Capítulo 15: Adaptando a Linguagem ao Modelo Milton 327

Padrão	Explicação	Exemplo	Palavras a serem ouvidas
	a mensagem real em direção ao inconsciente.	quando ele começou a relembrar que tinha **ouvido** Tad conversando sobre **a importância da hipnose indireta, que**, é claro, **é muito importante.**	
Índice Referencial Não-especificado*	Utilização de nomes ou verbos que não especificam uma pessoa ou coisa em particular.	Esclarecer é bom. E todos empilharam. Eles foram.	
Perda de Sujeito*	Fazer um julgamento de valor sem revelar quem o fez.	Cada dia é uma nova experiência de aprendizado. É bom deixar sua mente se soltar. É bom acreditar. É preciso cuidar. Pensar toma tempo.	
Leitura Mental*	Alegar saber quais são os pensamentos e sentimentos de uma pessoa sem declarar como os descobriu.	Estou ciente de que você sabe as respostas às minhas perguntas. Eu sei que sua curiosidade cresce a cada segundo. É óbvio para mim que você está se divertindo.	

(continua)

328 Parte IV: Elevando a Capacidade de Comunicação

Tabela 15-1 (*continuação*)

Padrão	Explicação	Exemplo	Palavras a serem ouvidas
		Posso enxergar o que você está pensando.	
Operadores Modais*	Essas são palavras que indicam se você funciona em uma posição de escolha ou de necessidade.		
Necessidade	Palavras que indicam as regras nas quais quem fala acredita.	Você tem que experimentar entrar em um transe a fim de explicar esse estado para alguém. Não estou dizendo que você tem que, mas você precisa entender por que isso é importante.	Precisa/ Não precisa, Terá que, Deveria/ Não Deveria
Possibilidade	Palavras úteis para acabar com as resistências de uma pessoa, simplesmente ao abrir as vias de possibilidades.	Aluno de autoescola: "Eu não consigo aprender a dirigir". Instrutor da autoescola: "Vamos supor que você consiga".	Consigo/Não consigo, Irei/Não irei, Gostaria, Poderia, Poderiam
Nominalização*	Aqui, um verbo se transforma em um substantivo. Um verbo normalmente é associado com algum tipo de movimento — se relacionando, se	Relacionamento (verbo: relacionar). Conhecimento (verbo: conhecer). Comunicação (Verbo: comunicar).	

Capítulo 15: Adaptando a Linguagem ao Modelo Milton   *329*

Padrão	Explicação	Exemplo	Palavras a serem ouvidas
	comunicando (um movimento de ida e volta entre as pessoas). Quando um verbo se transforma em um substantivo, ele se torna efetivamente "congelado" e perde seu movimento. A ideia é mover uma pessoa de seu estado de paralisação ao descongelar a palavra e reinserir o movimento. Isso pode ser feito colocando-se o verbo no gerúndio e perguntando como, o que ou quando alguém gostaria de fazer alguma coisa. Uma nominalização é um substantivo que não pode ser colocado em um carrinho de mão — por exemplo, relacionamento, comunicação, vida.	"Nosso relacionamento é péssimo" é uma declaração presa porque é a afirmação de um fato que foi percebido por alguém. Perguntar "Como você gostaria de estar se relacion**ando**?" traz movimento de volta ao dar a alguém uma opção de comportamento. "Minha comunicação é terrível" poderia ser aberta com "Como você gostaria de estar se **comuncando**?". "Eu tenho uma vida horrível" pode adquirir movimento se for perguntado assim: "Como você gostaria de estar **vivendo**?".	
Em compasso com a experiência atual	Exprimir a experiência atual de uma pessoa de uma forma que a pessoa não possa negar. O inconsciente da pessoa dirá "Sim,	Enquanto você está aqui, lendo este capítulo, você está segurando o livro e sua respiração	

(continua)

330 Parte IV: Elevando a Capacidade de Comunicação

Tabela 15-1 (*continuação*)

Padrão	Explicação	Exemplo	Palavras a serem ouvidas
	eu estou lendo este capítulo e estou segurando este livro", e "Sim, minha respiração está ritmada", de forma a que, quando essas afirmações forem seguidas por uma instrução, a pessoa diga "Oh, ok! Eu estou aprendendo".	está ritmada, o que significa que você está aprendendo.	
Pressuposições*	Fazer suposições linguísticas. Uma frase que pressuponha alguma coisa, tal como a capacidade de entrar em transe, escrever ou se sentir triste, feliz ou com raiva, cria esse estado de estar, porque a pessoa tem que entrar na própria cabeça para descobrir que ela teve a experiência de entrar em um transe, ou se sentir triste, feliz ou com raiva.	Você consegue entrar em transe, não consegue? As pessoas que conseguem escrever bem também sabem contar histórias bem, e você escreve bem. E você é muito mais do que isso. Quando você se sente triste. Quando você sente raiva.	
Personificação	Antropomorfismo. Dar características humanas a animais e objetos.	As paredes têm ouvidos. Os sentimentos do carro foram feridos. A almofada adora um carinho.	

Capítulo 15: Adaptando a Linguagem ao Modelo Milton   *331*

Padrão	Explicação	Exemplo	Palavras a serem ouvidas
		O gato chorou de forma lamentável.	
Perguntas Rotuladas (Perguntas finais)	Um meio de suavizar a resistência de alguém ao sugerir a resposta já na pergunta. Normalmente utilizada ao final de uma afirmação.	Você realmente não acredita nisso, acredita? Você quer dizer que não consegue? (Muito poderosa se for dita com uma voz intrigada!) Você disse que viria para o jantar? (Com um "não é?" subentendido)	
Quantificadores Universais*	Palavras que generalizam uma experiência.	"O mundo inteiro é um palco. E todos os homens e mulheres são meros atores." Você nunca escuta. Você sempre chateia.	Nenhum, Todos, Todo mundo, Tudo, Cada, Todo, Nunca, Sempre
Verbos não especificados *	Uma afirmação que deixa de fora a pessoa que está realizando a ação ou omite o verbo que esclareceria como alguém fez ou faria alguma coisa. Por exemplo, "A culpa é toda sua" pode ser esclarecida	Você não se importa mais comigo. Você fez isso acontecer. É tudo culpa sua.	

(continua)

Tabela 15-1 *(continuação)*

Padrão	Explicação	Exemplo	Palavras a serem ouvidas
	dizendo-se "A culpa é toda sua, porque você me deixou esperando".		
Utilização (Incorporação)	Fazer uso de um acontecimento inesperado.	Uma pessoa está em um transe e um caminhão barulhento passa como um raio, e o terapeuta diz: "À medida que o som do caminhão diminui cada vez mais, você vai entrando em um transe cada vez mais profundo". O cliente diz "Eu não consigo deixar para lá", e o terapeuta diz "É isso mesmo, você não consegue deixar para lá *agora*".	

* Indica uma "Violação do Metamodelo". Para explicações mais aprofundadas, veja a seção "Relacionando o Modelo Milton com o Metamodelo", mais à frente neste capítulo.

Observe algumas das similaridades com os padrões do Modelo Milton:

✔ A diferença entre o padrão de Causa e Efeito e o de Equivalência Complexa é o tempo, não importa o quão curto, que separa a Causa do Efeito. Por exemplo, em "Você me deixa brava quando não lava a louça" há uma lacuna entre notar que a louça não foi lavada e sentir a emoção. Enquanto que o de Equivalência Complexa, "Não lavar a louça significa que você não me ama", não precisa ou tem separação, já que ambas as partes da afirmação estão emocionalmente conectadas.

Capítulo 15: Adaptando a Linguagem ao Modelo Milton   333

- ✔ A única diferença entre o padrão de Falta de Índice Referencial e o de Perda de Sujeito é que este último tem um elemento de passar um julgamento. Por exemplo, em "Eles foram embora" há uma falta de Índice Referencial, já que nenhum julgamento está sendo feito. "É bom ler" tem um padrão de Perda de Sujeito, já que alguém fez um julgamento positivo ao ato de ler.

- ✔ Dependendo da construção da frase, há uma similaridade entre os padrões de Omissão Comparativa, o de Falta de Índice Referencial e o de Perda de Sujeito. "É bom ser rico", "É melhor ser rico", "Eles são mais ricos".

Recorrendo a padrões-chave

Há livros inteiros escritos sobre os padrões do Modelo Milton. No entanto, não dispomos de espaço suficiente neste capítulo para cobrir detalhadamente todos os padrões de linguagem dele como gostaríamos. Escolhemos então alguns dentre eles, aleatoriamente, para explicá-los e ilustrar como você poderá utilizá-los em sua vida diária.

Agora você mesmo poderá experimentar o uso dos padrões do Modelo Milton a seguir para ajudá-lo a se comunicar de maneira eficaz. À medida que ficar mais confiante, elabore outros padrões, alguns de cada vez, a partir da lista da Tabela 15-1.

Julgando a perda de sujeito

Um padrão de *perda de sujeito* expressa um julgamento de valor sem que se revele quem fez esse julgamento. Ao não especificar quem está fazendo o julgamento, você dá ao seu ouvinte a oportunidade de fazer suas próprias interpretações sobre que julgamento de valor é esse e quem provavelmente o fez. O processo de interpretar o julgamento de valor faz com que seu ouvinte entre em um transe, permitindo assim que você faça uma sugestão útil ou dê uma instrução específica enquanto a mente consciente estiver ocupada.

Exemplos de perda de sujeito:

- ✔ Cada dia é uma nova experiência de aprendizado.
- ✔ É bom deixar sua mente se soltar.
- ✔ É bom acreditar.
- ✔ É preciso cuidar ou poderemos ter problemas.
- ✔ Pensar toma tempo.

Se uma pessoa estiver se sentindo particularmente pronta para uma boa briga, pode ser que ela diga, com as mãos na cintura, "É mesmo?

Quem disse?". Mas se você sobrepuser uma linguagem de Modelo Milton suficientemente rápido, ela já estará em transe e não conseguirá se colocar em uma posição de dificultar as coisas!

Use o Exercício 15-3 para sugerir pelo menos seis exemplos do padrão de perda de sujeito que você identifique em sua própria fala e na de outras pessoas. Pode ser que queira anotar um ou dois que gostaria de trazer para sua linguagem do dia a dia.

Exercício 15-3	Meus Exemplos de Perda de Sujeito

Tirando o máximo da leitura mental

A *leitura mental* ocorre quando uma pessoa alega que sabe quais são os pensamentos e sentimentos de uma outra pessoa sem dizer como chegou a essa informação. A seguir estão exemplos de leitura de mente:

- Estou ciente de que você sabe quais são as respostas às minhas perguntas.
- Eu sei que sua curiosidade cresce a cada segundo.
- É óbvio para mim que você está se divertindo.
- Estou ciente de que você está curioso.
- Posso enxergar o que você está pensando.

Os três maiores benefícios em conhecer a leitura de mentes são:

- Ser capaz de reconhecer quando alguém está lendo a mente e essa conduz a um equívoco, fazendo com que fique louco para se envolver e reparar o erro. O entendimento pode levar a soluções que evitem um conflito.
- Ver a si mesmo lendo a mente de outra pessoa faz com que possa verificar se suas suposições estão corretas.
- Você pode fingir que está lendo a mente de alguém a fim de incutir ideias ou fazer com que a pessoa tome consciência da experiência. Por exemplo, "Eu sei que você pode sentir que estamos em sintonia

e posso ver que isso o deixa feliz" pode ser uma forma indireta de pedir a alguém para refletir se ela está em sintonia com você e também ajudá-la a reconhecer que ela está feliz.

Use a leitura mental apenas para fazer sugestões quando estiver confiante de que está desfrutando de um rapport com alguém. Caso não esteja, sua sugestão poderá levar à desarmonia se a pessoa responder "Não, não estou em sintonia ou feliz".

Tome cuidado quando estiver lendo mentes! Até mesmo a observação mais inocente pode levar ao caos. O diálogo a seguir ilustra como uma observação inocente pode ser explosiva caso a pessoa que esteja na outra ponta recebendo a informação esteja se sentindo irritada e não consiga ler a mente da outra pessoa. O pano de fundo dessa história é que Colleen tem aulas de italiano aos sábados pela manhã, enquanto Driks joga golfe. Contudo, não há aulas durante o verão, assim, Colleen pode ficar um pouco mais descansada para tomar um café e ter tempo para ler e pensar. Ela realmente aprecia a paz e o silêncio. Driks é aficionado por trabalhos "faça você mesmo", e em um desses sábados de manhã, ao voltar do golfe, resolveu fazer furos no quarto ao lado. Já que havia alguém por perto para bater papo, Colleen resolve fazer uma visitinha a Driks.

Colleen: "Você sabe o quanto eu adoro minhas aulas de italiano nos sábados de manhã. Mas também é ótimo ter tempo para sentar e para pensar com tranquilidade agora que as aulas acabaram."

Driks: "Quê? Eu acabei de começar a furar, pelo amor de Deus! Não posso parar agora."

Colleen: "Por que você está querendo parar de furar?"

Driks: "Porque você disse para eu parar."

Colleen: "Eu disse? O que eu disse?"

Driks (se preparando para explodir): "Você disse que queria que eu parasse de perfurar a parede."

Colleen: "Eu disse isso? Eu pensei que estivesse apenas compartilhando com você meus sentimentos sobre como é bom ter tempo para relaxar e pensar."

Opa! Você está se encolhendo porque se identificou com Colleen e Driks? Não importa, você pode usar o Exercício 15-4 para trabalhar os momentos em que se equivocou ao ler a mente de alguém e as lições que aprendeu. Ou talvez, se falou de maneira ríspida com alguém por não tê-lo entendido, decidir o que poderá dizer ou fazer diferente da próxima vez?

Ficar remoendo suas emoções mantém você atrapalhado e não permite que você se desenvolva. Liberte seja lá o que uma emoção detenha em você incorporando as lições aprendidas que o ajudaram a se libertar de suas emoções negativas.

Exercício 15-4	O Exemplo da Leitura Mental de Driks
Descreva o que aconteceu:	Eu estava ocupado usando a furadeira no quarto, Colleen entrou e começou a conversar. Pelo fato de eu estar concentrado, tudo o que escutei foi "paz e tranquilidade", e pensei que ela quisesse que eu parasse de fazer barulho.
Qual foi o resultado do mal-entendido?	Eu fiquei irritado e falei com ela de forma ríspida.
O que você aprendeu?	Eu preciso mudar minha estratégia de resposta quando for interrompido.
O que você poderia ter feito diferente?	Se eu conseguisse parar, pediria a Colleen para me dar um minuto antes de começar a ouvi-la. Se eu sentir vontade de falar de forma ríspida, relembrarei uma imagem de quando estávamos em Veneza, tirando uma foto. Aí é quando me lembro como era fabuloso estarmos juntos e como sou sortudo por ter a Colleen na minha vida. Essa lembrança sempre me faz sentir acolhido e amado.

Use o Exercício 15-5 para registrar suas experiências de leitura mental. Sua experiência pode se relacionar a um acontecimento que teve um resultado divertido ou feliz.

Exercício 15-5	Meus Exemplos de Leitura Mental
Descreva o que aconteceu:	
Qual foi o resultado do mal-entendido?	
O que você aprendeu?	
O que você poderia ter feito diferente?	

Capítulo 15: Adaptando a Linguagem ao Modelo Milton 337

Talvez você esteja neste momento sentado, imaginando enquanto segura este livro de exercícios — e está tudo bem quanto a isso, pois ficar sentado imaginando é uma coisa boa —, pensando sobre como poderá usar os padrões do Modelo Milton na sua casa ou no seu trabalho. Use o Exercício 15-6 para registrar alguns exemplos de afirmações de leitura mental que poderá elaborar para sua vida agora mesmo. Porque você sabe que consegue, não sabe? Pense nas situações em que gostaria de usar a leitura mental. Um exemplo a ser usado no lugar de trabalho pode ser algo como "Tenho certeza de que você percebeu que é um bom momento para fazermos uma pausa e tomarmos um café". Mesmo que a pessoa não se dê conta de que precisa de um descanso, ela provavelmente dirá, "Que boa ideia".

Exercício 15-6	Minhas Oportunidades para Usar Afirmações de Leitura Mental
Afirmações	*V- Vida doméstica* *T - Trabalho*

Em compasso com a experiência atual

Entrar em compasso com a experiência atual diz respeito a falar sobre uma experiência que a pessoa está vivenciando atualmente de uma maneira que o ouvinte não possa negá-la. A afirmação não precisa ser verdadeira, mas tem que ser crível. Quando o inconsciente da pessoa diz "Oh! Sim, é verdade", você alcança um patamar em que consegue que a pessoa concorde com qualquer uma das afirmações que você faça a seguir. Aqui temos alguns exemplos de entrar em compasso com a experiência atual:

✔ Um autor pode escrever algo como "Ao se sentar aqui lendo este capítulo, você está segurando este livro e há um ritmo em sua respiração, que significa que você está aprendendo".

O leitor não é capaz de negar as afirmações, então seu inconsciente diz "Sim, eu estou lendo este capítulo", "Sim, na verdade, estou segurando este livro" e "Sim, minha respiração está ritmada", e quando você segue as afirmações da pessoa com uma instrução, você diz "Oh, ok! Eu estou aprendendo".

Parte IV: Elevando a Capacidade de Comunicação

> ▶ Um terapeuta poderá dizer "Enquanto você está sentado aqui, ouvindo à minha voz, poderá pensar em alguma coisa que tenha a ver com a razão pela qual está aqui ou algo mais, e sente que a cadeira o está apoiando, o que significa que você está conseguindo começar a relaxar e a reconhecer que você tem uma solução". Em resposta, o cliente pensa "Sim, eu estou ouvindo sua voz", "Nãooo, eu não estou pensando sobre por que estou aqui" (começando a sair do transe), "Ah, sim, eu estou pensando em outra coisa" (voltando do transe), "Ah, sim, a cadeira está me apoiando", "Ok, estou relaxando", e aceita a conclusão de que há uma resposta para seus problemas e que encontrará uma solução.

Quanto mais afirmações você fizer que seu ouvinte não possa negar, mais chances terá de que a pessoa aceite suas sugestões.

O Exercício 15-7 lhe dá uma oportunidade de elaborar exemplos de entrar em compasso com experiências atuais e planejar sugestões que queira fazer à pessoa com quem estiver se comunicando — seja se estiver falando pessoalmente, pelo telefone ou por e-mail. Esse exercício é ótimo para descobrir quantas afirmações inegáveis da experiência você poderá elaborar.

Exercício 15-7   Minhas Oportunidades de Me Compassar com a Experiência Atual

Minhas oportunidades:
_____
_____
_____
_____

Possíveis afirmações que posso utilizar:
_____
_____
_____
_____

Capítulo 15: Adaptando a Linguagem ao Modelo Milton

Usando o padrão de utilização

O padrão de utilização ou *incorporação* diz respeito a fazer uso de um acontecimento inesperado para melhorar uma experiência que já esteja ocorrendo. Por exemplo, se uma mãe está tentando fazer seu filho dormir e o telefone toca, ela não pode dizer "e ao ouvir o toque do telefone e ouvir minha voz, você saberá que está seguro, que nós o amamos, e assim você fica com muito sono". Mas bocejar talvez seja uma forma de a mamãe conseguir algum efeito.

Tricia, se sentindo esgotada, se viu no meio de uma "discussão" acalorada com sua filha adolescente, Freda, acerca da bagunça em seu quarto. Freda saiu batendo a porta do quarto com tanta força, que um de seus ornamentos favoritos caiu da parede. Tricia, talvez insensatamente, berrou com Freda, "e tome isso como retribuição divina". Tricia então associou a queda do objeto da parede a uma mensagem dos céus e utilizou essa queda como uma forma de afirmar que os poderes superiores também não aprovam o comportamento de Freda.

Katherine, uma instrutora de PNL e Jill, uma terapeuta, estavam conversando sobre o gato de Tim, Herbie, que estava sendo atormentado por um novo menino da vizinhança. Em consequência disso, o gatinho estava compensando o tormento comendo demais. Com isso, Herbie estava ficando terrivelmente gordo, e não apenas fofinho. E Katherine achava que Tim precisava assumir a responsabilidade pela saúde de seu gato e diminuir a quantidade de comida dada a ele. A essa altura, Jill disse: "Sabe, eu estava tendo problemas para encontrar uma metáfora para um dos meus clientes menos magrinhos, mas agora posso lhe contar sobre o Herbie". Katherine então respondeu: "A propósito, você sabia que essa forma de dar características humanas a animais se chama Restrição Seletiva? Mas, ainda com relação a esse assunto, você simplesmente fez o que se chama de Utilização, ao transformar a nossa conversa em algo que pode ser usado de forma útil por você e agora por mim".

Não estamos sugerindo que ter a oportunidade de praticar a Utilização somente acontece por acaso — a não ser, é claro, que você tenha essa intenção e crie isso a um nível metafórico. Mas, mantendo seus pés no chão, você conhece alguém que tenha algum hábito irritante, tal como tossir alto ao telefone enquanto fala com você? Se a resposta for afirmativa, você poderá dizer algo como "Oh! Obrigada, isso acabou de me fazer lembrar que eu tenho que comprar pastilhas para a tosse". Dessa forma, você utiliza a tosse para que quem esteja tossindo saiba o quanto isso é desagradável, na esperança de que isso leve a pessoa a entender a dica de que deveria cobrir a boca quando tossir no futuro.

Se você não conseguir pensar em nenhum outro exemplo, use o Exercício 15-8 para anotar suas ideias sobre a utilização e treinar seu inconsciente para perceber as oportunidades.

Exercício 15-8   Minhas Ideias sobre a Utilização

_____
_____
_____
_____
_____
_____
_____

Relacionando o Modelo Milton com o Metamodelo

No Capítulo 14, observamos que os padrões linguísticos, chamados de Metamodelo, permitem que você alcance níveis de entendimento sobre seus problemas ao se aprofundar nos significados específicos. Alguns dos padrões do Modelo Milton dos quais falamos na seção "Cativando a Plateia com o Modelo Milton" inspiram-se no Metamodelo com um objetivo similar — por exemplo, ao colocar uma pessoa em transe —, mas isso é feito utilizando-se o padrão do Metamodelo de uma maneira muito vaga. Chamamos isso de *violação do Metamodelo*, porque o uso vago do padrão do Metamodelo "viola" a especificidade da maneira com o qual ele seria normalmente usado.

As "violações do Metamodelo" estão marcadas com um asterisco (*) na Tabela 15-1. Para saber tudo sobre o Metamodelo, consulte o Capítulo 14.

O Metamodelo usa uma pergunta ou uma série de perguntas para chegar ao fundo do problema, desvendando as omissões, distorções e generalizações que as pessoas utilizam em seu linguajar. (Para se aprimorar em omissões, distorções e generalizações, volte ao Capítulo 5, "Reconhecendo Filtros de Pensamento".) Então, se um marido diz à sua esposa "Você não me ama mais", ela pode responder "O que eu faço que faz com que você não se sinta amado?". E a resposta "Você nunca mais comprou chocolates para mim" abre o diálogo ao começar a desvendar como o marido não se sente amado e permite que a esposa entenda o que está sentindo, desafia sua suposição ou faz alguma coisa com relação à situação.

Usar uma linguagem que possa ter mais de um significado pode colocar a pessoa em um transe, permitindo que você tenha tempo para entender o que está sendo dito. Bem como a esposa do exemplo anterior, que poderia ela própria ter entrado em um transe ou optado por trabalhar em cima do problema ao desfazer o transe do marido em relação a "Não sou amado".

A Tabela 15-2 mostra como uma afirmação pode ser analisada usando o Metamodelo. A primeira coluna mostra a afirmativa verdadeira que permite ao ouvinte entrar em um estado de transe para que ela possa entrar na sua cabeça para interpretar o que está sendo dito. A segunda coluna ilustra o padrão do Metamodelo que está sendo usado, e a terceira coluna lhe mostra as perguntas que podem localizar os processos mentais que estão levando à afirmação.

Não deixe que os rótulos tais como "causa e efeito" e "leitura mental" se intrometam no caminho da verdadeira razão na forma como utiliza as perguntas, que é a de ajudar alguém a se deslocar de um transe no qual se encontra. Por exemplo, se você diz "Você me faz ficar com raiva", o estado de realidade alterada ou transe se relaciona à ideia de que alguém tem um poder sobre você e pode fazer com que se sinta com raiva. Perguntar a você "O que eu faço quando você opta por se sentir com raiva?" talvez o deixe com *mais* raiva ainda, mas muda sua consciência para o fato de que você tem a escolha de ficar ou não com raiva.

Tabela 15-2   Ligação do Modelo Milton com o Metamodelo

Afirmação	*Modelo do Metamodelo*	*Resposta à Descoberta do Significado Real da Afirmação*
Você me faz ficar com raiva.	Causa e Efeito	O que eu faço quando você escolhe ficar com raiva?
Eu sei que você está entusiasmado.	Leitura mental	Como exatamente você sabe que eu estou entusiasmado?
Ele é muito melhor.	Omissão Comparativa Perda de Sujeito	Melhor do que quem? Quem disse? Com relação ao quê? Como você sabe?

Usar o padrão de linguagem apropriado é realmente eficiente, porque lhe dá o poder de se fazer ouvir. Então você precisa pensar sobre a mensagem que deseja passar.

Aproximando-se de Padrões

Este capítulo aborda mais detalhadamente o Modelo Milton, mas a fim de que possamos lhe dar uma compreensão mais aprofundada sobre os padrões, utilizamos um bom número de diferentes padrões como exemplos. Agora lhe mostraremos como aproximar os padrões e usá-los com um objetivo concreto no trabalho ou em sua vida pessoal.

A seguir temos um exemplo do tipo de afirmações que um instrutor ou um professor poderá fazer para seus alunos:

E à medida que escuta você poderá decidir aprender de maneira lenta ou rápida... vocês todos ouvirão aqui tudo o que é dito... É ótimo pensar no que poderá acontecer ao incorporarem tudo o que aprenderam...

Agora dê uma olhada nos modelos e padrões contidos na pequena declaração feita pelo instrutor:

- E à medida que escuta: um exemplo de "compasso com a experiência atual", no qual você está falando com alguém que está sentado escutando a você.
- Você poderá aprender de maneira lenta ou rápida: esta "ambivalência" informa aos alunos que eles não têm uma escolha no que aprendem, sua única opção aparente é se aprenderão rápido ou lentamente.

  Essa afirmação também demonstra uma "pressuposição", quando presume que o aluno irá aprender.

- Os alunos ouvirão aqui tudo o que é dito: *eles*, *todos* e *tudo* são "quantificadores universais", que são generalizações sobre um substantivo, sem que se especifique que substantivo é esse.

- É ótimo pensar no que poderá acontecer ao incorporarem tudo o que aprenderam. Esse padrão de "perda de sujeito" sugere que é ótimo pensar sobre o aprendizado sem identificar a pessoa que está fazendo o julgamento.

  Pedir aos alunos que pensem sobre o que pode acontecer utiliza o operador modal de "possibilidade".

  O verbo "aprender" foi transformado em um substantivo, uma coisa — *aprendizados*.

  E por fim, *tudo* é outro "quantificador universal".

Capítulo 15: Adaptando a Linguagem ao Modelo Milton

Um chefe direto, falando com um membro de sua equipe que está prestes a fazer uma apresentação importante, pode dizer algo como:

> Eu escutei boas coisas sobre você e isso é ótimo, então sei que talvez você esteja nervoso, mas também está confiante e relaxado, porque pode ver para além da apresentação, por se sentir muito bem pelo fato de a apresentação ter sido brilhante.

A declaração desse chefe pode ser dividida da seguinte maneira:

- O gerente não diz quem realmente diz as coisas boas, mas dá à declaração uma inclinação positiva, usando um padrão de "Perda de Sujeito".

- Há exemplos de leitura mental na declaração do gerente: "sei que talvez você esteja nervoso", "você também está confiante e relaxado" e "pode ver para além".

- A "pressuposição" ou conclusão de que a apresentação será brilhante finaliza o discurso animador do gerente.

Agora use o Exercício 15-9 para criar uma mensagem cheia de padrões do Modelo Milton para ser passado a seu público enquanto estejam em um estado do tipo transe. Por exemplo, talvez você queira passar uma mensagem no contexto de um treinamento de PNL ou uma sessão de *coaching*.

Exercício 15-9 **Mistura e Combinação de Padrões do Modelo Miton**

O contexto da minha mensagem:

_____
_____
_____

A mensagem que desejo passar:

_____
_____
_____

(continua)

344 Parte IV: Elevando a Capacidade de Comunicação

Exercício 15-9 (*continuação*)

O que direi:

Nós lhe demos uma tremenda quantidade de informação neste capítulo, e você talvez acredite que algumas delas sejam intimidadoras. Lembre-se de trabalhar essas informações em pequenas porções e processá-las bem antes de partir para a ação. Você precisa decidir se começa a se divertir muito agora ou mais tarde, descobrindo como incorporar os padrões do Modelo Milton naturalmente e sem esforço à sua fala do dia a dia.

Capítulo 16

A Magia da Contação de Histórias

Neste Capítulo

▶ Observando a história de sua vida

▶ Criando histórias

▶ Contando suas histórias

▶ Descobrindo sua história de origem

*T*alvez você pense na contação de histórias como aquela última tarefa do dia — mais uma leitura de *Thomas e seus amigos* antes de pôr as crianças para dormir e dizer boa noite —, ou talvez pense nela quando você é a alma da festa, contando aquela piada hilária, com seus ouvintes seguindo cada palavra que você diz. Mas você já pensou nas histórias como tendo usos práticos e também como puro entretenimento? As histórias são uma forma de transmitir seus valores, passar sua sabedoria adiante e ajudá-lo a enxergar quais são suas opções, tomar decisões e atingir seu objetivo bem elaborado (consulte o Capítulo 3 para saber mais sobre os objetivos bem elaborados).

A contação de histórias é a melhor ferramenta de PNL para estabelecer rapport. Com seu conhecimento e experiência de vida, você tem uma habilidade natural para contar histórias. Então, toda vez que você ouve uma história, descobre algo novo que traz riqueza e significado para sua vida.

Todo mundo gosta de ouvir e contar uma história. Você acessa o lado esquerdo do seu cérebro para processar as palavras e a sucessão de enredos, e o lado direito para a imaginação, visualização e criatividade. Neste capítulo focaremos em criar suas próprias histórias a partir de sua própria experiência.

Olhando Sua Vida como uma História

Muitas das suas atividades diárias envolvem o ato de contar histórias. Por exemplo, quando você descreve um projeto em que está trabalhando com seus colegas, está transmitindo informações e fazendo um relato de suas ações. Da mesma forma, quando está falando apaixonadamente sobre o tempo passado assimilado, se conecta com muitas pessoas (tenham elas opiniões similares às suas ou não). Pense na narrativa de sua história como descrições sobre personagens e acontecimentos que seu público achará interessante, e não simplesmente para tentar impressioná-los.

Observando a estrutura das histórias

Relaxe por um momento e tente se lembrar de uma história que tenha chamado sua atenção recentemente — uma situação corriqueira como a história que ouviu sobre uma entrevista de emprego, aquela celebração familiar, um triunfo esportivo ou alguma coisa que aconteceu com amigos durante uma viagem a Nova York. Ou talvez alguém tenha ligado para você hoje de manhã divagando e delirando sobre o atendimento ao consumidor ruim com o qual ele está tendo que perder tanto. O que há nessa sua história específica que a torna memorável e interessante? Havia algum tipo de problema com os quais os personagens principais se depararam? E como isso se resolveu? Agora complete o Exercício 16-1 observando quais são os ingredientes principais que compõem uma história envolvente.

Exercício 16-1	Ingredientes Principais da Minha História do Dia a Dia
A história geral — sobre o quê? Então descreva brevemente o enredo — o que acontece na sequência, do começo até o fim?	
Que emoções são expressadas por quem está contando a história ou foram despertadas em você? (Por exemplo, medo, raiva, alegria, curiosidade, culpa, satisfação.)	

Quem são as pessoas de que estão falando ou quem aparece na história, e que papéis elas estão desempenhando?	
Quais são os problemas (por exemplo, um dilema moral ou desafio físico que o personagem enfrenta) e qual é o resultado, a resolução ao final da história?	
Que outros pontos ou detalhes fazem com que a história seja interessante para você?	
Como você se conectou com a história? O que a história mostra e que lição você aprendeu com ela?	

Dividir sua história em ingredientes principais permite que você componha uma história que ganhe a atenção do seu ouvinte. Contudo, incluir todos os ingredientes principais pode não servir para o seu enredo. Talvez você prefira adaptar apenas alguns elementos, fazendo com que sejam seus e enfatizando um ou dois detalhes para ilustrar uma questão.

Adquira o hábito de guardar as histórias interessantes que você ouve, tal como faz quando tira fotos, assim poderá usá-las quando chegar a hora certa.

Contando histórias baseadas em sua própria experiência

Pode ser que você diga "Socorro, eu não sou um contador de histórias!". Como um escritor, você está sofrendo de *bloqueio criativo* e luta por libertar seu talento natural. Mas há ajuda à mão: a lista do Exercício 16-2 lhe dá ideias para assuntos quando você estiver perdido e para pensar em histórias envolventes que possa contar.

Sua experiência de vida é o ingrediente básico para suas histórias. Quando você usar sua própria experiência como matéria-prima para sua história, você poderá adaptar sua linguagem jogando com as ferramentas do Metamodelo e do Modelo Milton, encontrados nos capítulos 14 e 15, para alternar entre ser específico e generalizar. Do Exercício 16-2, escolha alguns assuntos para conversar por alguns minutos com um amigo. Mas comece lendo a lista e marcando os tópicos que tenham importância para você, a fim de começar a se exercitar para a contação de histórias.

Exercício 16-2   Minhas Experiências para Material de Possíveis Histórias

Eu tive experiências com:

- ❏ Ter um parceiro, esposa, pai, mãe, irmão ou irmã
- ❏ Viajar de trem
- ❏ Ficar chocado com alguma coisa
- ❏ Uma viagem para a praia ou para as montanhas
- ❏ Comer fora em uma cafeteria ou restaurante
- ❏ Atendimento ao consumidor
- ❏ Dilemas financeiros
- ❏ Dar uma festa
- ❏ Ótimas lembranças
- ❏ Ter um corte de cabelo que não ficou bom
- ❏ Ter um emprego incomum
- ❏ Gostar de um hobby
- ❏ Ouvir uma piada interessante
- ❏ Lembranças da escola ou da universidade
- ❏ Encontrar uma pessoa estranha ou excêntrica

Capítulo 16: A Magia da Contação de Histórias

- ❏ Jogar tênis/golfe/futebol ou outro esporte
- ❏ Receber presentes indesejados
- ❏ Andar de bicicleta
- ❏ Estar na cena de um crime
- ❏ Assistir a um programa de televisão
- ❏ Sofrer com atrasos
- ❏ Ir ao supermercado
- ❏ Ser acordado à noite
- ❏ Alguma coisa sobre o que quero conversar

A paixão é um componente essencial ao se contar uma história. Assim, revise cada um dos tópicos que você assinalou e pense sobre qual das experiências teve um grande impacto em você. Por exemplo, você deu uma festa que tenha sido realmente uma ocasião maravilhosa, cercado por pessoas que são importantes para você? Ou você talvez tenha andado de bicicleta e sentiu a dor de uma queda e de se machucar?

No Exercício 16-3, faça uma anotação sobre os momentos nos quais suas reações emocionais estavam no máximo com relação aos assuntos que você assinalou no Exercício 16-2. Note os bons momentos também. Escolha um acontecimento quando você estava de alto-astral, no máximo do otimismo e tudo estava certo com o mundo. Por exemplo, organizar aquela festa surpresa para seu namorado. Só de pensar nisso você já sorri. Lembre-se também dos tempos ruins. Relembre um acontecimento em que você se sentiu para baixo. As coisas não iam bem e você estava o mais pessimista possível. Você se sentia angustiado, com raiva e infeliz. Por exemplo, você estremece ao cantar uma música em uma festa de Natal e se arrepia só de lembrar quanta bebida alcoólica bebeu. Escolha uma mistura de experiências que tiveram um impacto em você e que tenham suscitado uma forte reação.

350 Parte IV: Elevando a Capacidade de Comunicação

Exercício 16-3	Minhas Experiências Extremas para Contar Histórias
Bons Tempos	*Tempos Ruins*

Quando você começa a perceber os tempos bons e ruins, quando suas emoções estavam enaltecidas, você começa a perceber quais assuntos e situações o fazem sentir-se mais passional. Esses momentos poderão formar a base das histórias acerca de suas experiências pessoais que fazem com que você seja capaz de se conectar com um público.

Escrevendo sua história

Quando Kate faz sessões de *coaching* com aspirantes a escritores em suas oficinas "Paixão por Publicar", ela programa o alarme e pede aos alunos que escrevam sobre qualquer tópico em apenas sete minutos. Então aqui está. Você poderá fazer o mesmo no Exercício 16-4 ou escrever sua história em uma folha de papel separada.

Este exercício de sete minutos é destinado a fazer com que escreva seja lá o que venha à sua cabeça e coloque no papel sem julgar a qualidade da sua escrita ou refinar o que foi escrito. Imagine que você esteja contando a um amigo sobre uma de suas experiências quando esteve no ápice de tempos bons ou ruins do Exercício 16-3. Agora pegue sua caneta e escreva. E continue escrevendo, deixando que as palavras fluam por sete minutos. Quando o alarme tocar, pare.

Capítulo 16: A Magia da Contação de Histórias 351

 Por hora, não se preocupe em colocar a história no futuro. Não se preocupe com o fato de que não sabe qual será o resultado. Apenas se concentre em seguir com sua história. Mais tarde você poderá encontrar uma maneira de alinhavar o que escreveu em uma conversa ou em uma sessão de contação de histórias mais formal.

Exercício 16-4	Minha História em Sete Minutos

_____
_____
_____
_____
_____
_____
_____
_____
_____
_____

Parabéns, agora você tem o primeiro rascunho da sua história, e ele foi escrito com seu coração. Quando estiver pronto para refiná-la e recontá-la como uma história escrita ou oral, poderá seguir a fórmula da próxima seção para dar espontaneidade à sua história.

Fórmula para a Criação de Histórias

A seguir temos uma lista de pontos testados e comprovados para que você leve em consideração a fim de que seus leitores ou ouvintes se envolvam completamente com sua história. Pergunte a si mesmo "A minha história:

- ✔ **Se conecta com as emoções.** As emoções que você expressa em sua história precisam ser contagiosas. Dê ao seu público a oportunidade de sentir as emoções que você está vivenciando.

352 Parte IV: Elevando a Capacidade de Comunicação

- ✔ **Introduz personagens diferentes.** Contar a história por meio de uma série de personagens acrescenta interesse e dá vida à sua história.

- ✔ **Desenvolve um enredo.** Sua história tem um começo, meio e fim?

- ✔ **Levanta problemas e oferece soluções.** Introduza um problema ou desafie seus personagens a lidarem e a dizerem a seus ouvintes ou leitores como resolveram o problema.

- ✔ **Introduz detalhes.** Dê alguns detalhes interessantes sem entediar seu público com muitas descrições.

- ✔ **Possibilita que o leitor ou ouvinte faça conexões.** As pessoas fazem suas próprias conexões naturalmente, com base em suas próprias experiências — então você não precisa tentar apontar as conexões explicitamente para elas.

Antes de usar os pontos listados, sente-se e leia essa história de um mestre em contar histórias, Charlie Badenhop, tendo em mente que a PNL tem como uma de suas bases seguir o modelo da excelência. Ao ler a história de Charlie, reflita sobre como ele naturalmente se atém aos pontos da fórmula, ainda que não estivesse ciente deles antes de começar a escrevê-la.

Auto-hipnose e o Espírito Humano

Ao longo do tempo, minhas histórias sobre a avó de minha ex-mulher provaram que realmente tocam o coração das pessoas. Eu espero que o que estou escrevendo hoje o ajude a ter muita fé na sua própria capacidade de perseverar em situações difíceis.

A capacidade da vovó de entrar em um estado de transe auto-hipnótico provavelmente salvou sua vida durante a Segunda Guerra Mundial. Sua habilidade para entrar em um transe auto-hipnótico quando contava uma história a transformou em um verdadeiro tesouro para se ter ao lado.

Uma noite eu perguntei à vovó como a Segunda Guerra tinha sido para ela. Aqui está o que ela disse:

"Uma boa parte de Tóquio havia sido destruída pelos bombardeios dos Estados Unidos ao final da Segunda Guerra Mundial. Era muito perigoso, pois o fogo chegava com violência à noite e se espalhava rapidamente.

Era devastador perder tudo o que se tinha e a própria casa em que se vivia em alguns poucos minutos. Mas era ainda mais devastador ouvir os gritos dos que se contorciam de dor presos em meio às chamas e não tinham nenhuma saída para escapar daquele inferno.

O lugar mais seguro para se estar durante os bombardeios era no terreno de um templo da vizinhança. Com apenas dois prédios na imensa propriedade,

Capítulo 16: A Magia da Contação de Histórias **353**

os bombardeadores não tinham a área como alvo. Mais importante do que tudo era que havia um grande lago no terreno. Se você submergisse no lago até o seu queixo, poderia também se proteger das fagulhas que vinham dos muitos prédios de madeira atingidos pelo fogo."

"Ir para aquele lago todas as noites fortalecia-nos um pouco", disse ela. "Depois de um tempo, o inverno chegou, e o ar e a água ficaram frios. Algumas pessoas não tinham coragem de ficar no lago até que os bombardeios cessassem. Mas se manter vivo era mais importante do que o conforto, assim, sair logo do lago não era uma opção para mim."

"O que eu fazia", disse ela, "era o seguinte... eu vestia várias camadas de roupas para ajudar meu corpo a se manter quente. Quando eu chegava ao lago, rapidamente eu submergia até meu queixo. Eu achava muito importante não sofrer devagar neste processo."

"Em seguida", disse ela, "eu olhava para a maior bola de fogo que pudesse ver a distância e fazia de conta que era uma das grandes fogueiras armadas durante os festivais de verão. Eu imaginava a mim mesma chegando bem perto do fogo e precisando voltar a submergir no lago para me refrescar. Eu então olhava para as fagulhas que voavam por todos os lados e imaginava que eram o famoso espetáculo de fogos de verão de Tóquio. Lembrando--me vividamente de como era quente naquela época do ano, era ótimo se refrescar no lago".

Neste ponto ela parou de falar, e nós nos entreolhamos enquanto também olhávamos a distância.

"Em todos os dias primeiro de janeiro dos últimos anos, você veio conosco quando fomos aos templos no antigo bairro para rezar. Agora você sabe a história do templo que sempre visitamos por último. Quando estou lá, agradeço por ter sido poupada e rezo pelas almas de todos aqueles que partiram durante os bombardeios, pedindo que as dores sejam apagadas de suas almas."

"Agora", ela disse, "o círculo se fecha. Você é norte-americano e se casou com a minha neta. Eu rezo para que isso signifique que todo o sofrimento da Segunda Guerra Mundial esteja sendo transformado em amizade e amor".

"O Japão é um país muito diferente em consequência da guerra", disse ela. "Talvez aquele sofrimento horrível tenha sido necessário para que trouxesse uma mudança tão grande."

Ambos nos sentamos lá por cerca de um minuto sem dizer nada. Ao contar sua forte história com uma intensidade delicada maravilhosa, nós dois acabamos nos vendo em um adorável estado de auto-hipnose. Levou algum tempo para que pudéssemos voltar para o presente e nos ver novamente

Parte IV: Elevando a Capacidade de Comunicação

sentados na segurança de sua sala de estar. As histórias que são poderosas são também muitas vezes mágicas neste sentido.

Permissão e fonte: Charlie Badenhop é o criador de Seishindo, instrutor de Aikido e PNL e Hipnoterapeuta Eriksoniano. Você poderá saber mais sobre as histórias de Charlie em `<www.seishindo.org/newsletter.html>`.

O Exercício 16-5 mostra o esboço de uma história que Gordon criou para ajudá-lo a fazer um relatório na sua próxima reunião de equipe em torno de uma pesquisa acadêmica sobre o que motiva as pessoas no trabalho.

Exercício 16-5	Exercício de Gordon para o Desenvolvimento de uma História
Conecte-se com as emoções: que emoções você deseja expressar ou trazer à tona para seu público?	Eu quero que meu público sinta um forte sentido de curiosidade acerca de sua motivação pessoal no trabalho.
Introduza os personagens: quem são as pessoas que aparecem na história?	Os trabalhadores da fábrica que eram os sujeitos dos experimentos de Hawthorne na década de 1920 e os pesquisadores da Escola de Negócios de Harvard.
Desenvolva um enredo: qual é o enredo — o que acontece do começo ao fim?	Um grupo de pesquisadores decidiu estudar de que forma os fatores físicos e ambientais da planta de Hawthorne afetavam a produtividade dos trabalhadores. O estudo se aprofundou na análise dos aspectos em jogo e no trabalho e seguiu por cinco anos. O trabalho teve influência duradoura nas teorias de gerenciamento ainda em vigor oitenta anos depois.
Desenvolva um enredo: qual é o enredo — o que acontece do começo ao fim?	Um grupo de pesquisadores decidiu estudar de que forma os fatores físicos e ambientais da planta de Hawthorne afetavam a produtividade dos trabalhadores. O estudo se aprofundou na análise dos aspectos em jogo e no trabalho e seguiu por cinco anos. O trabalho teve

Capítulo 16: A Magia da Contação de Histórias

	influência duradoura nas teorias de gerenciamento ainda em vigor oitenta anos depois.
Levante um problema e ofereça uma resolução: qual é o problema e como ele é solucionado?	O problema é como se melhora o desempenho no trabalho, e a resposta é que isso é mais complexo do que escolher pessoas com as habilidades certas. Os pesquisadores tinham uma visão do local de trabalho como um sistema social, e os estudos analisaram os inter-relacionamentos entre as pessoas e como as normas do grupo se formaram.
Introduza os detalhes: que outros pontos ou detalhes fazem com que a história seja interessante para o público?	Troca de lâmpadas. Os pesquisadores descobriram que os trabalhadores tinham uma reação quando a luminosidade era aumentada. Contudo, eles também se motivavam quando os níveis de luz eram reduzidos. O "efeito Hawthorne" geralmente é usado para se referir a como as pessoas são motivadas pelo fato de outras pessoas demonstrarem interesse pelo que fazem.
Permita que o leitor faça conexões: que conexões você deseja que seu público faça? Qual é a lição que você quer que seu público leve para casa?	Que simplesmente demonstrar interesse por outras pessoas pode ser motivacional e o que faz com que as outras pessoas se motivem é mais complexo do que qualquer retorno financeiro.

No Exercício 16-6 você tem um modelo para criar o esboço de sua história. Você tem uma escolha aqui: usar como base o trabalho que começou nos exercícios 16-3 e 16-4 ou começar de novo com um novo assunto. Quando tiver terminado o exercício, terá um esboço de sua história para servir de incentivo para que possa contá-la bem naturalmente.

Neste exato momento você talvez não tenha ideia alguma sobre quando gostaria de contar sua história. Tudo bem. O simples ato de colocar suas ideias no papel significa que seu inconsciente estará ocupado nos bastidores, guardando sua história, pronta para ser usada em algum momento no futuro.

Exercício 16-6   Meu Exercício de Desenvolver uma História

Conecte-se com as emoções: que emoções você deseja expressar ou trazer à tona para seu público?	
Introduza os personagens: quem são as pessoas que aparecem na história?	
Desenvolva um enredo: qual é o enredo — o que acontece do começo ao fim?	
Levante um problema e ofereça uma resolução: qual é o problema e como ele é solucionado?	
Introduza os detalhes: que outros pontos ou detalhes fazem com que a história seja interessante para o público?	
Permita que o leitor faça conexões: que conexões você deseja que seu público faça? Qual é a lição que você quer que seu público leve para casa?	

No Exercício 16-7, reflita sobre o que o Exercício 16-6 lhe diz sobre sua habilidade de contar histórias. Pense em algumas maneiras diferentes de contar o esboço de sua história.

Capítulo 16: A Magia da Contação de Histórias — 357

Exercício 16-7	Reflexões sobre o Esboço da Minha História
Quem poderá se interessar em ouvir minha história?	
Com quem, entre familiares e amigos, poderei praticar?	
Em que eventos futuros já planejados — uma reunião de equipe ou um encontro social — poderei conseguir contar minha história?	
Minha história é melhor de ser contada por escrito ou oralmente?	

Desenvolvendo Habilidades para Contar Histórias

Apesar de levar uma vida agitada, encontre tempo para desenvolver novos hábitos e suas habilidades para contar histórias. Aqui vão algumas dicas:

- Compre um caderno bem bonito, no qual sinta prazer em escrever. Todas as vezes que surgir uma ideia para uma história, gaste sete minutos apreendendo a essência da história e então aprimore-a mais tarde usando a fórmula dos seis pontos esboçada na seção anterior deste capítulo, "Escrevendo sua história".

- Encontre um momento e um lugar onde se sinta mais feliz escrevendo — talvez do lado de fora, no jardim ou na sua cafeteria favorita. Estabeleça um horário específico durante o dia, ou um dia da semana, especialmente para se pôr a escrever.

- Recolha histórias que tenha lido ou ouviu outros contarem. Faça uma lista das histórias e quando e onde as ouviu, armazenando a informação em seu computador, laptop ou onde quer que funcione para você. Adapte uma das histórias trocando os nomes e detalhes, fazendo sua própria versão.

- Reserve um momento para compartilhar suas histórias com outras pessoas. As histórias precisam ser contadas! Descubra que oportunidades você tem para que se disponham a ouvir suas histórias. Você planeja enviar suas histórias por e-mail ou pelo correio? Você contará suas histórias para amigos ou colegas de trabalho?

- Quando estiver lutando para atingir seus objetivos e planos de vida ou profissionais, pergunte a si mesmo se você tem uma história que possa oferecer uma lição aqui. Volte à história e a releia para descobrir as conexões.

- Quando um amigo pedir algum conselho a você, encontre uma história que ilustre a situação para ser compartilhada. Uma história pode ser uma forma muito mais poderosa de resolver um problema do que dar conselhos abertamente, os quais raramente são seguidos.

- Cultive a arte de usar sua voz e linguagem corporal para um bom efeito praticando ao contar histórias para grupos. Faça aulas de *coaching* de voz ou de treinamento de oratória se quiser que seus resultados sejam mais profissionais.

Criando Sua Própria História

Como *coach* de PNL, Kate adora estimular o desenvolvimento da autoconfiança em seus clientes, colegas e amigos, no seu dia a dia e no trabalho. Quando Kate começou a treinar com a PNL, ela estabeleceu para si mesma um objetivo bem elaborado (para saber mais sobre como atingir objetivos bem elaborados, consulte o Capítulo 3) a fim de elevar a confiança nos outros e também em si mesma. Sete anos depois, isso levou Kate a ser coautora de *Building Confidence For Dummies*, oferecer oficinas e criar uma série de recursos para elevar a autoconfiança online em www.yourmostconfidentself.com (conteúdo em inglês). As histórias de Kate refletem desafios da vida real com os quais ela se depara.

Ao longo deste livro, você trabalhará com objetivos que são importantes para você e focará sua energia no que deseja. Reflita por um instante sobre de onde vem o material que utiliza, a *origem da sua história*, a parte da sua própria história de vida que tenha influenciado com mais força seu pensamento, que fez de você quem você é hoje, sua própria história que você realmente gostaria de contar.

Capítulo 16: A Magia da Contação de Histórias   **359**

✔ Que história realmente faz com que você se empolgue, a história que conta quem você realmente é e com o que realmente se importa? Por exemplo, algum problema de saúde fez com que você se visse determinado a virar a página e a cuidar de si mesmo de forma adequada? Você tem ficado com muita raiva com os maus-tratos a animais e agora está a fim de montar um santuário para eles? Qual foi o desencadeador que disparou e trouxe vida à sua história.

✔ Qual é o legado que gostaria de deixar para os outros quando você se for? Como você quer fazer a diferença no mundo? Você, por exemplo, foi abençoado com uma infância feliz e quer ter certeza de que outras crianças vivenciem o mesmo? Você tem um talento para marcenaria e quer deixar para seus netos lindos brinquedos artesanais como lembrança sua?

✔ Quais são as questões mais amplas em que você acredita e que vão além de suas aspirações privadas e pessoais?

Use o Exercício 16-8 para colocar em palavras a história por trás de sua paixão. Não importa se sua história não seja contada ou permaneça desconhecida do mundo em seu diário. Vá em frente e escreva-a de qualquer maneira, e quando chegar o momento certo, você poderá desenvolvê-la usando as dicas que seguem no Exercício 16-8. Quem sabe sua história não poderá ser usada como base para um livro, uma palestra ou apenas uma conversa a dois em uma saída mais tarde?

Exercício 16-8   Minha História Fundamental

_____

_____

_____

_____

_____

_____

_____

_____

_____

Para que você consiga manter seus ouvintes envolvidos com a história, esteja certo de que a narrativa contenha:

- **Personagens:** inclua pessoas ou animais que sejam capazes de agir. Faça com que eles sejam memoráveis.
- **Cenas:** imagine cada cena de sua história como se ocorresse em um cenário de cinema. Onde as coisas acontecem? Quem está lá? Como é a decoração?
- **Detalhes:** inclua alguns poucos detalhes sutis para atrair seu ouvinte para a história, sem sobrecarregar na descrição.
- **Ações:** conte a história não com descrições das pessoas envolvidas, mas por meio das atitudes dos personagens. Por exemplo, você poderá ter seus personagens principais olhando para trás em suas vidas até onde estão agora.
- **Sequência/enredo:** o que acontece primeiro, o que segue, e o que vem em seguida? Uma vez que saiba a sequência, você poderá optar por contar a história fora de sequência, a fim de criar mais tensão e interesse.
- **Diálogo:** o diálogo é algo mais poderoso do que descrição para revelar a história — especialmente na escrita.

Uma última dica é: antes de se lançar à sua história, tenha certeza de que seu público está receptivo. Se você tentar contar seus momentos "era uma vez" para um público que ficou surdo, ninguém vai viver feliz para sempre.

Parte V
A Parte dos Dez

"Ah, sim, entendo completamente, e digamos que vou ignorar todas as palavras que você não está dizendo."

Nesta parte...

Seguindo a verdadeira tradição da coleção *Para Leigos*, aqui temos algumas referências úteis e rápidas para plataformas de informação sobre PNL, bem como ideias úteis e comprovadas para serem combinadas à sua vida a fim de levá-lo até o verdadeiro sucesso. Você verá dicas sobre maneiras de continuar aprendendo e praticando, além de ideias para formar uma força industrial de PNL no seu ambiente de trabalho. Divirta-se.

Capítulo 17

Dez Maneiras de Levar a PNL para o Ambiente de Trabalho

- -

Neste Capítulo

▶ Construindo as bases de suas habilidades de PNL no trabalho
▶ Resolvendo problemas difíceis rapidamente

- -

A PNL é uma terapia já estabelecida voltada para ajudar as pessoas a se sentirem bem consigo mesmas e garantir ótimos relacionamentos. Então você não se surpreenderá por ouvir que a PNL também tem comprovado seu valor no mundo corporativo por mais de 30 anos. Neste capítulo lhe mostramos como você poderá aplicar as ferramentas de PNL em seu negócio ou local de trabalho de uma forma voltada para o labor.

Ao avançar neste capítulo, pense em onde um conceito ou exercício da técnica da PNL poderia ser aplicado no seu local de trabalho. Por exemplo, se você é um chefe, gerente ou supervisor e precisa da total cooperação de seus empregados e colegas para conseguir que um trabalho seja feito, pergunte a si mesmo: "Como posso estabelecer rapport com meus colegas?", "Quais são os objetivos que temos em comum no trabalho?" ou "Como posso ser flexível na minha abordagem e conseguir os resultados que desejo?".

Estabelecendo a Estratégia Comercial

Se você está deslanchando em um novo empreendimento comercial ou reorganizando um negócio já existente, a PNL pode ajudá-lo a obter uma imagem clara de em que ponto está seu negócio atualmente, em que direção está caminhando e a melhor maneira de chegar lá.

A PNL se refere a metas como objetivos. O modelo de objetivos bem elaborados da PNL é a ferramenta básica para estabelecer objetivos mais inteligentes do que os objetivos SMART. Volte ao Capítulo 3 e aplique os princípios para que possa relembrar as principais etapas a fim de adotar a abordagem dos objetivos bem elaborados em qualquer aspecto de seu negócio. Aqui vai um lembrete dos sete passos principais a serem seguidos:

1. Expresse seu objetivo positivamente: o que você quer alcançar?

2. Qual é a evidência de que atingiu seu objetivo? Como você saberá especificamente quando tiver chegado ao objetivo desejado?

3. Seu objetivo é iniciado por você mesmo e tem continuidade? Você consegue controlar sua estratégia?

4. Seu objetivo é estabelecido dentro de um contexto? Defina os mercados e públicos específicos a que está se dirigindo.

5. Identifique os recursos de que necessita: orçamentos, pessoal, equipamento e instalações. De quanto tempo, dinheiro e energia você precisa?

6. Verifique se seu objetivo é ecológico. "O que você terá a perder?"

7. Qual é seu primeiro passo?: Planejar a ação e se comprometer com ela.

Então, junto com a teoria da linha de tempo (esboçada no Capítulo 13), você poderá visualizar atingir seus objetivos estratégicos.

Comece com Você Mesmo: Seja um Exemplo

Mahatma Gandhi ficou famoso pela frase "Seja a mudança que você quer ver no mundo". Naquele tempo, Gandhi estava defendendo os direitos humanos e o ponto de vista de que, se você quer que as coisas sejam feitas de uma maneira diferente, você deve começar a mudança com seu próprio exemplo. Leve o conselho de Gandhi para o ambiente de trabalho: torne-se responsável pela mudança dando o exemplo. Esconder-se atrás de outras pessoas e do sistema pode ser muito tentador — o tipo de pensamento que diz "Eu tenho que fazer isso porque todo mundo faz", "O

Capítulo 17: Dez Maneiras de Levar a PNL... **365**

sistema não permite que eu faça diferente" ou "Eu não posso mudar as coisas ao meu redor, é assim que são as coisas".

Se você está trabalhando em um ambiente onde as pessoas adquiriram o hábito de culpar os outros quando as coisas ficam feias, aproveite a oportunidade para se perguntar "Eu estou sob causa ou sob efeito nesta situação?" (O Capítulo 2 explica como visualizar se se está "sob causa" ou "sob efeito".) Por exemplo, no seu escritório, os copos de café são de plástico, que são ambientalmente incorretos, já que demoram a se decompor nos aterros sanitários. Ou você fica sem jeito de sair do trabalho na hora enquanto outros trabalham até tarde da noite. Ou pior ainda, você viu alguma negociação nada honesta com os clientes da empresa.

Você pode gerar uma mudança ao se posicionar, começando por como você mesmo se comporta. Pare e pense sobre seus próprios valores, o que é realmente importante. Se a saúde é algo importante para você, assegure-se de que tenha tempo para se exercitar durante a semana de trabalho. Quando você honra seus próprios valores e se atém a eles, ganha o respeito de seus colegas de trabalho, dando aos outros a chance de seguir seu exemplo.

Traga à Tona as Coisas Difíceis

Administrar um negócio tem a ver com resultados. O que os investidores procuram é desempenho como o "resultado" das contas da empresa. Infelizmente, atingir metas de desempenho não significa apenas ser cortês com as pessoas junto à máquina de café (a menos que você seja o atendente de uma cafeteria). Você enfrentará momentos em que o caminho se tornará árduo, quando as vendas despencam, os empregos ficam em risco, porque são os consumidores que pagam seus salários. Se você trabalha com vendas, sabe que sua cabeça será a primeira a rolar se não conseguir atingir as metas, diferentemente dos seus colegas que estão trabalhando em empregos mais seguros apenas a alguns passos de distância. Quando as coisas ficam difíceis nos negócios, esse é o momento em que emoções negativas subjacentes, como medo e raiva, aparecem na forma de comportamentos indesejáveis. Você já viu um colega estressado perder a cabeça?

A PNL pode ajudá-lo a desenvolver uma resiliência mental para passar pelos tempos difíceis. Aprender sobre como ancorar seu melhor estado permite que você seja daqueles que se recupera mais rápido quando a empresa vai à falência. (Nós falamos sobre as âncoras no Capítulo 9.) Ter uma âncora o coloca "sob causa" (talvez você queira voltar ao Capítulo 2 para dar uma olhada em o que significa estar "sob causa"). Você percebe que a pessoa que está do outro lado da linha de telefone e que está sendo desagradável com você tem suas próprias razões para estar naquele estado — ela está muito mais envolvida com suas próprias necessidades do que com as dos outros. Se você está assumindo o papel de vendedor porque seu trabalho tem a ver com vendas por telefone, diga a si mesmo que está no negócio desempenhando apenas um papel para sua empresa — mas você não é o papel que desempenha.

Quando as coisas ficarem difíceis, viaje mentalmente até o céu, e do seu helicóptero, sobrevoando sua linha de tempo, olhando para baixo, para o seu escritório, tranquilize a si mesmo dizendo que as coisas vão ser diferentes dentro de uma semana, um mês ou um ano.

Coloque-se no Lugar de Seu Colega

É provável que seu local de trabalho seja cheio de uma maravilhosa diversidade de pessoas selecionadas para atuar juntas na mesma peça. Talvez você não seja o responsável por selecionar as pessoas com quem trabalha, entretanto, você precisará se conectar com seus companheiros de palco de forma amistosa se quiser se manter nesse emprego em particular. No ambiente de trabalho você tem essa extraordinária oportunidade de trabalhar com uma variedade de pessoas com diferentes interesses, educação e talentos. Isso é particularmente verdadeiro se você trabalha com uma equipe multicultural.

Então desperte sua curiosidade para saber o que motiva seus colegas. (O Capítulo 5 o ajuda a olhar como você filtra seu pensamento sobre si mesmo e sobre as outras pessoas.) Imagine como seria se você estivesse no lugar de seu colega. Pergunte a si mesmo o que pode aprender com isso e sobre seus colegas. Escolha alguém que seja muito diferente de você, talvez alguém que admire ou alguém que o deixa frustrado. Quais são suas similaridades e diferenças? Que conselho seu colega pode lhe dar sobre as coisas que gostaria de fazer melhor? Se você está se digladiando com um colega, isso não será porque essa pessoa está espelhando as suas falhas? Talvez ela seja o tipo de pessoa que tenha a visão enquanto você está empacado com os detalhes. Talvez você veja que ela é boa para se conectar com as pessoas, enquanto você é introvertido e não busca a mudança.

Crie Sua Própria Cultura no Ambiente de Trabalho

Muitas empresas têm maravilhosas declarações sobre quais são suas missões, que abarcam valores de muita eloquência, mas onde você se encaixa na cultura da empresa? Você trabalhou ou já visitou um escritório onde há uma placa na parede dizendo "Os clientes vêm em primeiro lugar", sendo que as vagas de carro próximas são reservadas somente ao presidente e diretores, enquanto que os clientes têm de estacionar seus carros bem longe? E o que dizer dos gerentes que se dizem adeptos de políticas de valorização da família mas que insistem em que você participe de reuniões que normalmente varam noite adentro? Ou os empregados que pedem mais responsabilidades, ainda que continuamente culpem a "eles" quando um problema aparece.

Passe um tempo com sua equipe a fim de esclarecer seus próprios princípios operacionais. (Consulte o Capítulo 11 e os exercícios do modelo de níveis lógicos para ajudá-lo a verificar alinhamentos de comportamentos com a cultura que recebeu.) Descubra o que é importante para cada pessoa no seu negócio e como vocês desejam e conseguem trabalhar juntos. Componham um documento com o qual estejam de acordo e chequem-no todos os meses para verificar como estão indo, o que está funcionando e o que não está. Verifique continuamente se seu negócio verdadeiramente reflete os valores que você estabeleceu no documento, e se suas ações não estiverem de acordo, então mude-as.

Estabeleça Rapport com as Partes Interessadas

Ser bem-sucedido nos negócios não é apenas ser o melhor administrador, contador, instrutor ou técnico. Negócios são, antes de tudo, sobre pessoas, e é seu trabalho conversar com as pessoas e fazer com que elas conversem com você. Se você não possuir as habilidades sociais para se conectar com as pessoas de maneira eficiente, então provavelmente muito rápido você se deparará com uma parede em branco na sua carreira e no seu negócio. A PNL oferece a você orientação prática sobre como alcançar rapport com seus colegas e sócios ao escutar em um nível mais profundo ao que é interessante e importante para eles, em vez do que é mais interessante e importante para você. (O Capítulo 7 oferece ótimas dicas sobre como estabelecer rapport.)

No ambiente de trabalho, fazer com que as coisas aconteçam nem sempre tem a ver com influenciar pessoas em cargos mais altos na empresa. Por exemplo, a pessoa mais importante com quem você precisa estabelecer rapport talvez seja, na verdade, o assistente pessoal que detém a agenda do diretor ou a recepcionista que reserva vagas de estacionamento para os funcionários. Rapport não é algo que você ligue e desligue de acordo com quem você considere que seja a pessoa mais importante da empresa. Almeje estabelecer rapport com todos os seus colegas, clientes e parceiros de negócios.

Aqui vão duas perguntas rápidas que você deve fazer a si mesmo antes de começar:

- Quem são as pessoas com quem quero estabelecer um rapport melhor?
- O que posso fazer para desenvolver e manter rapport nos meus negócios?

Assuma as Rédeas de Seu Desenvolvimento Profissional

Quando você domina as ferramentas da PNL, se coloca em uma ótima posição para assumir as rédeas da condução de sua carreira e do desenvolvimento profissional daqueles que trabalham para você. Você se depara com colegas que levam o trabalho adiante de uma forma desestimulada, ficando tempo demais em um emprego porque têm medo de mudar? Então, um belo dia a decisão é tomada por eles. A empresa é comprada ou sofre uma reestruturação, e seus empregados são demitidos ou transferidos para um novo projeto ou uma nova organização. A mudança aconteceu de qualquer maneira.

Para gerenciar o desenvolvimento de sua vida profissional ativamente, o truque é dar um tempo da agitação das tarefas diárias, dar um passo atrás e olhar para sua carreira de uma maneira objetiva. Use os exercícios dos níveis lógicos do Capítulo 11 para ajudá-lo a trazer a visão e o propósito para sua vida profissional. Ter um "plano B" permite que você decida que critérios estão presentes na sua carreira e se seus talentos combinam com os critérios que você escolheu quando considerou a mudança e a troca para um novo ambiente. A PNL o encoraja decisivamente a que honre seus valores e suas crenças para que elas reflitam sua identidade pessoal e sentido de propósito na profissão que você escolheu.

Desperte Seus Sentidos

Quando você fica cara a cara com suas preferências VAC (visual, auditiva e cinestésica), todo um novo mundo de opções de comunicação se abre para você. Assim que se ajustar à ideia de que as pessoas possuem preferências de comunicação diferentes, você poderá adequar suas preferências à maneira como você fala, escreve e faz apresentações a fim de que consiga se comunicar com mais eficiência e atinja um rapport mais rápido com seus colegas e clientes. (Falamos sobre as preferências VAC no Capítulo 6.)

Agora que você está usando cada vez melhor a PNL, reserve um tempo para ouvir com mais atenção como as pessoas falam ou escrevem seus e-mails, bem como perceber o conteúdo do que estão dizendo. Sublinhe as palavras visuais, tais como *ver*, *imagem*, *visão* e *claridade*; as palavras auditivas, tais como *falar*, *ouvir* e *escutar*; e as palavras e frases cinestésicas, tais como *gostar*, *odiar*, *abrir* e *levar adiante*. Tenha certeza de que sua linguagem se adapta às preferências de seus colegas, clientes ou até mesmo daquela mocinha do seu escritório que você gostaria de convidar para sair! Se estiver fazendo uma apresentação, escrevendo um relatório ou abrindo um novo negócio, você não saberá necessariamente quais são as preferências do seu público. Sendo assim, trate de cobrir todos os três sistemas VAC, assim você estará absolutamente preparado para se conectar com seu público rapidamente.

Marketing com Metaprogramas

Para quem trabalha com marketing ou vendas, os metaprogramas da PNL oferecem aqueles momentos reveladores que o ajudam a entender o que motiva seus clientes de forma a que possa ajustar a maneira como se comunica para combinar com seu cliente. (O Capítulo 8 explica como funcionam os metaprogramas.)

Escutar os metaprogramas dos seus clientes em potencial permite que você personalize a propaganda, os sites, as propostas e apresentações de acordo com eles.

Experimente aplicar os metaprogramas às suas vendas e veja que resultados consegue. Como em qualquer interação comercial, vale a pena ouvir cuidadosamente ao que está sendo dito em termos de conteúdo e também a maneira como está sendo dito — a estrutura da língua.

Encontre a Diferença que Faz a Diferença

A PNL tem seu foco voltado para a modelagem da excelência, que se baseia em uma crença profunda da PNL de que, se uma pessoa se sobressai no seu ramo, essa excelência pode ser reproduzida por outras pessoas. Se você descobrir colegas, clientes e/ou parceiros de negócios que estejam conseguindo os resultados que você gostaria de obter, então comece seguindo o exemplo de seu comportamento. (O Capítulo 12 lhe dá toda a informação de que precisa para começar essa modelagem.) Torne-se realmente curioso com relação ao que seu modelo faz e como ele pensa. Observe suas atitudes, mas também fale com ele, porque ele talvez não esteja consciente do que está realmente fazendo ou como o faz. Se você gostaria de ser bem-sucedido com as vendas ao telefone, mas se sente derrotado com a rejeição, encontre o vendedor mais persistente que conhecer e passe algum tempo com ele. Experimente fazer o que ele faz e observe se consegue os mesmos resultados. Descubra o que realmente motiva seu vendedor, quais são seus valores essenciais, as crenças acerca do que faz e por que o faz. Destaque esses detalhes fundamentais que fazem a diferença entre fazer um trabalho satisfatório e um trabalho excelente.

Capítulo 18

Dez (Ou Mais) Maneiras de Manter Vivas as Habilidades de PNL

- -

Neste Capítulo

▶ Se e–s—t—i—cando ainda mais

▶ Colocando a PNL em prática na sua rotina diária

- -

A essência deste capítulo é trabalhar no sentido de fazer da PNL uma parte essencial de sua vida diária, de um modo intencional. Logo após encontrar a PNL, você descobre que:

✔ Você nunca sabe o suficiente.

✔ A prática faz a perfeição.

A PNL pode mudar sua vida, então pense com cuidado para onde quer levar seu aprendizado sobre ela. Este capítulo oferece dez ideias para manter a PNL funcionando para você.

Estabelecendo Suas Intenções

Comece com a visão geral antes de entrar em detalhes. Você deseja aplicar suas habilidades de PNL em uma área em particular da sua vida? Por exemplo, você quer usar a PNL no trabalho para aumentar o rapport com seus colegas ou levar a PNL a um nível mais alto para ajudá-lo a se tornar um vendedor brilhante na sua empresa? Talvez você queira reabrir as linhas de comunicação com seu filho adolescente que só sabe grunhir para você?

O uso da PNL com um propósito começa com o estabelecimento de uma intenção e deixando que seu inconsciente chame a atenção para suas oportunidades na PNL. Você poderá fazer isso pensando sobre seu nível atual de conhecimento e aonde mais poderia querer levá-lo: talvez você admire a capacidade de alguém e queira chegar ao nível dessa pessoa. Isso seria como estabelecer a intenção de ser tão boa quanto alguém que já chegou onde você gostaria de chegar. Tudo bem! Então você talvez decida ser ainda melhor quando atingir o grau de expertise com o qual apenas pode sonhar, mas já é um ótimo começo. Escrever um diário da PNL também ajuda a manter sua mente focada nas suas intenções de dominá-la ainda mais. O Capítulo 1 explica mais sobre como estabelecer suas intenções.

Use o Exercício 18-1 para esboçar seus pensamentos sobre como e onde você aplicará suas habilidades de PNL. Ou talvez você queira expor um plano realmente detalhado com uma escala de tempo. Talvez você decida fazer um curso. Você pode escrever sobre alguns dos assuntos que descobriu neste livro — por exemplo, submodalidades, estratégias ou rapport —, e então dedicar um mês para trabalhar cada um deles. Você poderá ler acerca dos assuntos, navegar pela internet em busca de informações ou assistir vídeos de PNL.

Exercício 18-1	Meu Plano para Aplicar Minhas Habilidades de PNL
_____	
_____	
_____	
_____	
_____	
_____	

Mantendo um Diário de PNL

Manter um registro do seu progresso é importante, então recomendamos que você mantenha um diário de PNL. Comece com o que está consciente

Capítulo 18: Dez (Ou Mais) Maneiras de Manter Vivas... 373

de que não sabe. Registre sua programação para os tópicos da PNL nos quais planeje se focar. Depois, quando for dormir, escreva:

- O que você praticará amanhã.
- Se você esteve no caminho certo hoje, que lições aprendeu ao final do dia.
- Seus sucessos e fracassos.
- O que você fará diferente amanhã como consequência do que aprendeu hoje.

Lembre-se de que tudo o que você faz é uma experiência de aprendizado. Considere o pressuposto da PNL: "O fracasso não existe — somente *feedback*". Use o *feedback* que recebeu para trazer a mudança para sua vida. (Consulte o Capítulo 2 para relembrar os pressupostos da PNL.)

O Exercício 18-2 lhe dá a oportunidade de entender como é manter um diário. Para que você possa começar, lhe damos um exemplo do tipo de registro que poderá escrever no seu diário.

Exercício 18-2		Meu Diário de PNL	
Meu Foco de Prática	**O que Espero Atingir**	**Bem-Sucedido/ Necessita de Ajustes**	**O que Aprendi**
EXEMPLO: Eu quero descobrir se [nome da pessoa] tem uma preferência Visual, Auditiva ou Cinestésica.	Fazer com que identificar as preferências VAC seja como uma segunda natureza.	Eu percebo que nem sempre escuto as palavras Auditivas que são ditas.	Eu preciso manter o contato visual com a pessoa, buscando pistas enquanto escuto as palavras que ela diz.

Retornando ao que É Básico

Até mesmo os praticantes de PNL mais experientes precisam voltar ao que é básico de vez em quando para atualizar suas habilidades de PNL. Isso significa voltar às anotações que fez quando você começou a aprender sobre a PNL ou reler os livros que você deixou de lado já há algum tempo. Talvez você queira focar em algum tópico da PNL novamente e aplicar as ferramentas para ouvir o rádio ou assistir à televisão com um "novo ouvido". Voltar a um material antigo para um releitura pode ajudá-lo a atingir um nível diferente de conhecimento. À medida que fica mais habilidoso em manejar a PNL, encontre maneiras novas de utilizar as ferramentas. Seja proativo em relação ao seu aprendizado e siga o conselho dos nutricionistas relativo a "pouco, mas frequente". Construa sua base em cima do que aprendeu no dia anterior.

Usando o Exercício 18-3, escolha seis temas de PNL tirados deste livro (sugerimos um tema para que você possa começar) e estabeleça uma pontuação de 0 (não entendo nada) até 5 (boa compreensão) do quanto você compreendeu sobre o tópico, observando qualquer questão que seja levantada a partir do tema escolhido. Se você o entendeu completamente, escreva como você explicaria isso para alguém novo na PNL.

Exercício 18-3   Minha Compreensão dos Conceitos da PNL Neste Livro de Exercícios

Tema da PNL	*Nota de 0 a 5*	*Questões/Explicação*
Exemplo: o Metamodelo	2	Eu esqueço quais são os padrões e às vezes confundo o Metamodelo com os metaprogramas.

Mantendo a Curiosidade

Trabalhe ativamente para manter sua mente aberta a novas ideias e aceitar o ponto de vista de outra pessoa. Saber olhar para as coisas sob um outro ângulo pode ser extraordinariamente útil, caso você se encontre completamente sem rumo ao tentar ler a mente de uma pessoa.

Jonah estava ficando realmente chateado com seu chefe, Keith, que andava extremamente irritado. Jonah estava convencido de que iria ser despedido e sua produtividade começou a cair, fazendo com que Keith ficasse ainda mais irritado. As coisas estavam indo de mal a pior, até que Jonah, achando que não tinha nada a perder, pegou o touro pelos chifres, literalmente marchou para dentro do escritório de Keith e lhe disse que achava que o relacionamento deles poderia ser melhor, perguntando como poderia ajudar. Um peso pareceu então sair de cima dos ombros de Keith quando se abriu com Jonah para lhe contar sobre seu divórcio conturbado.

Da próxima vez que você se vir zangado ou chateado consigo mesmo ou com outra pessoa, pergunte o que está acontecendo para fazer com que você ou a outra pessoa estejam se comportando dessa maneira.

Manejando as Ferramentas de PNL

A PNL oferece um conjunto de ferramentas poderosas para que você consiga mudar seu pensamento e comportamento. Contudo, você precisa usar as ferramentas da PNL com sensibilidade, para o seu próprio benefício e para o benefício de outras pessoas.

Quando você encontra alguém que está passando por uma crise, tal como um divórcio ou ter perdido o emprego, pergunte-se que ferramenta da PNL você poderia usar melhor para aliviar a situação da pessoa. Se a pessoa estiver se sentindo abatida com tudo isso, e somente se estiver receptiva a receber a ajuda, você poderá ajudá-la a mudar as submodalidades de seus sentimentos para que ela consiga seguir em frente (Capítulo 10). Ou você pode trabalhar com um objetivo bem elaborado (Capítulo 3) para ajudá-la a mudar para um trabalho de que realmente goste.

Tenha certeza de que a pessoa que deseja ajudar quer e precisa da sua ajuda. Nada é mais desagradável ou penoso para alguém que esteja se satisfazendo com uma conversa sem maiores consequências com você, se a pessoa faz um comentário levemente negativo e você se aproveita disso e pronto! A pessoa se vê levando um sermão de um evangélico da PNL.

Buscando a PNL nas Situações do Dia a Dia

Uma ótima maneira de se manter consciente da PNL em situações do cotidiano é agradecer pelas pessoas difíceis com que se depara em sua vida. Você pode aprender com todo mundo, mesmo que não queira ter essa pessoa como amigo. Analisar por que uma pessoa pode abalar o seu equilíbrio lhe permite valiosas reflexões acerca dos seus próprios processos de pensamento. Ao compreender por que ela faz o que faz, você poderá adaptar seu comportamento e experimentar o uso de diversas técnicas a fim de desenvolver um relacionamento melhor com ela. O resultado é que sua flexibilidade de comportamento a ajudará a conseguir maestria sobre suas habilidades de PNL e, quem sabe, até mesmo render alguns amigos inesperados.

Outras situações do dia a dia são assistir à televisão ou escutar ao rádio, os quais lhe dão uma maravilhosa oportunidade para aperfeiçoar suas habilidades de PNL:

1. **Escolha que habilidade de PNL você quer praticar.**

2. **Ao assistir televisão ou ouvir rádio, faça uma lista de como alguém está usando a técnica na qual você quer focar.**

Os políticos são ótimas matérias-primas para isso. Veja se consegue identificar os maneirismos que demonstrem o quanto eles estão sendo econômicos com a verdade!

Assistir à TV com o som desligado também permite que você pratique a leitura da linguagem corporal. Você também se verá aprendendo a ler lábios, mas isso é um benefício extra.

A "observação de pessoas" é outra atividade divertida que apresenta oportunidades infinitas na direção de se tornar um especialista na PNL. Da mesma forma escutar às palavras que as pessoas usam e seu tom de voz. Você também pode aprender muito sobre com espionar os outros — presumindo que você seja naturalmente uma pessoa intrometida que não tem nenhum problema em ouvir a conversa das outras pessoas.

Se você quer levar suas habilidades de PNL a um nível mais alto e tem um bom relacionamento com seus amigos de quatro patas, gatos e cachorros podem ensinar muito a você sobre acuidade sensorial, porque são muito receptivos a cheiros, sons e ruídos. (O Capítulo 6 explica tudo sobre acuidade sensorial.)

Verificando Seus Hábitos

Os hábitos são, bem, eles são somente hábitos — ações diárias que se tornaram uma segunda natureza. Por exemplo, raspar o prato até o último restinho, mesmo que você esteja cheio, ou automaticamente se sair com a desculpa de que está *muito ocupado para se encontrar* com algum amigo com quem você não tem mais vontade de se relacionar. A conclusão é de

Capítulo 18: Dez (Ou Mais) Maneiras de Manter Vivas... **377**

que um hábito é um comportamento inconsciente. E somente consciente poderá decidir se mantém esse comportamento inalterado ou o adapta para que seja mais eficiente, antes de confiar o hábito aos cuidados de seu inconsciente mais uma vez. Então, se não estiver satisfeito com os resultados que está conseguindo, pare de fazer isso para ajudá-lo a mudar seu hábito e sua consequência. Por exemplo, se limpar o prato significa comer demais, fazendo com que fique mais fofo, você poderá modificar isso, talvez usando um prato menor, ou colocando menos comida no prato, ou simplesmente dando os restos da comida para o cachorro (ok, não faça isso, não é bom para o seu pet).

Roteirizando Sua Comunicação

Quando você veicula informação, tenha em mente as seguintes quatro perguntas básicas:

- ✔ Qual é o meu público?
- ✔ Qual é o resultado que quero atingir?
- ✔ Qual é a mensagem que quero passar?
- ✔ Qual é a melhor maneira de transmitir minha mensagem?

Ao utilizar esses quatro pontos, você poderá fazer um *esboço sequencial* (apenas alguns rabiscos) sobre o que quer dizer e atingir em cada ponto, enquadrando os pontos dentro da linguagem e técnicas da PNL. Por exemplo, você poderá abordar as preferências VAC (Visual, Auditiva, Cinestésica), os metaprogramas, a linguagem hipnótica, incluindo o tom de voz e gestos — qualquer coisa que acredite que ajude ao seu público a compreender sua mensagem. (O Capítulo 6 faz uma introdução das preferências VAC, e o Capítulo 8, dos metaprogramas.)

Você poderá praticar suas técnicas de passar mensagens de PNL em frente ao espelho, e depois que passar a sensação de se sentir um idiota completo, talvez entenda a mensagem de que você é um deslumbre da comunicação.

Ensinando os Outros

Uma forma excelente de descobrir o que você sabe, ou de fato o que não sabe, é ensinando. O processo de planejar o que você quer dizer aos outros e então falar isso em voz alta faz com que a mente consciente se comprometa e lhe dá a garantia de que está no caminho certo do seu aprendizado de PNL. Finja que seu único propósito de vida é compartilhar o que sabe sobre a PNL com seu público cativo. Então, converse com seus amigos e colegas e circule a sabedoria de PNL que você detém.

Escolhendo um Modelo de Excelência

Se você quiser descobrir como ser bem-sucedido em alguma coisa, encontre um exemplo de alguém que tenha alcançado a fama e a riqueza no campo que escolheu. Lembre-se, contudo, que o sucesso não significa necessariamente ter dinheiro. Procure pela melhor pessoa de que consiga se lembrar e que apresente o tipo de temperamento que você admira e gostaria de adotar. (O Capítulo 11 o ajuda a identificar as características que deseja em um exemplo a ser seguido.)

Você poderá descobrir mais sobre seu modelo de exemplo, vivo ou já falecido, lendo sua biografia ou artigos em jornais e revistas, escutando-o no rádio e em DVDs, ou o assistindo na televisão.

Juntando-se a um Grupo para Praticar

Alguma vez você já começou um programa de estudos de que rapidamente desistiu porque sentia que aprender sozinho era um esforço muito grande? Bem, a resposta para seu aprendizado de PNL é se juntar a um grupo para praticar. Você apenas precisa buscar na internet para que encontre o grupo mais próximo de PNL.

E, olha só, se você não conseguir encontrar um grupo de PNL ao qual possa se juntar, então *comece um*. A estrutura desse grupo pode ser mais flexível ou tão rígida quanto você queira. Você também pode convidar palestrantes, mas neste caso talvez seja necessário uma taxa de sócios, ou você pode pedir a um dos membros que prepare uma palestra em um dos aspectos da PNL e complementá-la com um debate ao final. Trabalhar com um grupo lhe dá uma tremenda oportunidade de praticar suas habilidades para apresentações em um ambiente seguro e ao mesmo tempo garantir aos membros do seu grupo que eles realmente estão encarando a PNL.

Capítulo 19

Dez Recursos da PNL

Neste Capítulo

▶ Aproveitando os recursos online
▶ Lendo sobre o tema
▶ Indo a um evento da PNL

*V*ocê poderá encontrar uma grande riqueza de informações sobre a PNL assim que se interessar por ela. Este capítulo oferece a você alguns recursos para serem explorados, e cada link leva você um passo além na sua jornada na PNL.

Busque Organizações de PNL Online

Se você for procurar recursos de PNL na internet, ficará perdido com tantas opções. Aqui vai uma lista com uma seleção para simplificar a sua navegação.

Sites em inglês:

- ✔ Association of PNL, sediada em Hertforshire, Reino Unido: `www.anlp.org`
- ✔ Professional Guild of NLP, sediada em Lancashire, Reino Unido: `www.professionalguildofnlp.com`
- ✔ American Board of NLP, sediada em Honolulu, EUA: `www.abh-abnlp.com`
- ✔ Canadian Association of NLP (CANLP): `www.canlp.com`
- ✔ International NLP Training Association (INLPTA), sediada em Virginia, EUA: `www.inlpta.co.uk/index.html`
- ✔ British Board of NLP: `www.bbnlp.com`

Em português:

- ✔ Sociedade Brasileira de Programação Neurolinguística: `www.pnl.com.br`
- ✔ Instituto de Neurolinguística Aplicada: `www.pnl.med.br`
- ✔ Sociedade Internacional de PNL: `www.sociedadeinternacionalpnl.org`
- ✔ Golfinho — o Portal da PNL no Brasil: `www.golfinho.com.br`

Abra Seu Leque de Leituras sobre a PNL

Um bom ponto de partida para entender a PNL, caso ainda não o tenha lido, é *Programação Neurolinguística para Leigos* (editora Alta Books). Você também encontrará parte deste livro em *Personal Development All-in-One For Dummies* (publicado em inglês pela editora Wiley), juntamente com capítulos sobre hipnoterapia e terapia de comportamento cognitivo. A Anglo-American Books, sediada no Reino Unido, oferece uma série de livros, CDs e DVDs sobre a PNL e assuntos relacionados e também possui uma biblioteca de vídeos no site `www.anglo-american.co.uk`. Em português, também pela Editora Alta Books, você encontra *Coaching com PNL para Leigos*.

No Brasil, foram lançados em 1982 os primeiros livros de amplo acesso sobre a PNL, de autoria de Richard Bandler e John Grinder, originalmente lançados nos Estados Unidos em 1979 pela Real People Press, sediada no Colorado (em português, *Sapos em Príncipes*, *Ressignificando*, *Atravessando* e *Usando sua Mente*, todos editados pela editora Summus). A editora Real People Press continua a publicar novos livros, CDs e DVDs de PNL. Para saber mais, visite o site `www.realpeoplepress.com`.

Você também poderá encontrar mais livros, dicas e ferramentas sobre a PNL em `www.nlpco.com` e em `www.nlpanchorpoint.com`. Dê uma olhada também na definição de PNL da Wikipedia, em `http://pt.wikipedia.org/wiki/Programaçao_neurolinguística`, e mais informações sobre organizações e profissionais de PNL em `www.nlpcomprehensive.org`, em inglês e na página em português `www.golfinho.com.br`. O site voltado para o Projeto de Pesquisa e Reconhecimento da PNL pode ser encontrado na página `www.nlpiash.org/DNN/Default.aspx?alias=www.nlpiash.org/dnn/research`, em inglês.

Vá a uma Conferência

No Reino Unido, a Conferência em PNL de Jo Hogg atrai palestrantes internacionais. O site de Jo é `www.nlpconference.co.uk`. É possível encontrar vídeos de palestras a respeito do tema no You Tube, a maioria em espanhol, como é o caso do canal *Neuro Sinergia*, que conta com diversos vídeos em diferentes áreas da Programação Neurolinguística.

Converse com os Autores

Radicadas no Reino Unido, nós — Kate Burton e Romilla Ready — oferecemos *coaching* personalizado e oficinas que integram a PNL. Você poderá entrar em contato conosco por meio de nossos sites: `www.kateburton.co.uk` e `www.readysolutionsgroup.com`.

Explore um Campo Relacionado ao Desenvolvimento Pessoal

Charlie Badenhop é o criador do *Seishindo*, uma disciplina de potencial humano projetada para trazer equilíbrio emocional, entusiasmo, compaixão e sentido de pertencimento ao mundo. Ele também é instrutor de Aikido e PNL, além de hipnoterapeuta ericksoniano. Para conhecer as histórias de Charlie, peça para receber o newsletter de Seishindo em `www.seishindo.org/newsletter.html`.

Confira a Enciclopédia de PNL

O site do especialista em PNL, Robert Dilts é `www.nlpu.com`, que também abriga uma enciclopédia gratuita — um recurso realmente generoso que também se encontra disponível para venda em `www.nlpuniversitypress.com`.

Encontre um Curso para Treinamento de PNL

A quantidade de cursos de treinamento de PNL é enorme e cresce a cada dia, e isso pode deixá-lo confuso quando chegar a hora de escolher um. Faça uma boa pesquisa para encontrar aquele que seja melhor para você. Antes de se matricular em um curso de treinamento completo para *Practitioner* de vinte dias, experimente um curso de curta duração com qualquer organização de treinamento que esteja considerando e converse com outras pessoas que já tenham feito o curso. Verifique a experiência e o perfil dos instrutores.

Tenha claro em sua mente o que quer alcançar com esse treinamento e como ele atende às suas necessidades. Determine um critério de seleção. Por exemplo, se você gostaria de ser um instrutor, verifique se há cursos na instituição que o ensine a ensinar outras pessoas. Verifique a programação com cuidado para checar qual é o público-alvo. Alguns cursos se concentram na PNL de desenvolvimento pessoal, outros têm uma inclinação para os campos dos negócios, educação, esportes e saúde. Se você tem vontade de encontrar pessoas de outros países e culturas, considere um curso com uma grande instituição ou empresa em cidades como Londres ou Nova York. Se você faz questão de ter uma rede local de colegas de prática de PNL, escolha uma empresa de treinamento que atraia pessoas com facilidade onde você mora ou trabalha.

Faça Parte de uma Comunidade Online

O site `www.nlpconnections.com` é uma comunidade que cresce a cada dia, com seguidores de PNL. Para Master Practitioners de PNL, verifique o grupo do Yahoo!, NLP Executive Coaching Community, mandando uma mensagem para `NLPExecutiveCoachingCommunity-owner@yahoogroups.com`.

Procure um Terapeuta Profissional de PNL

Para obter apoio de longa duração e individualizado, você poderá encontrar terapeutas especializados ou hipnoterapeutas em:

- Conselho Federal de Psicologia: `site.cfp.org.br`
- Associação Brasileira de Terapia Familiar: `http://www.abratef.org.br/`
- Instituto Brasileiro de Hipnologia: `http://www.institutohipnologia.com.br/`

Contrate um Coach Experiente de PNL

Encontre um *coach* profissional por meio da *International Coach Federation Brasil*, em `www.icfbrasil.org`, e também na *Federação Brasileira de Coaching Integral Sistêmico*, em www.febracis.com.br.

384 Parte V: A Parte dos Dez

Índice

• A •

ações, narrativa, 346

acompanhar, 127, 137–140, 142–144, 145, 164, 175, 179, 219

acompanhar a experiência atual, 329, 337–338, 342

acompanhar a linguagem. *Consulte também* descompassar a linguagem
compassar por meio de, 124–125
e espelhar, 137–140
exercícios, 25

acuidade sensorial
detectar padrões, 115, 136, 376

adaptação, estratégia, 99

adjetivos, 128

administrar emoções
âncoras
colapso, 195, 196
estabelecer, 186–190, 196, 197
técnica do círculo de excelência, 187–188
visão geral, 184–186
apreender o positivo, 193–195
críticas, 198–204
desafios à, 191–192
observação de desencadeadores emocionais, 197–198
visão geral, 183–184

agendas,
para anotações de PNL, 17, 275

álbum de recortes, 67

ambiente

contexto de trabalho, 232–233
exercícios da vida equilibrada, 228–229
história de vida, 243–245, 246–247, 358

ambiguidade, 322, 323

âmbito, 323

American Board of NLP, 379

Âncoras
colapso, 195, 196
folhas de exercícios, 186–188
propósito, 189–190
técnica do círculo da excelência, 184–185, 187–188, 190

âncoras de mão, 188, 189, 191

Andreas, Connie, 199

Andreas, Steve, 199

animais, 103, 330, 339, 358

ansiedade, 286–288

antropomorfismo, 330

apreciação. *Consulte* crítica; resposta

aprendizado
casos e causos sobre, 15–16
e diversão, 17
exercícios, 16
PNL, 15–16

aspecto da programação da PNL, 10

aspecto linguístico da PNL, 10

aspecto neuro da PNL, 10

associação, 212–213

Associação Canadense de PNL (CANLP), 379

Associação de PNL, 379–380

386 Exercícios de Programação Neurolinguística Para Leigos

atenção, foco na, 15
audição. *Consulte também* ver,
escutar, sentir
Aurélio, Marco, 115
autoconfiança, 308, 358
auto-hipnose, 352–354
avaliação do que está/não está
funcionando, 33-35 46–49
avaliação, estratégia, 255–256

•B•

Bacon, Francis, 112
Badenhop, Charlie, 352, 354, 381
Bandler, Richard 28, 299, 315, 380
básico da PNL, 10–11
bons hábitos. *Consulte
também* estratégias
Burton, Kate, 381

•C•

caminhar sobre linhas do tempo,
293–294
Casos e causos
âncoras, 190, 195–196, 199
aprendizado, 13–14
causa e efeito, 20–21
comportamentos conscientes, 72–73
criação de novos padrões, 269
crítica, 199
curiosidade, 375
distorções, 93, 308
estado de espírito, 19
estratégias
avaliar, 255–258
descrever, 252–253
Eventos Emocionalmente
Significativos (EES), 278–279
filtros bloqueados, 108
generalizações, 94–95
hipnose, 317
ícones para, 5

inconsciente, 72–73
intenção, 13
medo, 79
metaprogramas
internos/externos, 100
objetivos, 56
resultados, 56
separar partes, integrar, 82
submodalidades, 208
superação de decisões limitadoras,
278–279
utilização, 339–340
valores, 103–104
Castañeda, Carlos, 24
causa e efeito
casos e causos sobre, 20–21
causa e efeito 366
diálogo interno, 24–25
folhas de exercícios, 22, 23, 25
linguagem de, 23
padrões do Modelo Milton, 324
causas de efeito
definido, 308
causas de posicionamentos
casos e causos sobre, 15
exercícios, 12–14
causas-raízes, 277–282
cenários
utilização em exercícios, 2
cenas, narrativa, 359
cheiros, 116, 185, 187, 194, 195, 206,
233, 376
coaches, PNL, 54, 197, 308
coleções. *Consulte* gestalt
colegas, 366. *Consulte também* local
de trabalho
comandos embutidos, 326
companheiros, 44
comparações, 311
competência, inconsciente, 21
complexo de equivalência, 308, 309,
310, 324, 332

Índice **387**

comportamentos. *Consulte* estratégias
  alinhamento com a cultura, 367
  consciente versus inconsciente, 72
  contexto de trabalho, 232–233
  efeitos das necessidades em
    casos e causos sobre, 35
    folhas de exercícios, 36–39
    projeção sobre outros, 34–36
  exercício da vida equilibrada, 228
  flexibilidade de, 175, 376
  folhas de exercícios, 73–88, 74–88
  história de vida, 243, 243–244,
    246–247, 358–360
  intenções positivas, 81, 226
  níveis lógicos, 11, 182, 225, 226–228
comportamentos conscientes, 72–73
compreender pessoas. *Consulte*
  também rapport
comunicação não-verbal, 27, 147
comunicação oral. *Consulte*
  também Metamodelo; Modelo
  Milton; rapport; preferências VAC
  (Visual, Auditivo e Cinestésico);
  Consulte também Metamodelo;
  preferências VAC (Visual, Auditiva e
  Cinestésica)
comunicação.
  com o inconsciente, 67–68
  não verbal, 27, 147
comunidades online, 379–380
conferências, PNL, 381
confiança, auto, 240
conflito, acerca de valores, 103
Confúcio, 2
congruência, 243
Conselho Federal de Psicologia, 383
contação de histórias
  desenvolver a habilidade, 357–358
  enredo, 352, 360
  escrever, 350–351
  estrutura, 346–347

exercícios, 346–347, 348–349, 351,
  354–356, 356, 359
experiências, 347–350
fórmula para, 351–356
visão geral, 345
contemplação, 85
conversas
  consigo mesmo (diálogo interno),
    24–25
  e preferências de VAC, 126
  faz de conta, 221
  linguagem corporal durante,
    122–123
conversas, consigo mesmo, 114, 115,
  303, 309, 318
corpo, e mente, 18, 28, 31, 38, 318
Covey, Stephen, 64, 160
crenças
  contexto de trabalho, 239–240
  e potencialidade, 237–238
  exercícios da vida equilibrada,
    228–229, 230–231
  folhas de exercícios, 238–239
  história de vida, 242
  limitadoras, 237
  mudança, 227–230
  mudar, 217–220
  planejamento com exploração de
    identidade e valores, 233
  visão geral, 233
crenças fortalecedoras, 237–238
crenças limitadoras
  exercício, 238–239
  mudar, 217–220, 237–240
crenças religiosas, 235
críticas, 183, 196, 198–204, 283.
  Consulte também resposta
Csikszentmihalyi, Mihaly 242
cultura, local de trabalho, 367
curiosidade, 374
cursos de treinamento, 382
curva de aprendizado, 72, 100

•D•

Da (Diálogo Auditivo), 131
decisões limitadoras
  efeitos nos resultados, 286–287
  e filtros bloqueadores, 107–108
  superação, 283–284
desafios, encarar, 191–192
Descartes, René, 63
desencadeadores
  âncoras
    técnica do círculo de
      excelência, 187
    colapso, 195–196
    estabelecer, 189–190
    monitorar, 197
    resiliência mental, 365–366
    visão geral, 197–199
  estratégia, 264–265
  estresse, 269–270
desenhos, 134
desenvolvimento profissional, 283,
  368–369
destino, 20
devaneios, 319
diálogo. *Consulte também* conversas
  internas, 24
  narrativa, 360
Diálogo Auditivo (Da), 131
diálogo interno, 24–25
diálogo interno negativo, 318
Dilts, Robert, 11, 54, 225, 381
dissociação, 199–202, 214
distorções,
  casos e causos sobre, 93, 308
  combinadas com exclusões e
    generalizações, 96–98
  tipos de, 308
distrações, 45
diversão, 17
dor, e filtro de direção, 157–158

•E•

EES (Eventos Emocionalmente
  Significativos), 277–284
efeito, causa e
  casos e causos sobre, 20–21
  diálogo interno, 24–25
  linguagem de, 23
  local de trabalho, 366–367
  padrões distorcidos, 308–309
  padrões do Modelo Milton,
    315–316, 320
  visão geral, 20–22
e-mail, 123
emoções
  âncoras
    colapso, 195
    estabelecer, 189–190
    técnica do círculo de excelência,
      187–188
    visão geral, 183–184
  conquistar o positivo, 193–194
  crítica, 198–201
  curar o negativo, 280–282
  efeitos dos hábitos em, 195–198
  encarar desafios, 191–192
  eventos emocionais significativos,
    277–279
  negativo
    ansiedade, 286–287
    exercícios, 278–280
    superação, 283–284
emoções negativas
  ansiedade, 286–287
  cura, 280–282
  exercício, 281–283
  superação,
empregos, sonho, 239–241. *Consulte
  também* local de trabalho
Enciclopédia, PNL, 381
enredo de histórias, 356

Índice **389**

ensino
estilo de, 261
equívocos, repetição de, 26
Erickson, Milton, 1, 315
esboço sequencial, 377
escutar. *Consulte também* preferências
VAC (Visual, Auditivo e Cinestésico)
em termos de causa e efeito, 20–21
espaço, intrusões no, 149
Específicos (Specific), Mensuráveis
(Measurable), Realistas (Realistic),
Tangíveis (Achievable) e
Temporizáveis (Timed) —
objetivos SMART
escolher o foco, 55–56
projetar, 56–60
superar resistências, 62–63
visão geral, 55
espelhar, 137–139
esquema "como se", 54
estado atualizado
avaliações, 46–47
exercício, 12
estado desejado, 11, 46
estratégia calmante, 269–270
estratégias
avaliação, 253–257
criação de novos padrões, 261–262
definição, 251–252
descobrir as estratégias de outras
pessoas, 261–265
desconstruir, 258–260
exercício, 255–258
negócios, 367–368
respiração profunda, 269–270
estratégias de engenharia reversa,
258–259
estratégias de negócios, 367–368
estratégias ineficazes, 252
estrelas, almejar para, 53–54
ética, 264, 317
"Eu deveria", 301

"Eu devo", 24
"Eu escolho", 24
"Eu não posso", 301, 365
"Eu nunca serei capaz de...", 237
"Eu posso", 24
"Eu quero", 24
"Eu tenho que", 24, 301
eventos emocionalmente significativos
(EES), 277–282
excelência
círculo da, 187–188
moldar-se na, 28, 31
exclusões
combinadas com distorções e
generalizações, 96–97
efeitos de valores em, 103
exercícios, 98
exemplos a seguir, 28
exercícios
altos/baixos diários, 198
âncoras, 186
aplicação de habilidades
de PNL, 372
avaliação do que está funcionando/
não está funcionando, 47–48
carta do mapa, 33–34
causa e efeito
diálogo interno, 25
observação de outras pessoas, 22
sinais, 21
teste, 23
compassar a experiência atual, 338
comportamentos conscientes/
inconscientes, 73
consciência sensorial, 116–117
crenças fortalecedoras, 238–239
decisões limitadoras, 285
desafios pessoais, 192–193
descobrir processos de
pensamento, 267
desconectar, 149
desencadeadores positivos, 194

390 Exercícios de Programação Neurolinguística Para Leigos

deveria, tem que, deve, 304–305

distorções

  pessoal, 310

emoções negativas, 281–282

esboço de história, 356

escolha de estado mental, 40

escolhas, 306

escrever uma história em sete

  minutos, 351

espelho para mudar o foco, 38

estabelecer intenção pessoal, 14

experiência de compassar e

  conduzir, 143

experiências de aprendizado, 14

experiências de contar histórias

  ápice, 350

  potencial, 348–349

filtros de interesse fundamental,

  modificação da linguagem para

  combinar, 172–173

generalizações

  criadas por decisões, 108

  criadas por lembranças, 111–112

  criadas por valores, 106

  examinar, 96

global para tendências

  específicas, 165

hipnose, 317

história de vida, 243–247

história fundamental, 359

ingredientes de uma história, 346

integração, 82–85

lembrança positivas e âncoras de

  mão, 188

mapas de

  relacionamentos-chave, 136

nomear a identidade, 234–235

"no tempo"/ "através do tempo", 275

objetivos bem elaborados, 56–60

observações de acompanhar e

  espelhar, 139–140

Padrões do Modelo Milton, 323–332

pedras angulares, 12

pêndulos, 77

preferências VAC

  dessensibilização, 128

  observação de pessoas para, 133

  pessoal, 118–119

pressuposições, 29–30

qualidades de emprego

  dos sonhos, 241

quantificadores universais, 307

questionário do noticiário para

  melhorar minhas habilidades, 123

reconhecimento da causa-raiz, 279

romper a rapport, 148

roteiro para alcançar objetivos

  desejados, 177–180

submodalidades, 216

submodalidades auditivas, 210

submodalidades cinestésicas, 211

submodalidades visuais, 209

superação de ansiedade, 286–287

tendências "em direção a"

  "distanciando-se de", 160–161

tendências internas/externas,

  101–102

transes, 319

uso de predicados, 130

utilização, 340

valores, 236–239

valores de trabalho essenciais, 242

vida equilibrada, 228

experiências

  aprendizado, 12

  criar recursos necessários, 217,

  220–222

  lembranças

    associação e dissociação, 214

    submodalidades, 208–211

    visão geral, 205

  mudar crenças limitadoras, 237

experiência subjetiva, 10

expressões baseadas no tempo, 272

•F•

falta de índice referencial, 332–333
ferramentas, PNL, 10–11, 375
filtros
  bloqueados, 107–108
  descoberta de valores, 103–107
  específico, 163
  filtros de atividade, 172
  filtros de informação, 99
  global, 163
  metaprogramas
    combinações de, 174
    direção, 157–160
    interno/externo, 99–103
    visão geral, 155–156
  Modelo de Comunicação
    análise, 90–91
    distorções, 92–93
    exclusões, 91–92
    generalizações, 94–96
    visão geral, 90–91
filtros bloqueados, 107–109
filtros de atividade, 172
filtros de coisas, 172
filtros de informação, 172.
  Consulte Modelo de Comunicação
filtros de lugar, 172
filtros de pessoas, 171
filtros específicos, 163
filtros globais, 163
flexibilidade
  comportamental, 136
  controle de resultados de
    interação, 121
foco
  e intenção, 13–14
  exercício, 37–38
  mudança por meio de projeções,
    34–37
fotografias, 68–71

fracasso, 26
frustração, 280
futuro
  ansiedade acerca do, 286–287

•G•

Gandhi, Mahatma, 364
ganhos secundários, 63, 81, 254
generalizações
  casos e causos sobre, 94–97
  definição, 94–97
  folhas de exercícios, 95, 96–98
  operadores modais
    de necessidades 301–302
    de possibilidades, 301–302
  quantificadores universais, 301
gestalt, 277, 279–280, 283, 284
Grinder, John, 28, 299, 315, 380

•H•

hábitos. *Consulte também* estratégias
  ruins, 71
hábitos alimentares, 28
Hewlett, Bill, 150
hiperventilação, 270
hipnose
  auto-hipnose, 353
  caminho de concentração leve para
    o transe, 320
  exercício, 316–317, 317
  transes cotidianos, 318–319
  visão geral, 316–317
hipnose direta, 316–317
hipnose indireta, 316–317

•I•

ícone de alerta de jargão da PNL, 5
ícone de momento lúdico da PNL, 5
ícone Dica, 5

392 Exercícios de Programação Neurolinguística Para Leigos

ícone Lembre-se, 5
ícones usados no livro, 4–5
identidade
    contexto de trabalho, 232–233
    exercício da vida equilibrada,
        228–229
    exercícios, 234–235
    exploração, 233–234
imagens, 116–117
inconsciente. *Consulte também*
    Modelo Milton
    casos e causos sobre, 72–73
    comportamentos, 72–73
    meditação, 85
    processos de pensamento, 10
INLPTA (International NLP Training
    Association), 379
instalação de comportamentos
    positivos, 322
intenção. *Consulte também* propósito
    casos e causos sobre, 13
    das partes separadas, 80
    exercícios, 14
International Coach Federation
    Brasil, 383
International NLP Training Association
    (INLPTA), 379
"ismos", 96

•J•

Johnson, Samuel, 257
Jung, Carl, 19, 35

•K•

King, Martin Luther, Jr., 128

•L•

leitura da mente, 94, 341
lembranças. *Consulte também* linhas
    de tempo
lembranças negativas, 196
Levenstein, Aaron, 93
linguagem. *Consulte*
    também preferências VAC (Visual,
    Auditivo e Cinestésico)
linguagem descompassada,. *Consulte*
    também acompanhar a linguagem
linguagem hipnótica, 290, 315
linguagem vaga 317
linguagem vaga, 317, 321, 322
linhas de tempo
    caminhar, 293
    exercícios, 274, 288–289
    linha "através do tempo", 273
    visão global, 163
    voar sobre/flutuar através, 276
linhas "no tempo", 273
livros, PNL, 380
local de trabalho
    criar cultura para, 367
    dar exemplo, 364–365
    desenvolvimento profissional, 368
    estratégias de negócios, 363–364
    metaprogramas, 369
    rapport, 367–368
    resiliência mental, 365–366
    se colocar no lugar do colega de
        trabalho, 366

•M•

mapas
    exercício, 32–33
    versus território, 33
    visão geral, 32
maus hábitos. *Consulte* estratégias
Metamodelo
    definição, 300

distorções, 308–309

generalizações

operadores modais de necessidade, 301–302

operadores modais de possibilidade, 301

quantificadores universais, 301

supressão, 300

versus Modelo Milton, 340–341

metaprogramas

combinações de, 174–175

filtros

direção, 157–158

segmentação, 163–165

visão geral, 156–157

interno/externo, 99–101

metas de desempenho, 14, 365

modalidades, 206

modelagem da excelência, 370

Modelo de Comunicação

combinações, 96–97

distorções, 92–93

generalizações, 94–96

visão geral, 90–91

Modelo Milton

exercício, 341

hipnose

caminho do foco leve para o transe, 320

direta versus indireta, 316–317

transes, 318–319

visão geral, 316–317

juntando padrões, 333–334

motivos. *Consulte* intenção

movimento ideomotor, 75

movimentos, olhos, 132, 261, 263

mundo corporativo. *Consulte* local de trabalho

•N•

narrativa. *Consulte também* contação de histórias

necessidade, operadores modais de, 301–302

neurotransmissores, 28–29

NLP Executive Coaching Community Yahoo! Group, 382

nominalização, 312, 328

nunca, 301, 306. *Consulte também* quantificadores universais

•O•

objetivos

bem elaborado, 56–60

casos e causos sobre, 56

ecológico, 58–59, 61

escolher focar em, 55–56

exercícios, 56–60, 60–61

objetivos SMART

escolher focar em, 55–56

planejamento de projeto, 64–66

sete passos principais, 364–365

observação de pessoas, 376

observações, de causa e efeito termos, 22

observador passivo, papel de, 20

oficinas "Paixão por Publicar", 350

operações padrão. *Consulte* trabalho padronizado

operadores modais

de necessidade, 301

de possibilidade, 301

organização de livro, 3–4

organizações online, 379–380

394 Exercícios de Programação Neurolinguística Para Leigos

• P •

Packard, Dave, 150

padrões, de comportamento. *Consulte também* estratégias

padrões de linguagem, Modelo Milton
padrões principais, 323–328
visão geral, 315

palavras. *Consulte também* linguagem

papel do diretor de cinema, 79

partes conflitantes, integração, 80–84

partes separadas, integração de, 80–84

pedras angulares, 11–12

pena de si mesmo, 281

pêndulos, 75–78

perguntas rotuladas, 331

personagens
história, 352
no livro, 3

perspectiva, 26

pessoas canhotas, 131, 263

pessoas destras, 131, 262, 263

pessoas normalmente organizadas, 262–263

planejamento de projeto, 64

PNL (Programação Neurolinguística)
aprendizado, 15–16
básico da, 10–11, 373–374
comunicações roteirizadas, 377
curiosidade, 374–375
diários, 372–373
ensinar aos outros, 377
escolher um modelo de excelência, 378
ferramentas e modelos, 375
grupos de prática, 378
hábitos, 376–377
intenções, 13–14, 371–372
se divertir com, 17
situações cotidianas, 375–376
tomar anotações, 17

visão geral, 1–4, 9–10

políticos, 306

pontuação, 323, 374

posições, linha do tempo, 288–289

possibilidade, operadores modais de, 301

predicados, 121

preferenciais VAC (Visual, Auditiva e Cinestésica)
combinar e se mover por meio de, 124–126
compassar e conduzir, 124–126
dessensibilização, 126–128
exercícios, 118–119
fortalecer as conexões por meio de, 120–121
preferências de linguagem, 121–123

preferências. *Consulte também* preferências VAC (Visual, Auditiva e Cinestésica)

preparando-se para a PNL
aprendizado, 15–16
divertir-se com, 17
intenções, 13–14
tomar notas, 17

pressupostos, 9, 26–30, 300

Price, Vincent, 110

primeira posição, 199

primeiro passo, 59

processo de racionalização, 24

projeto de Pesquisa e Reconhecimento da PNL, 380

Psychology of Optimal Experience, The, 242

• Q •

quantificadores universais, 301–302

• R •

rádio, 16, 374, 376

Índice **395**

raiva, 280–281

rapport
  acompanhar e espelhar, 137–139
  compassar e conduzir, 124–126
  partes interessadas, 367–369
  relacionamentos-chave, 136–137

razões. *Consulte também* intenção;
  propósitos

Ready, Romilla, 381

Real People Press, 380

relacionamentos,. *Consulte*
  também rapport

relacionamentos-chave, 136–137

representações internas, 90–91

resiliência mental, 365–366

resistência, superação, 62–63

resolver problemas, 271–272

respiração
  profunda, 269–270

respiração profunda, 269–270

resultados, 2, 10. *Consulte*
  também causa e efeito

● *S* ●

seções da roda da vida, 51–52

segunda posição, 199

Seishindo, 354

sempre, 301–302. *Consulte*
  também quantificadores universais

sentido de propósito. *Consulte*
  também propósito

sentidos auditivos, 194. *Consulte*
  também preferências de VAC
  (Visual, Auditivo e Cinestésico)

sentidos cinestésicos, 194. *Consulte*
  também preferências VAC (Visual,
  Auditivo e Cinestésico)

sentidos olfativos, 194

sentidos visuais, 194

sentimentos. *Consulte* emoções; ver,
  ouvir, sentir

síndrome de dizer algo estúpido, 252

Sistema Representacional
  Fundamental, 269

sistemas representacionais, 121, 206.
  Consulte também preferências VAC
  (Visual, Auditiva e Cinestésica)

SMART — objetivos Específicos
  (Specific), Mensuráveis
  (Measurable), Realistas
  (Realistic),Tangíveis (Achievable) e
  Temporizáveis (Timed)
  escolher o foco, 55–56
  projetar, 56–60
  superar resistências, 62–63
  visão geral, 55

sonhos com emprego,. *Consulte*
  também local de trabalho

submodalidades
  condutor, 216
  crítica, 217
  exercícios, 214–216

submodalidades críticas, 217

● *T* ●

técnica do círculo da excelência, 190

telefonemas, 123

televisão, 307

tendências-cenoura. *Consulte* em
  direção às tendências

tendências de métodos, 169–170

tendências de opções, 170–173

tendências "em direção a", 62, 157–160

tendências para o bastão. *Consulte*
  também tendências "se afastar de"

tensão, aliviar, 269–270

terapeutas, PNL, 383

terceira posição, 199

termos.
  filtro de segmentação, 163–164
  filtro direcional, 158
  filtro do interesse fundamental,
    171–172

território, versus mapas, 26
tesouros, 45
tirar conclusões precipitadas, 312
todos, 301–302. *Consulte também* quantificadores universais
tom de voz, 27, 119
tonalidade, 138
trabalho padrão. *Consulte* trabalho padronizado
transes, 318–321
transes leves, 320
trauma, 271
tristeza, 280–282

Usando sua Mente, 380

valores
  casos e causos sobre, 103
  contexto de trabalho, 232
  descoberta, 103–104

exercício da vida equilibrada, 228–230
exercícios, 105–107
história de vida 243–244
usar para planejar crenças, 233
viver de acordo com, 242–244
valores essenciais, 235, 240–241
violações de restrições seletivas, 330
visão periférica, 267, 320
visualização. *Consulte também* acuidade sensorial
vocabulário. *Consulte também* linguagem
voz, tom de, 376

• W •

Wikipedia PNL, 380

CONHEÇA OUTROS LIVROS DA PARA LEIGOS!

Negócios - Nacionais - Comunicação - Guias de Viagem - Interesse Geral - Informática - Idiomas

Todas as imagens são meramente ilustrativas.

SEJA AUTOR DA ALTA BOOKS!

Envie a sua proposta para: autoria@altabooks.com.br

Visite também nosso site e nossas redes sociais para conhecer lançamentos e futuras publicações!
www.altabooks.com.br

/altabooks ▪ /altabooks ▪ /alta_books

ALTA BOOKS
EDITORA

Este livro foi impresso nas oficinas gráficas da Editora Vozes Ltda.,
Rua Frei Luís, 100 – Petrópolis, RJ.